D1498667

LOS ROSTROS DEL NARCO

Rafael Rodríguez Castañeda
Coordinador

LOS ROSTROS DEL NARCO

CON EL CUERPO DE REPORTEROS
DE LA REVISTA *PROCESO*

temas 'de hoy.

Diseño de portada: Salvador Marvin Rodríguez Zamora
Foto de portada: Procesofoto

© 2011, Rafael Rodríguez Castañeda
© 2011, CISA Comunicación e Información, S.A. de C.V.

Derechos reservados

© 2011, Editorial Planeta Mexicana, S.A. de C.V.
Bajo el sello editorial TEMAS DE HOY
Avenida Presidente Masarik núm. 111, 2o. piso
Colonia Chapultepec Morales
C.P. 11570 México, D.F.
www.editorialplaneta.com.mx

Primera edición: junio de 2011
ISBN: 978-607-07-0803-9

Impreso en los talleres de Litográfica Ingramex, S.A. de C.V.
Centeno núm. 162, colonia Granjas Esmeralda, México, D.F.
Impreso y hecho en México – *Printed and made in Mexico*

Presentación

◆

E n el corazón del gran negocio del narcotráfico hay seres humanos con nombres, apellidos y apodos que se entreveran en complicidad con políticos, funcionarios públicos, policías o militares. Son hombres que heredaron o crearon su propia leyenda. Hombres que desplegaron su poder hasta convertirse en lo que ahora se conoce como capos. Hombres que, paradójicamente, por lo menos algunos de ellos, fueron, han sido o son caciques que en sus regiones gozan del respeto, la admiración o incluso el agradecimiento popular. Hombres con amantes y familias —padres, hermanos, esposas, hijos, sobrinos—, que con frecuencia disfrutan fortunas construidas con base en el crimen, el vicio y la corrupción.

Este libro es una galería de los rostros de los narcos, vistos a través del trabajo de los reporteros, corresponsales y cronistas del semanario *Proceso*. Como tal, presenta a los lectores historias, anécdotas, vicisitudes, ascenso y descenso de esos hombres que han marcado con sangre la vida pública de México. Los retratos son de quienes han manejado la producción, trasiego y distribución de estupefacientes en nuestro país, de 1985 a la fecha. Durante este periodo, algunos de ellos han muerto, otros han sido encarcelados y cumplen largas condenas en prisiones de alta seguridad, algunos más fueron extraditados a Estados Unidos y otros encabezan cárteles aún vigentes.

En este volumen desfilan personajes legendarios del narcotráfico como Rafael Caro Quintero, Miguel Ángel Félix Gallardo, Amado Carrillo Fuentes, alias el Señor de los Cielos, su hermano Vicente, conocido como el Viceroy, los hermanos Arellano Félix y el Güero Palma, entre otros.

Asimismo, aparecen los jefes del cártel de Sinaloa; el más conocido y mencionado de los cuales es, sin duda, Joaquín *el Chapo* Guzmán, a quien muchos llaman "el capo del panismo"; sin embargo, esta organización le ha dado al hampa otros nombres, tales como el Mayo Zambada, Ignacio Coronel Villarreal y Juan José Esparragoza, el Azul.

Recorren también estas páginas los Beltrán Leyva, antiguos aliados del Chapo que se volvieron sus acérrimos enemigos y han sembrado sangre, dolor, cárcel y muerte. Otro tanto ocurre con el cártel del Golfo, que fundó Juan García Ábrego y al cual mantiene vigente, desde una prisión estadunidense, Osiel Cárdenas Guillén.

Más recientemente aparecen los nombres de quienes se han convertido en una especie de pesadilla nacional: los Zetas; sin duda el cártel más sanguinario de todos, encabezado por el Lazca, uno de sus fundadores.

Encarcelados algunos, extraditados otros, en la tumba muchos, los narcos mexicanos muestran sus rostros a través de los textos originales con los cuales el semanario *Proceso* ha dado cuenta de esta parte innegable de la historia reciente de México.

Rafael Rodríguez Castañeda

Rafael Caro Quintero

El sexo que camina, corre, sueña...

◆

Julio Scherer García

Aprehendido a principios de los ochenta por el descubrimiento de un enorme sembradío de mariguana en Chihuahua, para 2001 Rafael Caro Quintero cumplía 17 años preso, los últimos nueve en la prisión de La Palma, donde se llevó a cabo la presente entrevista.

Este hombre es ya un zombi. Dejó de vivir. Calada la gorra beige hasta las cejas, corre vueltas y vueltas alrededor del patio. No altera el paso, rítmicos los movimientos, perfectos. El cuello permanece inmóvil y el cuerpo carece de expresión. Nada lo detiene, nadie lo interrumpe. Desde los centímetros abiertos de una ventana horizontal de vidrios como acero, le grito:

—¡Rafael!

Sé que me escucha. Sigue. De nuevo.

—¡Rafael!

Sigue. Otra vez. Apenas se detiene. Me reconoce.

Desde hacía veinte años, el país se asomaba al escándalo del narco. Fue denunciado El Búfalo como una extensión inmensa sembrada de mariguana. El capataz era Caro Quintero con dominio sobre siete mil jornaleros. Las crónicas de la época afirmaron que se trataba de mano de obra envilecida. Sueldos ínfimos y vigilancia perruna alrededor de sus barracas.

Los tráileres con droga circulaban por la carretera al norte como un automóvil en una vía desierta. Personas importantes estaban detrás del gran negocio. De otra manera, costaría trabajo explicarse la impunidad imperante en aquella región de Chihuahua. Se supo entonces de la vanidad de Caro Quintero. Millonario, apuesto, personaje inédito que rozó la leyenda, fue tema de corridos. Caro Quintero daba entrevistas y se gozaba con sus fotografías en los periódicos. Su sonrisa, anchos y fuertes los dientes, se correspondía con la de un actor.

—¿Qué piensa del narco, Rafael?

—A estas alturas no sé ni qué contestarle. Voy para 17 años preso. Es malo por tanto vicio con la juventud. Creo que ahora está más arraigado en la gente. En aquel tiempo no éramos viciosos. Yo no le pegaba a nada.

—¿Y los demás?

—Pues que yo haya visto, no. En aquel tiempo no era el desmadre que es ahora. No había esos pleitos de hoy, eso de cártel contra cártel.

—¿Se pensaba inocente?

—No le voy a decir que era inocente. Tenía veintitantos años. La necesidad y la falta de estudios me hicieron meterme. Era y soy muy pobre. A estas alturas ya está uno acabado. Ahora ya no somos las personas que caímos.

—¿Perdió todo?

—La mayoría de mis cosas.

—¿Qué tenía?

—Unos ranchos, bastante ganado, todo me decomisaron.

—¿Cuántos ranchos?

—Seis.

—¿Y ganado?

—Como cinco mil cabezas. Era muy bueno. Tenía Do Brasil, Angus, Bravo.

—¿Para quién trabajó?

—Para nadie.

—¿Trabajó para Arévalo Gardoqui, secretario de la Defensa? Miles de jornaleros estaban bajo sus órdenes y había soldados en El Búfalo.

—Para nada. Yo no tengo relación con toda esa gente.

—¿De qué complicidades se valió para hacer tanto como hizo?

—A puro valor. A puro valor tonto, porque no era otra cosa. Nada más ir por allí para ver si pegaba, ¿me entiende?

—No, no entiendo.

—A ver si se podía. Pero yo no estaba bien con nadie, con ningún policía.

—¿Y cómo pasaban los tráileres de un lado para otro?

—En aquel tiempo no estaba tan duro como hoy. Y sobre cosas así no me gustaría tocar el tema.

—Cuente.

—No tengo que contar sobre eso. Yo empezaba.

—¿Y hubiera seguido?

—No sé qué habría pasado.

—¿Saldrá de Almoloya?

—Pues si Dios quiere. Tengo muchas esperanzas. Tengo que salir. Tengo una familia que me está esperando. Tengo que ayudarle a mi esposa con mis hijos.

—¿Cuántos?

—Cuatro.

—¿Sólo cuatro?

—Hay otros cuatro por fuera.

—¿Reconoció a los ocho?

—A la mayoría. Aquí es complicado porque sólo pueden entrar 12 personas. Mi esposa, mis cuatro hijos, mi mamá, mi suegra y mis cinco hermanas. A mis hermanas les es difícil venir acá. Las atacan por la prensa, la tele, por todos lados.

—¿Recuerda a Julia Sabido? Trabajaba con el doctor Alfonso Quiroz Cuarón y a usted le hizo el examen psiquiátrico cuando ingresó al Reclusorio Norte.

No la recuerda.

—Yo le pedí que me mostrara el estudio psiquiátrico que hizo sobre usted. Me respondió que no. Era confidencial. Le pedí entonces que me dijera cómo es Caro Quintero.

—Muy bronco, le debió haber dicho.

—Es un hombre muy sensual. Yo le diría que es un sexo que camina, duerme, sueña, platica. ¿Es usted así?

—Pues, no le sé decir.

—Pues, dígame.

—Pues, yo no sé de esa palabra.

—¿Es usted un enamorado de tiempo completo?

—Para qué le voy a decir que no.

—¿Nunca se detuvo?

—La verdad, no.

—¿Quería usted el billete para las mujeres?

—Yo ayudé a mucha gente pobre, necesitada, nomás que se me hizo un escándalo, un caso político.

—¿Por qué el escándalo?

—Sería porque cayó mucha gente al mismo tiempo. Cayó Fonseca, caí yo y se hizo un gran mitote.

Vuelve al pasado.

"En el Reclusorio Norte se nos dio la oportunidad de arreglar una 'íntima'. En el dormitorio donde estábamos metimos una sala y acondicionamos nuestro espacio. Hacíamos talacha diaria y el piso relumbraba. Los muchachos y yo lavábamos con jabón, con pino. Teníamos refri y tele. El módulo era precioso",

—¿Tenían botellas?

—No, pero nosotros preparábamos la comida. Teníamos cocina.

—¿Invitaban a las muchachas?

—Venían algunas novias. Y una vez, cuando se casó uno de los muchachos, tuvimos música que él llevó.

—¿Cuánto le dieron al director para que permitiera la música?

—Era una boda. El novio hizo los preparativos y habló con el director. Le dieron el permiso. La música duró cinco o seis horas.

—Tenían la cocina, la íntima, su propia celda. ¿Qué más tenían?

—La íntima se compartía entre los seis que éramos. Un día cada quien. Un dormitorio lo dividimos en dos partes. En una estaba mi compadre Fonseca y su gente y la otra me tenía a mí con mi gente.

—Me dijo que Fonseca está muy jodido.

—Así estamos todos. Yo ando mal de la próstata, traigo una colitis que no me la pueden quitar por los nervios.

"Ésta es una cárcel que se hizo como un filtro. Una cárcel de pasada. Nos iban a tener un tiempo y conforme fuéramos evolucionando nos iban a mandar a nuestro lugar de origen o de donde viniéramos. Cuando llegamos nos aseguraron que nuestra estancia sería por seis meses. Yo en tres días tengo nueve años aquí. Ya no aguanto. Aquí no pueden venir mis sobrinos ni un amigo, nadie fuera de la lista. Para incluir a uno nuevo hay que borrar un nombre de los originales.

"Mi madre anda cerca de los 70 años, cansada de estar viniendo. Ésta es una cárcel muy dura que te afecta mentalmente, te afecta la vista, los órganos, poco a poco. Los medicamentos salen más caros que la comida. Padezco también de la vista y tengo una hernia. Cuando llegué me dieron medicamentos controlados. No los quería tomar. Nunca había tomado pastillas. ¿Cómo se llaman? Psicotrópicos ¿no?

"Los psicotrópicos me dejaron una depresión que olvídese, una tristeza que no se la deseo a nadie. Se pone uno totalmente triste, sin ánimos, no quiere ver a nadie, sin ganas de nada".

—¿Ni de la esposa y los hijos?

—De nada. Cuatro años estuve corriendo diario, diario. Hacía otros ejercicios. Jugaba mucho volibol. Dije: ya nos van a cambiar, ya mero, espérate, tranquilo. Y nada. Me puse a correr otra vez. El mes que entra tengo otros tres años corriendo diariamente.

—¿No le aburre correr?

—Estoy hasta la madre. La cárcel es un campo de concentración. Cuando me trajeron a Almoloya mandé a mi abogado, Efraín García Ramírez. Hizo un estudio de esas prisiones que son parecidas a ésta: el 60 por ciento se suicidó y el otro 40 por ciento quedaron todos locos.

"En las cárceles francesas había terroristas, gente de ese tipo. Aquí cuánta gente no se ha ahorcado, se ha muerto. Uno oye nada más. Yo tenía un amigo que vivía con nosotros en el módulo y nos llevábamos muy bien. Se llamaba Jorge Zaid Aparicio. Un compañero y yo fuimos a los servicios médicos. Oyó que ahí estábamos y nos gritó. Dijo que ya no aguantaba, que estaba muy malo y que no sabía qué tenía. Se lo llevaron a Santa Marta, su familia lo sacó y lo trasladó a un hospital. Hace unos 20 días nos dijeron que había muerto. Aquí te dejan ir cuando ya no hay nada que hacer".

—¿Son frecuentes los suicidios?

—Tengo 47 años y no cualquiera aguanta esta cárcel. Mire cómo traigo el pelo. Aparte de mi familia, tenía como nueve años sin hablar con nadie. Ya no coordina uno una conversación, ya no enlaza igual que antes, cuando estabas en un reclusorio donde había mucha gente. Aquí tiene uno el teléfono tres veces al día, 10 minutos. Y hay que estar pendiente de los hijos. Ahí van. Ya se recibió el mayor en administración de empresas. La segunda se recibe en mercadotecnia, si Dios quiere, en mayo. El que sigue lleva dos años en medicina. Con el que estoy batallando es como un carajo, porque es gordo. Tiene 18 años.

—No hace ejercicio.

—Ni un carajo. Pesa ciento y tantos kilos y traemos pleito porque no hace la dieta. Ayer le dije a mi esposa que le quitara el carro.

—¿Se tiene autoridad frente a los hijos estando aquí?

—Pienso que sí. Tuve suerte con ellos y quiero que se fijen en mí para que no se me descarrilen. Tantos años yo sufriendo aquí, que ellos no me vayan a hacer una tontería. Por necesidad, por baquetones, por lo que sea.

—Por las señoras.

—No pensaba en eso. Mis hijos llevan una carrera limpiecita.

—El gordo no tanto.

—El gordo también.

—¿De veras tiene autoridad sobre sus hijos?

—Hace dos o tres años, en junio, les pregunté a los dos más chicos: "¿Pasaron los exámenes? ¿Seguro? No me echen mentiras". Pidieron permiso para ir al rancho en Sinaloa, donde nací. Ahí tengo caballos. Le dije a su mamá que fuera a la escuela a averiguar. Uno reprobó tres materias, el otro dos.

"Llegando a Culiacán con su otra abuela, ya tenían orden de regresarse a Guadalajara y hablar acá, conmigo. Ya tenía un tiempecito de quererlos mandar a un colegio militar. 'Como ustedes me echan mentiras, yo también voy a ser cabrón con ustedes. Me están engañando, los voy a chingar'. Los mandé por un año a un colegio militar durísimo en San Luis Misuri. Uno volvió malo de la presión, con ciática. Han tenido una mamá muy buena".

—Me dicen los choferes, allá afuera, que su señora es muy guapa.

De pronto, Caro Quintero me desconcierta. Algo le da vueltas en la cabeza, se fue lejos.

—¿Cómo me dijo que se llamaba?

—¿Quién?

—Julia, Julia qué.

—Julia Sabido.

—¿Qué le dijo? A ver, ¿cómo? Me levantó el ánimo con eso.

—Julia, usted le hizo el examen psiquiátrico a Caro Quintero. Por qué no me lo muestra. —Fue imposible. El estudio era confidencial—. Bueno, Julia, ¿cómo es Caro Quintero? —No me dijo es un sexo. Me dijo: es una verga que camina, corre, sueña, se alimenta, vive. Así más o menos. ¿De qué se ríe?

—De eso que me está contando.

—¿Así era usted?

—Yo creo que sigo siendo igual.

—¿Igual, igual?

—No me gusta el pelo blanco.

—No le queda mal. Es usted cobrizo, de una piel brillante.

—Desde muy joven soy canoso. Decían los periódicos que me pintaba rayos. [También decían que pagaba a un masajista en el reclusorio para que le limpiara la cara de barros y espinillas.]

—¿Cómo era usted cuando era bronco?

—Era rebelde. Se me hacía muy difícil acatar órdenes, hasta de mis padres. Me cuereaban mucho de chiquito. Yo soy de una sierra. No entraban los carros, era un barranco donde vivíamos. Cuando oíamos el ruido de las bestias o de los perros era que iba a llegar gente. Mis hermanos y yo corríamos al monte.

—¿Por qué?

—Le teníamos miedo a la gente. Es mala comparación pero éramos como animales salvajes.

El mandón de Guadalajara

◆

Fernando Ortega Pizarro

En los años iniciales de la década de los ochenta, los hombres fuertes del narcotráfico —aún no conocidos como capos— se refugiaron en Jalisco; en particular, en la zona metropolitana de Guadalajara, a la que pronto convirtieron en su pequeño imperio. Ése fue el principio de la era de despegue del tráfico de estupefacientes en México. De aquella época, uno de los rostros más importantes fue el de Rafael Caro Quintero, el hombre que durante largo tiempo se creyó dueño de vidas y destinos. En 1985 tenía apenas 32 años de edad. Además de ser el jefe de un ejército de narcotraficantes armados, que se calculaba en un millar, había acumulado una riqueza estimada en 100 mil millones de pesos. Su poder era suficiente para corromper a las policías, como se vio en el caso del secuestro y asesinato del agente de la DEA, Enrique Camarena, y del piloto mexicano Alfredo Zavala Avelar.

Sin embargo, en ese entonces, era sólo el tercer hombre en importancia dentro del narcotráfico en el país. El segundo fue Miguel Félix Gallardo, de 34 años, y ambos estaban bajo las órdenes del padrino mayor, Ernesto Fonseca, don Neto, de 60 años.

Poco se sabía de Caro Quintero y pocas de sus actividades habían sido reseñadas en la prensa nacional y extranjera, como la existencia de los enormes plantíos de mariguana en Chihuahua o su participación en el caso Camarena-Zavala o en el desafiante plagio de Sara Cosío, sobrina de Guillermo Cosío Vidaurri, líder del PRI capitalino, perpetrado el 8 de marzo de 1985.

En general, las autoridades de Guadalajara preferían no hablar de Caro Quintero. Al preguntarle sobre la identidad del capo, el procurador de Justicia de Jalisco, Jaime Alberto Ramírez Gil, contestó seriamente: "Perdone usted... ¿quién es él?"

No obstante, la Procuraduría de Justicia del estado lo mencionó alguna vez con relación a la denuncia sobre el plagio de Sara Cosío. Pero lo hizo de manera curiosa, pues consideró que el acto, cometido supuestamente por el narcotraficante, no era un plagio, sino "un rapto, generado por el entendimiento emocional de las dos personas de referencia". César Octavio Cosío Martínez, padre de la muchacha, protestó porque, dijo, el delito era un acto unilateral. El procurador Ramírez Gil se disculpó.

Sara Cosío ya había sido secuestrada en diciembre de 1984 por Rafael Caro Quintero, según las denuncias, pero la joven quedó libre después de que diversas corporaciones policiacas acosaron al narcotraficante en Caborca, Sonora. Él ofreció entregarla a cambio de que dejaran de perseguirlo. El 8 de marzo del año siguiente sus pistoleros —dice la denuncia— plagiaron de nueva cuenta a Sara, y esa vez, según la conversación telefónica que tuvo Caro con César Octavio Cosío, no estaba dispuesto a devolverla.

Entrevistado por *Proceso* en su casa en 1985, Cosío Martínez —agotado por la tensión nerviosa— explicó que el narcotraficante estaba empeñado en retener a su hija por capricho. Afirmó que ella no lo conocía. "Sarita estudiaba el sexto semestre del bachillerato, tenía la intención de estudiar diseño. Su carácter es muy fuerte. Tan es así que en alguna ocasión increpó al propio Caro Quintero. Le dijo: 'Deja de molestarme, no te quiero, nunca te he querido, no te puedo querer. Yo no te conocía, yo no debo ni puedo casarme contigo'". Cosío Martínez se irritaba cuando algunas publicaciones ligaban sentimentalmente a su hija con Caro Quintero. "Nos quieren desprestigiar". Estaba convencido de que el poder del mafioso era muy superior a sus fuerzas, pero aseguraba tener de su lado a la justicia para que le fuera devuelta su hija, de 17 años de edad.

Pero lo que las autoridades parecían desconocer o negar de Rafael Caro Quintero, se sabía de sobra en Guadalajara. He aquí una síntesis:

Nació en La Noria, un pueblo cercano a Culiacán, Sinaloa, donde vive la mayor parte de su familia. Está casado con Elizabeth Elenes, con quien tuvo cuatro hijos. En aquel entonces radicaban en Guadalajara. En la capital tapatía era dueño de 36 casas; una de ellas, que abarcaba media manzana, se encontraba en la esquina de Cuauhtémoc y Xóchitl; también contaba con el rancho Villa Guadalupe. Tenía otras residencias en Zacatecas y Sinaloa, pero la más grande de todas se localizaba en Caborca, Sonora, que era impresionante por su fastuosidad.

Se le conocen dos hermanas, Manuela y Nelly, que son propietarias de boutiques, discotecas y comercios. Él fue dueño o accionista de 300 empresas en Guadalajara, entre las que se encontraban las distribuidoras de autos Country Motors (Ford), y los hoteles Holiday Inn y Fiesta Americana. Pretendió conquistar a Sara Cosío mediante regalos millonarios, como autos Grand Marquis y Cadillacs, joyas preciosas y relojes Rolex. Ninguno, al parecer, fue aceptado.

Sara Cosío era novia de Martín Curiel, cuya familia es de las más conocidas en Guadalajara. A Martín Curiel se le mencionó como lugarteniente de Caro Quintero.

La esposa del capo pertenece a los Elenes, de Sinaloa. Un miembro de esta familia, Dora Amalia Elenes Lerma, se casó con José Antonio Fonseca, hijo del medio hermano de Ernesto Fonseca. La pareja murió en 1984 en un enfrentamiento con la policía de Guadalajara. José Antonio tenía una credencial que lo acreditaba como agente de la Dirección de Investigaciones Políticas de Gobernación.

En Guadalajara se sabía que las policías identificaban plenamente a Caro y que no actuaban en su contra porque le temían o porque eran sobornadas. Según la DEA, él gozaba de protección policiaca, ya que se le permitió salir del estado sin molestia alguna a raíz del secuestro de Camarena y Zavala.

Caro Quintero y varios cientos de narcotraficantes más llegaron a Guadalajara en las postrimerías del sexenio de Luis Echeverría, acosados por la Operación Cóndor que se concentró en Sinaloa. A partir de ese momento, Jalisco se transformó. Los mafiosos se instalaron y desarrollaron los fraccionamientos La Calma, Residencial Victoria, Lomas del Valle y Colinas de San Javier. El primer negocio que adquirieron fue el Gran Hotel. Compraron restaurantes, discotecas y otros negocios para "lavar" el dinero de la droga. Todos estos negocios tienen como común denominador el lujo, aunque no sean redituables. No canalizaron sus inversiones a la industria.

Traían mucho dinero; compraron Ford Galaxies y Grand Marquis. De inmediato se hicieron notar en la ciudad, con sus *pick-ups*, sus armas y su típica vestimenta: estilo vaquero, con esclavas, collares y anillos de oro. Guadalajara vivía en una calma aparente, pero pronto empezaron a desatarse las primeras balaceras, en 1983. La familia Gastópulos murió asesinada. Un mafioso, Graciano Monzón Olivos, fue acribillado en la avenida México. Mientras se velaba su cadáver en la funeraria Rizo, llegaron varios pistoleros y mataron a su cuñado, Guillermo Bernal.

Eran los signos de que en Guadalajara se iniciaba el negocio de la droga. Sin guardar discreción, los policías judiciales protegían a los narcotraficantes que hacían entregas de cocaína en céntricas avenidas. En noviembre de 1984 murieron acribillados dos judiciales, Felipe Sánchez y Gabriel Godoy, a quienes se les encontraron sobres con cocaína.

Después ocurrieron los asesinatos y las desapariciones de siete ciudadanos estadunidenses y el escándalo del secuestro de Camarena y Zavala, que agriaron las relaciones entre México y Estados Unidos.

La situación se tornó tan grave que más tarde entró en acción el Ejército para combatir a los narcotraficantes. Pronto se vería si el poder de

Caro Quintero era superior a las fuerzas armadas que encabezaba Vinicio Bravo, jefe del Estado Mayor de la Defensa Nacional y hombre cercano a Juan Arévalo Gardoqui.

La caída

Fernando Ortega Pizarro
Ignacio Ramírez

C on la captura de Rafael Caro Quintero en abril de 1985, la mafia del narcotráfico en México recibió su primer gran golpe. Considerado sólo como uno más de sus tentáculos, la importancia de este capo puede medirse, sin embargo, por los recursos que se desplegaron para su detención y por haberse convertido él mismo en causa de fricciones diplomáticas entre México y Estados Unidos.

A los agentes de las diversas corporaciones policiacas mexicanas adscritas a su persecución se unieron abiertamente elementos de la DEA estadunidense (Drug Enforcement Administration). Y según la versión del Departamento de Justicia del vecino país, fue la DEA la que proporcionó los datos que llevaron a su captura.

En todo caso, la presión del gobierno estadunidense sobre la autoridad local fue decisiva para que Caro Quintero pasara su primera noche, la del 5 de abril de 1985, en una cárcel mexicana. Él parecía haber burlado a la policía. En una ocasión, prácticamente se le escapó de las manos en el aeropuerto de Guadalajara. Más aún, fue capaz, en plena persecución, de secuestrar a una joven de la alta sociedad de Guadalajara, ciudad a la que había convertido en su centro de operaciones y donde era ampliamente conocido.

Los sueños de este zar del narcotráfico se derrumbaron, empero, durante la madrugada del 4 de abril de 1985, al ser capturado por la policía costarricense en su residencia, recién adquirida, cerca del aeropuerto de San José.

Hay indicios de que los nexos de Caro Quintero con las mafias latinoamericanas le permitieron encontrar un refugio en San José. Entrevistado telefónicamente por *Proceso*, el entonces ministro de Seguridad de Costa Rica, Benjamín Piza Carranza, comentó: "Nosotros no tenemos un problema serio de narcotráfico o de drogadicción, aunque, obviamente, como en todos los países, existe aquí un problema de droga, si bien todavía no mayor. En eso estamos luchando, para poder controlarlo.

"El problema en cambio —añadió— es que, debido a la presión de América del Sur, el narcotráfico está buscando nuevos lugares para refugiarse. Costa Rica enfrenta el problema de ser un lugar de tránsito y como lugar de procesamiento de la droga. También tenemos el problema de los laboratorios clandestinos. El narcotráfico siempre está buscando lugares nuevos".

Desde principios de 1985, el caso Caro Quintero provocó un sacudimiento en las corporaciones policiales mexicanas, donde algunos agentes estuvieron o están implicados en el tráfico de drogas. Hubo cambios en las jefaturas policiacas: José Antonio Zorrilla fue sustituido en la Dirección Federal de Seguridad por Pablo González Ruelas, quien estaba al frente del desaparecido Departamento Antropométrico de la Secretaría de Gobernación, al cual se le acusó de practicar espionaje telefónico. También fue reemplazado Jorge Miguel Aldana Ibarra, en la oficina de la Interpol en México, por Florentino Ventura. Este cambio fue repentino y no se dieron explicaciones cuando el primero resultó sospechoso de estar involucrado en el tráfico de drogas; además, las investigaciones del caso Camarena-Zavala no avanzaban.

Caro huyó de Guadalajara el 23 de febrero de 1985 rumbo a Caborca, Sonora, donde tenía una casa con pista de aterrizaje. La DEA informó que el narcotraficante salió del aeropuerto tapatío con credencial de agente de la Dirección Federal de Seguridad. Juventino Prado Hurtado, comandante de esta corporación, y Armando Pavón Reyes, comandante de la Policía Judicial Federal, no evitaron la fuga, a pesar de que tenían la responsabilidad de detenerlo. Este último, que según la DEA recibió un soborno de Caro Quintero, fue quien encabezó al grupo que cometió la matanza en el rancho El Mareño en Michoacán. En vez de consignar al comandante, la PGR simplemente lo destituyó.

El avión en que se fugó Caro pertenecía a la Compañía Proveedora de Servicios de Guadalajara, cuyos propietarios, los hermanos Eduardo y Javier Cordero Staufer, fueron detenidos el 1 de abril del mismo año, acusados de ser cómplices de aquel en el "lavado" de 5 mil millones de pesos, invertidos en diversos negocios. Esta cantidad formaba parte de la fortuna de Caro Quintero, que se estimaba en 100 mil millones de pesos. Era, además, accionista o propietario de por lo menos 300 empresas.

Aunque la PGR se atribuyó la localización del capo, el director de la DEA de ese momento, John Lawn, sostuvo que fueron sus agentes quienes proporcionaron información a la policía costarricense para la captura, lo cual fue confirmado por el ministro de Seguridad de Costa Rica, Piza Carranza. Inclusive, la DEA proporcionó más datos de la operación que la PGR.

Caro Quintero se había refugiado, desde el 17 de marzo de 1985, en una villa localizada al noroeste de San José, junto con sus pistoleros Miguel Ángel Lugo Vega, Albinoi Bazán Padilla, José Luis Beltrán Acuña y Juan Francisco Hernández Ochoa. Estaba con él Sara Cristina Cosío Gaona, sobrina de Guillermo Cosío Vidaurri, líder del PRI capitalino en aquellos años, secuestrada en Guadalajara desde el 8 de marzo.

Ahora se sabe que el hondureño Rubén Mata Ballesteros, el zar de la cocaína en México y contacto entre las mafias de Estados Unidos y América del Sur, fue quien facilitó la internación ilegal de Caro Quintero a Costa Rica. Mata Ballesteros, quien también tiene propiedades en este país, es buscado por la policía estadunidense. La DEA informó que Mata Ballesteros salió de México a principios de marzo de 1985, con la complicidad de la policía mexicana.

El 14 de febrero de ese año, los agentes de la DEA lo localizaron en un departamento del Distrito Federal. Pidieron su arresto a las autoridades mexicanas. Pero Manuel Ibarra Herrera, entonces jefe de la Policía Judicial Federal, retrasó personalmente la redada casi un día. Cuando llegaron los federales, Mata había desaparecido. Ante esta acusación la PGR guardó silencio.

En San José de Costa Rica, la policía informó que decomisó a Caro Quintero 40 mil dólares en efectivo y 150 mil dólares en cheques, además de, entre otras, una pistola Colt 45 con una placa que decía: "Dirección Federal de Seguridad". Al ser detenido en una de las dos casas que había adquirido por un millón y medio de dólares, el narcotraficante declaró: "Ya sé quiénes fueron y me las van a pagar".

Miguel Ángel Félix Gallardo

El hombre más buscado del mundo

♦

Francisco Ortiz Pinchetti

En la década de 1980, Miguel Ángel Félix Gallardo era "el hombre más buscado del mundo", según la Procuraduría General de la República. Gozó de plena impunidad durante casi dos décadas, se desenvolvió públicamente como hombre de negocios y ganó prominencia en los círculos sociales y políticos sinaloenses.

Iniciado en el mundo de las drogas en las postrimerías del gobierno sinaloense de Leopoldo Sánchez Celis, su amigo, padrino y primer protector, Félix Gallardo creció incesantemente durante los regímenes de Alfredo Valdés Montoya y Alfonso G. Calderón, y llegó a la plenitud en el sexenio de Antonio Toledo Corro (1981-1986).

Hábil, sagaz, discreto, refinado e insólitamente austero, el narcotraficante se convirtió en personaje de la vida social y económica de Sinaloa; amigo de políticos de todas las tallas, con relaciones en el comercio, la agricultura, la ganadería, la prensa y hasta la universidad.

Era ocasionalmente visto en eventos sociales y culturales: hacía ruidosas fiestas en su casa de playa de la bahía de Altata, apadrinaba bodas y bautizos, viajaba libremente, departía en restaurantes de lujo con políticos, empresarios, policías... Y era "el hombre más buscado del mundo".

De 1971 data la primera orden de aprehensión librada en su contra. Sumaría nueve más desde entonces hasta finales de los ochenta. Todo mundo sabía de sus actividades ilícitas, de sus propiedades, de su ubicación; pero nunca fue detenido, requerido, molestado, antes de ser capturado por la PGR el 8 de abril de 1989.

Aunque diez años atrás —a raíz de la Operación Cóndor— había cambiado su residencia "permanente" a Guadalajara, sus estadías en Sinaloa, y particularmente en Culiacán, eran frecuentes, sobre todo durante el gobierno de Toledo Corro, cuando actuó con plena impunidad y se dio el lujo de aparecer en público, tan campante, en eventos sociales reseñados por la prensa local. "Frecuentemente apadrinaba bodas, bautizos, 15 años", dice Carmen Aída Guerra, encargada de la sección de Sociales de *El Sol de Sinaloa*. "Nunca le importó ser fotografiado".

El 28 de mayo de 1983, Rodolfo Sánchez Duarte, hijo del ex gobernador Sánchez Celis, casó con Theolenda López Urrutia. La boda religiosa se efectuó en la iglesia de la Sagrada Familia, en Culiacán, y fue oficiada por el obispo auxiliar Humberto Velázquez Garay. Padrinos: Miguel Ángel Félix Gallardo y su esposa, María Elvira. El matrimonio civil tuvo lugar en casa de la desposada, en la colonia Las Quintas, ante la oficial del Registro Civil Silvia López de Logan. Por parte del novio fueron testigos Miguel Ángel Félix Gallardo, José Luis Félix Gallardo, el teniente Salvador Guerrero López, Jaime Sánchez Duarte y Tomás Saha-Pópulos. El banquete de bodas fue en el centro social Chaplin, uno de los más exclusivos de Culiacán. Estuvo amenizado por el mariachi Perla y la orquesta de los hermanos Meza y se prolongó hasta las seis de la mañana del domingo 29. Este acontecimiento social fue ampliamente reseñado e ilustrado por *El Sol de Sinaloa* el lunes 30 de mayo de 1983.

Otro testimonio gráfico de su pública presencia en Culiacán fue una fotografía difundida el 15 de enero de 1985 —apenas tres meses antes de la captura de Rafael Caro Quintero— donde aparece al lado de su socio y ahijado Rodolfo Sánchez Duarte y de Patricio Estolano Kuroda en los momentos de cortar el listón para inaugurar uno de sus negocios, el Grupo Crisol, rama automotriz.

La Inmobiliaria Delia, incautada por la PGR a raíz de la captura de Félix Gallardo, fue fundada por el narcotraficante en 1976, cuando era gobernador del estado Alfonso G. Calderón. La sociedad mercantil fue inscrita en el Registro Público de la Propiedad el 30 de noviembre de ese año, con un capital inicial de 5 millones de pesos. En el libro 123, inscripción 127, se asienta que la sociedad fue protocolizada por el notario público Óscar López Castro. Como accionistas aparecen el propio Miguel Ángel Félix Gallardo, sus hermanos Justino, José Luis y Francisco, así como su esposa María Elvira Murillo de Félix.

Félix Gallardo, que aportó 60% del capital inicial (3 millones de pesos), manifestó en la escritura ser mexicano, originario de Culiacán, de 30 años de edad, ejercer el comercio y tener su domicilio particular en la calle Presa de Boquilla 1084, en la colonia Las Quintas.

El 30 de junio de 1977 (inscripción 996, libro V) aparece la primera adquisición de la empresa, un predio urbano de 142 metros cuadrados, comprado en 64 mil pesos a la Compañía Oriental Fraccionadora. Y el 19 de marzo de 1980 se registra (expediente 745,80) un aumento de capital a 20 millones de pesos y se menciona como domicilio de la empresa el número 378 de la calle Rosales.

Según indagación del diario *Noroeste*, la Inmobiliaria Delia adquirió, en 13 años, 25 predios urbanos en Culiacán, que suman cerca de 3 mil metros cuadrados de terreno. Entre esos predios se cuenta toda una manzana ubicada en uno de los principales cruceros de la ciudad, en Madero y Obregón, contraesquina del hotel Executivo. En un vértice de ese predio estaban las oficinas de Inmobiliaria Delia, diligentemente incautadas y selladas por la PGR, apoyada por el Ejército.

De varillero a capo

Miguel Félix Gallardo nació en Bellavista, una ranchería situada en las goteras de Culiacán, a sólo cinco kilómetros de esta capital, en 1946. Su padre, Ramón Félix, agricultor, y su madre, Tina Gallardo, habían llegado años atrás del poblado de Pericos, por el rumbo de Mocorito, para trabajar como peones en la hacienda de don Chuy Tamayo.

Los Félix Gallardo tuvieron nueve hijos, todos ellos nacidos en Bellavista. Personas de trabajo, acabaron por comprar la casa y parte del predio de la hacienda de Tamayo. Cuando Ramón y Tina se separaron, la mujer se quedó en la hacienda con sus nueve hijos.

Miguel Ángel estudió la primaria en la escuelita de Bellavista. Luego asistió a la secundaria de la universidad y más tarde a la Webster, una escuela de comercio. Sus paisanos lo recuerdan como un muchacho serio, avispado y trabajador desde muy chico, que pronto mostró dotes para la actividad comercial. En efecto, comenzó como "varillero", esos comerciantes ambulantes que van por los ranchos con una caja llena de telas, hilos, botones, juguetes de celuloide y listones de colores. Con el producto de sus ventas compraba quesos y gallinas en los ranchos y los traía a vender en la ciudad. También tuvo un modesto expendio de llantas en Bellavista.

Apenas había cumplido los 20 años de edad cuando, en 1966, ingresó como agente en la Policía Judicial del Estado. Fue adscrito a la casa de gobierno y trabajó como guardaespaldas de los hijos del gobernador Leopoldo Sánchez Celis. Llegó a ser uno de los hombres de confianza del mandatario. De ahí data la amistad entre ambos. Poco después, Félix Gallardo se iniciaría en el negocio de las drogas, que empezaba a florecer en Sinaloa. Empezó al lado de Eduardo Fernández, don Lalo, el capo de la época. Sus habilidades comerciales le permitieron ascender rápidamente, protegido además por amigos poderosos. Por eso en 1976 pudo fundar su inmobiliaria y empezar a adquirir bienes raíces.

Nadie lo había tocado durante el gobierno de Valdés Montoya (1969-1974) y nadie lo tocó durante el de Calderón Velarde (1975-1980). Asociado ya con Ernesto Fonseca, don Neto, Félix Gallardo fue hombre clave en la rápida expansión de la organización. Era el encargado de las "relaciones públicas", a lo cual le ayudaban su habilidad comercial y su relativa preparación. Aprendió a moverse en las altas esferas de la política y las actividades comerciales. Viudo (su primera mujer, de apellido Medina, murió muy joven, de leucemia), casó con María Elvira Murillo, que le ayudó a abrir, también, el mundo social de Culiacán.

Félix Gallardo era un capo radicalmente distinto a don Neto, Caro Quintero y otros. La clave de su éxito como publirrelacionista en los ámbitos de la narcopolítica fue su discreción. Hombre refinado, bien vestido, nunca hizo ostentación de sus riquezas. No lucía, como los otros, relojes caros ni cadenas y esclavas de oro; evitaba los escándalos, se movía como lince.

La Operación Cóndor, en vigor durante el gobierno del presidente José López Portillo, obligó a los jefes del narcotráfico a emigrar de Sinaloa y a reestructurar su organización, para ese entonces ya extendida a varios estados de la República. Félix Gallardo, como don Neto y Caro Quintero, se mudó entonces a Guadalajara. La capital jalisciense se convertiría en centro de operaciones de los grandes traficantes de estupefacientes. Desde ahí siguieron controlando impunemente el negocio en Sinaloa, Sonora, Chihuahua, Tamaulipas y otras entidades.

Y Félix Gallardo se convirtió en banquero. En 1979, en Chihuahua, fue nombrado consejero del Banco Mexicano Somex, del cual era director entonces Mario Ramón Beteta. Entrevistado por Fernando Ortega Pizarro, reportero de *Proceso*, el que había sido director regional de Somex en Chihuahua, Miguel Ángel Matas Martínez, explicó que Félix Gallardo y Tomás Valles Corral —otro implicado en el narcotráfico— eran "accionistas importantes y clientes distinguidos" de esa institución bancaria. Aclaró que ambos habían sido designados consejeros por el Consejo de Administración de Banco Mexicano Somex, el cual sesiona invariablemente en la Ciudad de México. Hasta 1982, cuando menos, ambos seguían como consejeros (*Proceso* 439).

Amigos poderosos

En el mundo de la "clínica" (la gente del narco), Félix Gallardo ganó fama de astuto e inteligente, enemigo de la violencia, pero inflexible y duro. Los habitantes de Bellavista se quejaban de que, pese a sus riquezas evidentes, jamás ayudó al pueblo.

Félix Gallardo se consolidó como capo, paradójicamente, en los años de la Operación Cóndor (1975-1978). Carlos Aguilar Garza era entonces coordinador de la campaña de la PGR contra el narcotráfico en Sinaloa. Llenó las cárceles de campesinos acusados de sembrar mariguana en sus parcelas, pero no cayó ningún capo.

En junio de 1981, el juez tercero de Distrito en Tijuana, José Ángel Morales Ibarra, libró orden de aprehensión contra Félix Gallardo. Voluntariamente el inculpado se presentó ante el juez, que ordenó su encarcelamiento. Antes de cumplirse las 72 horas que marca la ley, Félix Gallardo fue puesto en libertad. El agente del Ministerio Público adscrito al juzgado, Alfredo Islas, no interpuso apelación alguna al auto de libertad.

Nunca, sin embargo, gozó Félix Gallardo de tan evidente impunidad como durante el sexenio de Antonio Toledo Corro como gobernador de Sinaloa. En ello coincidieron la abogada Norma Corona, presidenta de la Comisión de Defensa de los Derechos Humanos de Sinaloa, asesinada en 1991; el ex legislador priista, Enrique Peña Bátiz, y el ex candidato del PAN a la Presidencia de la República, Manuel J. Clouthier, muerto en 1989.

Durante los años de Toledo Corro, en efecto, se reunía públicamente con funcionarios y ex funcionarios públicos, aparecía en las páginas de sociales, organizaba fiestas en su casa de Altata —a las que acudían inclusive jefes policiacos—, contaba con agentes judiciales como guardaespaldas y emprendía nuevos negocios.

Solía frecuentar, entre otros, el restaurante de mariscos *Chipps*, en el boulevard Emiliano Zapata. Y tuvo el detalle de donar públicamente un millón de pesos para la biblioteca de la Universidad Autónoma de Sinaloa (UAS), de la que era rector Jorge Medina Viedas.

"Indudablemente, fue en ese tiempo cuando más se sintió su presencia aquí", afirmó en su momento la abogada Corona. "Aquí todo mundo lo sabía, todo mundo lo comentaba", declaró Clouthier. "Hasta los chamacos de 15 años sabían dónde vivía, quién era; como siguen sabiendo dónde viven y quiénes son otros narcotraficantes. A Félix Gallardo se le veía en muchas partes. Nadie lo tocaba. Y no lo digo ahora: yo denuncié esa impunidad durante toda mi campaña como candidato a gobernador, lo grité mil veces. Nadie hizo caso".

Peña Bátiz, por su parte, aseguró que durante todo el sexenio toledista creció y creció Félix Gallardo. "Tenía roce con los altos niveles sociales y políticos. ¿Por qué nada le hacían? Porque el dinero del narcotráfico llega hasta niveles muy altos, pero muy altos, de la Procuraduría General de la República: son borbotones de dólares".

El también expresidente de la Federación de Partidos del Pueblo, que postuló a Miguel Henríquez Guzmán como candidato a la Presidencia en 1952, consideraba que Félix Gallardo era el hombre clave de las relaciones

entre el narcotráfico y los políticos. Relató que personalmente le tocó verlo, a fines del sexenio de Toledo Corro, en el aeropuerto de Culiacán: "Yo
esperaba para abordar un avión cuando Félix Gallardo llegó. Venía con
cinco o seis guardaespaldas, tan campante. Al pasar a mi lado, alcancé a oír
que uno de sus guaruras le advertía: 'Hay un retén en Limón de los Ramos
[cerca de Culiacán]'. Félix Gallardo ni se inmutó: 'ya está arreglado', dijo".

Norma Corona tuvo este reclamo: "Deben ser investigadas también
otras personas que cumpliendo funciones de autoridades responsables
dieron protección a quien era públicamente señalado como narcotraficante
y contra el que había órdenes de aprehensión. Es el caso de Toledo Corro".

El exgobernador fue implicado en el narcotráfico por la DEA y otras
instituciones estadunidenses. En una lista dada a conocer por la agencia
antinarcóticos del vecino país aparecieron varios funcionarios del gobierno
toledista, entre ellos, Atalo de la Rocha, titular de Coformín, y Roberto
Robles Rendón, director de la Policía Judicial del Estado. Ambos serían
finalmente separados de sus cargos, pero Robles Rendón siguió siendo
guardaespaldas personal de Toledo Corro.

El propio gobernador, ante las insistentes acusaciones, solicitó formalmente (como lo hiciera también Sánchez Celis) ante el entonces procurador
Sergio García Ramírez, en abril de 1985, que se le investigara. Nunca se
supo si hubo tal indagación ni cuáles, en su caso, fueron los resultados.

Hasta su propio banco tenía

◆

Enrique Maza

La ciudad de Guadalajara había estado en manos del narcotraficante Alberto Sicilia Falcón, en cuya nómina estaba buena parte de su gobierno y de su policía. De la nómina de Sicilia pasó a la nómina de Rafael Caro Quintero y de Miguel Ángel Félix Gallardo.

Caro y Félix se iniciaron en Sinaloa, pero a mediados de los años setenta se mudaron, con todo y mafias, a Guadalajara. Allí construyeron sus narcoindustrias e hicieron florecer sus negocios, principalmente durante la gubernatura de Enrique Álvarez del Castillo, quien sucedió en el cargo a Flavio Romero de Velasco el 1 de marzo de 1983, para luego convertirse en procurador general de la República.

Dos investigaciones periodísticas sobre el narcotráfico, una de James Mills y otra de Elaine Shannon, publicadas en Estados Unidos en 1987 y 1988, reconstruyeron al menos una parte de la historia de Félix Gallardo, finalmente arrestado y encarcelado, después de 18 años de narcotráfico impune.

Ambas investigaciones lo relacionan con el secuestro y con los asesinatos de Enrique Camarena y de Alfredo Zavala, el agente de la DEA y el piloto mexicano, muertos en 1985. El libro de Shannon reconstruye más detalladamente el florecimiento de las mafias en Jalisco, la impunidad de que gozaron con Álvarez del Castillo y sus relaciones estrechas con la Dirección Federal de Seguridad y con la Policía Judicial Federal, sobre todo.

El siguiente relato se basa en esos dos libros: Enrique Camarena, el agente norteamericano de la Administración para el Combate contra las Drogas (DEA, por sus siglas en inglés), fue secuestrado el 7 de febrero de 1985. Ese mismo día desapareció también Alfredo Zavala, piloto mexicano que trabajaba para la DEA.

El periodista estadunidense James Mills publicó en 1987 su libro *El imperio subterráneo*, sobre el narcotráfico mundial y el combate contra la droga. Son 1,165 páginas de narración documentada. En la página 1,148 aparece el nombre de Miguel Ángel Félix Gallardo. Y se encuentra en conexión con el secuestro y con los asesinatos de Zavala y de Camarena, en Guadalajara: "Los funcionarios de la DEA estaban convencidos de que los plagios eran obra de Rafael Caro Quintero y de Miguel Félix Gallardo, dos narcotraficantes mexicanos prominentes perseguidos por la oficina de la DEA en Guadalajara".

Cuando estaba en marcha la investigación sobre Alberto Sicilia Falcón, Michael Decker, un asesino a sueldo de la CIA, había dicho: "95% de los funcionarios del gobierno de Guadalajara está pagado por Sicilia Falcón". James Mills comenta: "Todo mundo está de acuerdo con que Decker es un asesino psicótico, diabólico y frío como el acero, con una cara inocente de estrella de cine, como si fuera hermano de Clint Eastwood. Es totalmente amoral, atractivo, afable, impecablemente arreglado, de buen lenguaje. Un alto ejecutivo del crimen, extremadamente valeroso, fríamente eficiente, sumamente hábil, que conoce todos los espeluznantes secretos de la violencia aprendida en la escuela del gobierno. Fue entrenado para matar".

Y para matar a Alberto Barrueta lo contrató Alberto Sicilia Falcón. Ocho mil dólares. Fue el primer contrato. En su primer mes con Sicilia, Decker ganó 200 mil dólares haciendo "trabajos". Conoció a Sicilia Falcón. Sabía de qué estaba hablando. Le dijo a James Mills: "Era increíble. Toda la ciudad en la nómina de un hombre. Guadalajara comprada por Sicilia Falcón".

Años más tarde, en 1985, dos días después del secuestro de Enrique Camarena y de Alfredo Zavala, los agentes de la DEA conocieron la misma realidad, cuando el comandante Armando Pavón Reyes, de la Judicial Federal, dejó escapar en el aeropuerto de Guadalajara a Rafael Caro Quintero por 300 mil dólares. La DEA cateó el departamento de Félix Gallardo y encontró una foto de Camarena, tomada en la oficina de la Judicial Federal en Guadalajara.

La DEA, entonces, declaró la guerra. Y los narcos respondieron, en Colombia. Al día siguiente del cateo al departamento de Félix Gallardo, estallaron tres bombas en las oficinas colombianas de la IBM, de la Xerox y de la Union Carbide. En dos semanas, un grupo de pistoleros colombianos se reunió en Miami, con la intención, según los informantes de la DEA, de secuestrar a algún agente antinarcóticos. La DEA empezó a ver narcos colombianos por todos lados: en Rhode Island, un número X "con muchas armas"; uno en Nueva Orleáns con 20 kilos de explosivos plásticos; tres pelotones de cinco asesinos cada uno en Washington y en Miami; 10 asesinos en Massachusetts, todos para atacar a los agentes de la DEA, a los funcionarios del gobierno y a los policías locales. Félix Gallardo se movía.

El arresto de Sicilia Falcón había conducido, finalmente, hasta el socio de Félix Gallardo en la organización del trampolín mexicano: Juan Ramón

Mata Ballesteros, quien estaba en Guadalajara el día que secuestraron a Camarena, en una casa custodiada por agentes de la Federal de Seguridad. Entonces, Mata se mudó a México. La DEA supo su dirección gracias a que intervino teléfonos en el DF y le pidió ayuda a Manuel Ibarra, jefe de la Policía Federal. Alguien avisó a Mata, y éste huyó frente a los agentes de la DEA. Ibarra se presentó a arrestarlo tres días después.

"Entonces —dice James Mills—, uno de los propios hombres del Ministerio Público Federal levantó la tapa de la caja de Pandora. El funcionario mexicano se reunió en secreto con agentes de la DEA y les dijo que el mismo Ministerio Público Federal había secuestrado a Camarena por orden de Félix Gallardo. Les dijo que el secuestro se había llevado a cabo con conocimiento del hombre que estaba personalmente a cargo de investigarlo: el director del Ministerio Público Federal, Manuel Ibarra, funcionario que acuerda directamente con el procurador general de la República. Les dijo también que Ibarra había estado en la nómina de Félix Gallardo desde el momento mismo en que tomó posesión de su cargo. Y que Armando Pavón, el comandante que dejó escapar a Caro Quintero en el aeropuerto de Guadalajara, había sido asignado al caso específicamente para dinamitarlo".

El secuestro de Camarena agrió las relaciones entre México y Estados Unidos. El presidente Ronald Reagan le envió una nota a su homólogo mexicano. De la Madrid le respondió por teléfono y en una conversación de unos 15 minutos le dijo: "La policía mexicana está haciendo su mejor esfuerzo" para localizar a Camarena.

Un mes después de su secuestro, los cuerpos de Camarena y de Zavala fueron encontrados, metidos en bolsas de plástico, a unos 100 kilómetros de Guadalajara.

Seis días más tarde, el secretario de Estado, George Shultz, y el secretario de Relaciones Exteriores, Bernardo Sepúlveda, se reunieron por dos horas y media para tratar de parchar el daño diplomático. Ese mismo día la DEA supo que "cuando Manuel Ibarra se dio cuenta de que el químico hondureño Juan Mata Ballesteros era uno de los sospechosos, fue a verlo a su departamento del Distrito Federal y personalmente lo escoltó hasta el avión que lo sacó de México".

Por esos días fue arrestado Caro Quintero en Costa Rica, y poco después Ernesto Fonseca, en Puerto Vallarta, con 23 cómplices, la mayoría agentes del Ministerio Público Federal y de la Federal de Seguridad. Ambos, Caro y Fonseca, acusaron a Félix Gallardo del doble asesinato de Camarena y de Zavala.

Edward Heath, entonces jefe de la DEA en México, informó a Washington: "Félix es un traficante de tal magnitud y riqueza que fue capaz de sobornar a tantos funcionarios influyentes en altos puestos del gobierno, incluyendo la oficina del procurador general y el Ministerio Público Federal, que si revelaran las identidades de estos individuos crearía el caos en el gobierno de México".

La DFS en complicidad

La periodista Elaine Shannon publicó, en 1988, dos años después de James Mills, su libro *Desperados* (título original en inglés), sobre el narcotráfico, fundamentalmente en México y en Colombia, aunque toca a Bolivia, Perú y Panamá. El libro de James Mills se refiere al narcotráfico mundial e incluye a México y a Colombia.

Dice Shannon: "A la edad de 35 años, Miguel Ángel Félix Gallardo dominaba la ventas al mayoreo de cocaína en el lucrativo mercado del sur de California. Intuyó el potencial de la cocaína mucho antes que sus iguales y estaba perfectamente colocado para sacar ventaja de su propia previsión. Los pilotos que volaban el 'trampolín', la ruta sobre tierra desde Colombia hasta el sur de California, tenían que recargar combustible en el norte de México. Los contrabandistas colombianos eran molestados o extorsionados, pero no los hombres que trabajaban para Félix Gallardo. Gracias a sus días de contrabandista de heroína refinada, de los cultivos de la Sierra Madre en los pequeños laboratorios de Sinaloa, Félix Gallardo tenía excelentes contactos entre la policía de Baja California y de Sonora. Había construido una red de distribución de heroína en el suroeste de Estados Unidos, que fue fácilmente transformada para mover cocaína conforme fue creciendo el mercado para esta mercancía en los años setenta.

"Cuando Camarena llegó a Guadalajara, Félix Gallardo controlaba un imperio multinacional que se extendía desde los Andes hasta el sur de Estados Unidos. Controlaba uno o dos bancos, comandaba su propia fuerza aérea y su propia red radiofónica, estaba construyendo sus propias refinerías de cocaína y estaba extendiendo su red de distribución hasta Europa".

Miguel Ángel Félix —describe Shannon—, delgado y tranquilo, escondía sus orígenes de clase humilde detrás de un barniz de refinamiento. Era, por todo lo que se sabe, un asesino inmisericorde, pero podía ponerse traje y corbata y parecer un empresario en ascenso, lo que de hecho era.

Nació en Culiacán en 1946. De finales de los años sesenta a principios de los setenta fue policía estatal en Sinaloa y guardaespaldas de Leopoldo Sánchez Celis, gobernador del estado. Se codeaba con las familias prominentes de Sinaloa, incluidas la de Sánchez Celis y la de Antonio Toledo Corro, posterior gobernador de la entidad.

Los agentes de la DEA concluyeron más tarde que fue Félix Gallardo quien introdujo a Caro, a Fonseca y a otros narcos con políticos poderosos y funcionarios de las policías de Guadalajara y quien hizo los arreglos de protección con funcionarios federales estratégicos. La DEA —según cuenta Shannon— descubrió que Félix Gallardo se estaba especializando en mover cocaína a una escala que sólo había podido lograr la banda de Medellín en Colombia. Tenía el potencial para reestructurar toda la industria mexicana del narcotráfico y convertirla en el *drogaducto* de la cocaína sudamericana. La cocaína era más lucrativa que la mariguana y la heroína combinadas y menos vulnerable, porque se comercia en forma refinada y no puede ser descubierta desde el aire. Los programas de erradicación de la droga no tocarían la cocaína.

La DEA había descubierto a Félix Gallardo desde 1975, cuando se asoció con Juan Ramón Mata Ballesteros, el químico de la cocaína, que había sido la conexión sudamericana de Alberto Sicilia Falcón. En 1982, la DEA organizó la Operación Padrino contra Félix Gallardo. Eventualmente, los analistas de inteligencia de la DEA concluyeron que Félix Gallardo no era sólo el mayor traficante de cocaína en México, sino uno de los más grandes en el hemisferio occidental, tan poderoso como los colombianos. Embarcaba entre tonelada y media y dos toneladas de cocaína al mes.

Shannon relata que los agentes de la DEA trataban de documentar las acusaciones de que muchos policías de la Dirección Federal de Seguridad trabajaban para los narcotraficantes. Pero tenían las manos atadas. En 1986 reclutaron a un informante que había estado, según afirmaba, en la Federal de Seguridad de 1973 a 1981. Había trabajado, decía, como contratista, consejero de finanzas y proveedor de armas para Miguel Nazar Haro, cabeza de la DFS.

El informante les hizo saber a los agentes de la DEA que a mediados de los años setenta, cuando las bandas de Sinaloa se hacían la guerra unas a otras, además de pelearse con la Policía Judicial Federal y con la DEA, los comandantes Esteban Guzmán y Daniel Acuña, de la Federal de Seguridad, fueron a ver a los jefes narcos, a Miguel Ángel Félix Gallardo y a Ernesto Fonseca. A los Caro Quintero les aconsejaron que pusieran fin a la violencia y que construyeran una base de operaciones en Estados Unidos. Los convencieron de que dejaran Sinaloa y se reubicaran en Guadalajara.

Según el informante de la DFS contratado por la DEA, la Federal de Seguridad introdujo a los traficantes con gente de influencia en Guadalajara, les encontró casas, les asignó guardaespaldas y construyó con ellos una especie de complejo narcoindustrial. Los traficantes proporcionaban músculo y sangre; los jefes de la Federal aportaban cerebro, coordinación, protección contra otras agencias del gobierno y capacidad de fuego con miles de armas automáticas traídas de contrabando. Les dieron a los traficantes protección y computadoras, además los organizaron.

Se tenían sesiones de estrategia en la Ciudad de México —el informante asistió a ellas—, dirigidas por funcionarios de la DFS, que planeaban un comercio multinacional de drogas. "Vi a los funcionarios de la DFS reprender duramente a Ernesto Fonseca por haberse vuelto adicto a la cocaína y por llevar torpemente sus negocios. Vi cómo el negocio de la cocaína reemplazaba al negocio del petróleo en cuanto fuente principal de dinero fácil. La DFS contrató asesores, como yo, para ayudar a redes en las comunidades hispanas de Los Ángeles, Chicago y Texas, y a invertir cientos de millones de dólares en bienes raíces. A cambio, la DFS recibía la cuarta parte de las ganancias de la droga.

"La DFS adquirió 600 pipas y las despachaba al norte cargadas de mariguana, de tres a cinco toneladas por viaje. Diez o 12 pipas al día, hacia Phoenix y Los Ángeles. Pagaban 50 mil dólares por carga a los funcionarios de aduanas, de este lado y del otro".

El informante de la DFS contratado por la DEA se había especializado en el cultivo de mariguana sin semilla. Su función era revender la droga confiscada por la Judicial Federal y por la DEA. "Iba yo a los ministerios públicos a evaluar la calidad de la droga confiscada. Establecía el precio y hacía una oferta a los funcionarios del Ministerio: un porcentaje menor del precio neto. La DFS enviaba choferes de la mafia con las pipas, que llegaban acompañados por varios Chrysler New Yorker, cada uno con cuatro oficiales de la DFS armados con metralletas. Los oficiales custodiaban el cargamento hasta Guadalajara, donde se escondía en una bodega. Siempre se quedaban por ahí algunos agentes para vigilar que los pistoleros hicieran su trabajo. La DFS operaba un escuadrón de asesinos y una división que manejaba el lavado de dinero para los altos funcionarios del gobierno. Los jefes de la Federal de Seguridad en el DF tenían expedientes de altos políticos del PRI y de sus familias".

Muchas de las acusaciones que hizo el informante —dice Shannon— fueron corroboradas más tarde por varios ex funcionarios despedidos del gobierno y contratados como informantes por la DEA y por la Oficina de Aduanas de Estados Unidos, que dirige William von Raab. Por un comandante de la Judicial Federal supo la DEA que los jefes de la Judicial ordenaban a sus hombres dar protección a ciertos narcos. Los funcionarios de la Judicial Federal en provincia, concretamente en Guadalajara, tenían permiso de extorsionar a traficantes menores, pero nunca a los jefes de la mafia, que ya tenían sus arreglos directos con la DFS y con jefes militares. Un comandante de la Judicial Federal en Guadalajara rompió las reglas y quiso extorsionar a los jefes mayores. La DFS mandó un pelotón de asesinos. El comandante murió de fuego de ametralladora.

Álvarez del Castillo: dejar hacer

La oficina de la DEA en Guadalajara presentó denuncia tras denuncia sobre la expansión del imperio de Rafael Caro Quintero. James Kuykendall, uno de los agentes de la DEA, insistía: si Caro Quintero está metiendo millones de dólares en enormes y visibles plantaciones de mariguana en el desierto, la conclusión no tiene escape: debe tener garantías de protección, no sólo de los federales, que son los responsables de arrestar a los traficantes, sino de la oficina del procurador general.

El 12 de julio de 1984, Kuykendall envió este informe: "Guadalajara sigue siendo un refugio seguro para los grandes traficantes de drogas en México. Siguen comprando propiedades, que van desde lotes baldíos hasta casas de lujo, hoteles y restaurantes. La violencia en la comunidad narcotraficante ha alcanzado proporciones alarmantes y podría poner en peligro la protección que tienen de funcionarios estatales y federales.

"Se siguen denunciando cultivos de mariguana en todas las áreas que caen bajo la responsabilidad oficial del gobierno de Guadalajara. Se informa de grandes cultivos de amapola en Zacatecas, Nayarit y Jalisco. El tráfico de cocaína a través de Guadalajara ha llegado a la escala de mil kilos al mes. Todo esto no es nuevo, pero la información ahora disponible lo confirma".

Enrique Álvarez del Castillo, procurador general de la República de 1978 a 1983, llevaba un año como gobernador de Jalisco en 1984. Miguel Nazar Haro había asumido la dirección de la Federal de Seguridad desde 1977, cuando los narcos se establecieron en Guadalajara. En cuanto secuestraron a Enrique Camarena, la DEA trató de comunicarse con Álvarez del Castillo. No estaba disponible.

Fue en noviembre de 1984 cuando se permitió a los agentes de la DEA volar con los mexicanos en los vuelos de verificación. Su informe: hay más opio y más mariguana creciendo ahí de lo que ninguno hubiera podido imaginar.

En el otoño de ese año se desató la guerra de mafias en las calles de Guadalajara. Las bandas rivales de narcos se emboscaban unas a otras y a la policía en las avenidas y en los cafés. Las noches se llenaban de ruidos de ametralladora. "Parecía que el gobierno mexicano había abandonado toda pretensión de control. Había montones de cuerpos sin nombre en las cunetas". El 1 de marzo de 1983 Enrique Álvarez del Castillo, "un hombre menos fuerte", tomó el gobierno de Jalisco. "Los traficantes se descararon en tal forma que se batían frente a la casa del gobernador. Pero tampoco hubo ninguna presión significativa de la ciudadanía para echar a los narcos otra vez a la montaña".

El 10 de octubre de 1984, el automóvil de Roger Knapp, agente de la DEA en Guadalajara, fue ametrallado. Knapp sabía que Félix Gallardo lo ordenó. Meses antes, en ese mismo auto, Knapp pasó frente a la oficina de Félix Gallardo y fue sacado del camino e interrogado por sus guardaespaldas, quienes le enseñaron credenciales de Gobernación, la oficina madre de la DFS.

El gobernador no quiso

Knapp era el creador de la Operación Padrino y Félix Gallardo le demostraba que no estaba contento con él. Meses antes, el 28 de marzo, un comandante de la Federal de Seguridad había llamado a Enrique Camarena para darle un recado del Padrino: sería más sabio que los agentes de la DEA dejaran en paz a Félix Gallardo, que era un honesto hombre de negocios, y persiguieran a Rafael Caro Quintero.

El mensaje intensificó la investigación. En junio de 1984, la oficina de la DEA en Guadalajara recibió un soplo, que llevó a la DEA de Los Ángeles a un cuarto de motel en Anaheim, California. Allí encontraron dos máquinas contadoras de dinero y cuatro millones de dólares en billetes con huellas de cocaína. Varios apuntes hallados en el cuarto condujeron a cuentas bancarias en San Ysidro, en Laredo y en El Paso, todas controladas por Tomás Valles Corral, el contador de Félix Gallardo. Finalmente, los agentes conectaron 13 millones de dólares con la organización del Padrino. "Y era sólo la morralla".

A Félix Gallardo había que investigarlo a través del dinero. Penetrar en la organización de Caro Quintero no había sido tan difícil, porque el tráfico de mariguana requiere de miles de campesinos, supervisores, ingenieros, choferes y guardias. Pero la organización de Félix Gallardo traficaba con cocaína refinada, que requiere mucho capital, pero poca mano de obra. Un hombre como él necesita sólo un pequeño núcleo de ayudantes confiables, pero tiene que ser capaz de mover millones de dólares hacia muchos países, para pagar la cocaína, los aviones, los camiones y los sobornos. El modo de llegar a él era analizando sus transacciones financieras.

Desde 1982, que se sepa, Félix Gallardo había adquirido parte de un banco en Guadalajara para lavar su dinero. La DEA pidió al gobierno le diera acceso a la documentación del banco. Se rechazó su petición. Y tampoco el gobierno mexicano investigó. Más tarde, la DEA descubrió en Lima un cheque del Banco de América en San Diego. Revisaron la documentación de ese banco y descubrieron que la organización de Félix Gallardo había manejado, a través de ese solo banco, 20 millones de dólares en sólo un mes. Calcularon que sus ganancias eran, por lo bajo, de 200 millones al año. Y se depositaban en el banco de Félix Gallardo en Guadalajara. De ahí pasaban a San Diego, y de San Diego, a Sudamérica, para pagar a los productores de cocaína.

Empezaron a rastrear los cheques. Unos fueron cobrados en pequeñas poblaciones de Colombia; otros, en los Andes peruanos; otros, en la frontera Perú-Bolivia. Cuatro cheques —por 200 mil dólares— aparecieron en Suiza. Se sacaron fotocopias de todos esos cheques y se mostraron al gobierno mexicano, que volvió a negar el acceso a los registros bancarios de Félix Gallardo.

Tendrían que pasar muchos años antes de que el gobierno mexicano, ahora con Álvarez del Castillo convertido en procurador de la República, decidiera actuar contra el capo de la cocaína.

La captura, sin un solo tiro

◆

Hermenegildo Holguín
Raúl Monge

Su carrera delictiva comenzó en 1971 y terminó la mañana del 8 de abril de 1989. Miguel Ángel Félix Gallardo, considerado por las autoridades mexicanas y estadunidenses como un capo del narcotráfico, finalmente fue capturado. Tenía en su contra 14 órdenes de aprehensión por lo menos. No hizo una vida pública ostentosa que estuviera salpicada de anécdotas románticas, como la de Rafael Caro Quintero. Pero tampoco se ocultaba.

El sábado 8 de abril de 1989, a las diez y media de la mañana, varios autos, una combi y unos 30 policías vestidos de civil y con armas largas llegaron al número 2718 de la calle Cosmos, esquina con avenida Arcos, en la colonia Jardines del Bosque, en Guadalajara. Subieron a las azoteas, cubrieron las salidas. "Cortaron cartucho", dijeron los vecinos. "Hubo gritos, como si alguien se estuviera peleando".

Pero no hubo ni un tiro. Los guardaespaldas de Félix no aparecieron nunca. La acción fue rápida y sin problemas. Los policías sacaron al hombre encapuchado y esposado y lo metieron en la combi. Minutos después salió de la casa una mujer rubia con dos niños pequeños. Corrió por la calle y le pidió a una vecina que le ayudara a conseguir un taxi. "Yo la vi varias veces —dijo un testigo— con quien parecía ser su esposo. Eran gente amable. No hacían ostentación de nada ni se metían con nadie".

La casa tenía unos 12 metros de frente y una cochera con puertas de madera. Al parecer, informaron los vecinos, Félix Gallardo la había comprado apenas unos tres meses antes. Pocas veces se veía luz en la casa. No se oían ruidos. No se escuchaba a los niños. A las nueve de la noche volvieron la combi y los autos. Abrieron las puertas de la casa. Entraron, catearon. Eran agentes de la Policía Judicial Federal.

Félix Gallardo había convertido Guadalajara en su centro de exportación de droga, con la complacencia e incluso con la protección de funcionarios y policías federales y locales. Durante 18 años —exactamente el transcurso de los sexenios de Luis Echeverría, José López Portillo y Miguel de la

Madrid— disfrutó de impunidad. Acumuló una fortuna calculada en cerca de 50 millones de dólares en dinero y propiedades, algunas de las cuales fueron incautadas por la Procuraduría General de la República.

Miguel Ángel Félix Gallardo, nacido en Culiacán, Sinaloa, tenía 43 años de edad cuando fue arrestado. Se veía mal. Apenas podía hilar palabras, se le notaba nervioso y las piernas se le doblaban, tenía que recargarse en la pared para soportar el interrogatorio judicial.

Lunes 10. Sede de la Policía Judicial Federal, en la calle de López. Primer piso. Por una puerta custodiada por una docena de agentes salió un hombre espigado, alto, aparentemente agotado, despeinado y demacrado. Los flashes lo deslumbraban y agachaba la cabeza. Frente a él había revólveres, rifles, granadas y cocaína que, supuestamente, le encontraron el día de su captura. Félix Gallardo dijo después que tuvieron que darle una pastilla y agua para poder enfrentar a la prensa, ya que lo habían mantenido en pie todo un día y una noche.

Minutos antes, el entonces procurador general de la República, Enrique Álvarez del Castillo, había citado a una rueda de prensa para dar a conocer en detalle la detención del "número uno de los narcotraficantes a nivel internacional". Según el funcionario, en su declaración ante el Ministerio Público Federal, Félix Gallardo aceptó que se dedicaba al narcotráfico desde 1971 y confesó que en todo ese tiempo tuvo la protección de diversas autoridades.

Tiempo después se hizo pública la participación de jefes policiacos de Sinaloa, Guadalajara, Tamaulipas y Nuevo León y un funcionario de la PGR. Ellos eran: Gregorio Corza Marín, subdelegado de la Campaña contra el Narcotráfico en Sinaloa, quien confesó haber recibido 55 millones de pesos de Félix Gallardo a principios de 1989. Él se encargaba, según la PGR, de mantenerlo al tanto de las operaciones de esta institución.

Arturo Moreno Espinosa, jefe de la Policía Judicial de Sinaloa; Robespierre Lizárraga Coronel, jefe de la Policía Judicial de Culiacán; Ernesto Fernández Cadena, de la Policía Federal de Caminos a cargo del destacamento de la Ciudad de México; Ramón Medina Carrillo, comandante regional de Tamaulipas, y Hugo Alberto Palazuelos Soto, oficial destacado en Nuevo León.

Con ellos también fueron detenidos Jesús Ríos Valdés, Alberto Suástegui Ochoa y Luis Roberto Cuevas Gárate, identificados por la PGR como lugartenientes y administradores de los bienes de Félix Gallardo en Guadalajara. Entre estos se mencionaron el hotel Las Américas, las suites Monreal y locales comerciales en la Plaza Comercial México. Según el juez primero de Distrito en Materia Penal, Vicente Salazar Vera, a estas tres personas se les concedió libertad bajo fianza —cuatro millones de pesos a cada uno—, aunque ninguno se acogió a ese beneficio. Los otros coacusados no alcanzaron fianza.

En la conferencia, el procurador Álvarez del Castillo reconoció que como gobernador tuvo conocimiento de que Miguel Ángel Félix Gallardo dirigía organizaciones criminales dedicadas al narcotráfico, con influencia en la República Mexicana, Centro y Sudamérica, así como en Estados Unidos:

"Tuve la mala fortuna, porque esas cosas nunca son afortunadas, de conocer en mi gestión como gobernador de Jalisco que Miguel Félix Gallardo era la cabeza intelectual del grupo", que en aquel entonces formaban Rafael Caro Quintero y Ernesto Fonseca Carrillo, don Neto.

Lo cierto es que no sólo se sabía en Guadalajara que el sinaloense era el amo del narcotráfico. Era del dominio público que había contra él dos órdenes de aprehensión: una por las muertes de Enrique Camarena y Antonio Zavala Avelar, y la otra por delitos contra la salud. Más aún, tras su captura se supo que Félix Gallardo radicaba en Guadalajara desde 1977, ciudad de la que pocas veces salió en los siguientes 12 años.

En las audiencias ante los juzgados Décimo y Primero, el narcotraficante negó sus declaraciones rendidas al Ministerio Público. No reconoció tampoco sus firmas ni sus huellas digitales. "Me obligaron a firmar".

Así fue el primer interrogatorio. Félix Gallardo rechazó todo. Dijo no recordar nombres ni lugares ni fechas ni conocer droga alguna. Desconoció a Rafael Caro Quintero, a Ramón Mata Ballesteros y a Ernesto Fonseca.

El Güero Palma

La venganza

◆

Raúl Monge

En 1988, cuando el narcotráfico resurgía en Guadalajara bajo el mando de Miguel Ángel Félix Gallardo, la esposa y dos hijos de Luis Héctor Palma, alias el Güero Palma, fueron asesinados; ella en San Francisco, California, y ellos en Venezuela. En ambos casos la autoría intelectual del crimen se atribuyó a Félix Gallardo quien, desde el 8 de abril de 1989, se encuentra sujeto a proceso por los delitos de acopio de armas, posesión de cocaína, contra la salud y otros.

En esa ocasión, por las características de los asesinatos, las autoridades policiacas no dudaron en clasificar el caso como parte de la guerra entre narcotraficantes. Guadalupe Leija de Palma fue muerta y descuartizada en San Francisco. Su cabeza, envuelta en una caja, fue dejada en la residencia del Güero Palma.

Con 15 días de diferencia, los hijos de Palma, Nataly y Héctor, de cuatro y cinco años de edad, respectivamente, corrieron la misma suerte. Según el parte policial venezolano, los menores fueron arrojados desde una altura de 150 metros, en el puente conocido como La Concordia, en la ciudad de San Cristóbal, estado de Táchira. En los dos casos el autor material del crimen fue identificado por la policía: Rafael Clavel Moreno, de origen venezolano, vinculado con el grupo de Félix Gallardo.

Testimonios ministeriales de integrantes de la banda del Güero Palma, detenidos en diferentes operativos efectuados entonces, coincidieron en señalar que al enterarse de la muerte de sus familiares, Luis Héctor juró vengarse. "Ya nos declararon la guerra y esto no se va a quedar así", dijo.

Así empezó el ajuste de cuentas entre dos de los más poderosos narcotraficantes mexicanos, en cuya guerra intervinieron, en favor de uno y otro grupo, agentes de la Policía Judicial Federal, como el ex comandante Mario Humberto González Treviño, quien fue acusado de dar protección a Palma. El exagente federal fue sujeto a proceso como presunto autor intelectual de la muerte de la abogada Norma Corona.

A principios de 1990 Palma comenzó la venganza que, al parecer, continuó el 4 de septiembre de 1992 con el descubrimiento de nueve cadáveres en las inmediaciones de Iguala, Guerrero. A las víctimas las unía un deno-minador común: el parentesco y la amistad con Félix Gallardo.

Integrantes de la banda del Güero Palma secuestraron a los venezola-nos José Vladimir Arzoday Mendoza, Víctor Julio Zuate Peraza y Amaury Glaciano Planchart y al abogado mexicano Jesús Alfonso Güémez Castro el 22 de febrero de 1990. Antes de ser asesinados y desmembrados sus cuerpos, los captores los torturaron.

Las indagaciones policiacas sobre estos crímenes pronto dieron resulta-dos. En un operativo efectuado en Sinaloa, la Policía Judicial Federal detuvo a Adolfo Lugo Cárdenas, quien aceptó su participación en los hechos. En su declaración preparatoria confesó que el secuestro fue dirigido por Luis Palma y Ramón Leija. Precisó, además, que el Güero lo hizo en venganza por la muerte de su esposa e hijos.

Tiempo después apareció muerto el abogado defensor de Félix Gallardo, Carlos Morales García, el Pelucas. El caso de Norma Corona también tuvo implicaciones directas en esta guerra, según la PGR. Cuatro años después de la muerte de sus familiares, Palma continuó con la venganza: cuatro familiares de Félix Gallardo aparecieron en la lista de nueve personas encontradas muertas, el 4 de septiembre de 1992, en Iguala, Guerrero: Marco Antonio Solórzano Félix, José Félix López, Alberto Félix Uribe y José Manuel León López. Las demás víctimas eran amigos y abogados al servicio del narcotraficante: Teodoro Ramírez Juárez, Federico Alejandro Livas Vera, Ángel Gil Gamboa, Alfredo Carrillo Solís y Mario Domínguez Hernández. A este último se le encontró una licencia de conducir con el nombre de Javier Torres López.

Según información del corresponsal Jorge Valdez, los cadáveres, ha-llados accidentalmente a dos kilómetros de la autopista México-Acapulco, tramo Iguala-Amacuzac, fueron desmembrados y presentaban evidencias de haber sido torturados, por lo que el entonces procurador de Justicia de Guerrero, José Rubén Robles Catalán, sostuvo la hipótesis de que fue una ejecución de la mafia del narcotráfico.

Originalmente, médicos legistas del Semefo de Chilpancingo dijeron que habían sido ultimados en ese lugar. Sin embargo, el 7 de septiembre, el subpro-curador Gustavo Olea Godoy dijo que por lo menos a dos de las víctimas las habían matado en otro sitio, pues las necropsias revelaron que las causas de su muerte fueron: fractura de cráneo, politraumatismo y estallamiento de vísceras. Ambos cuerpos estaban esposados y presentaban un orificio en la cabeza, lo que hizo suponer a la policía que les dieron el "tiro de gracia".

Familiares de las víctimas declararon a las autoridades, según quedó constancia en la averiguación previa HID/660/92, que los responsables del secuestro y asesinato se ostentaron como agentes judiciales federales y que viajaban en camionetas Suburban.

Esta versión, sin embargo, fue desmentida inmediatamente por la Procuraduría General de la República. De lo que no se tiene duda es que los autores de la matanza actuaron protegidos por elementos de alguna corporación policiaca. La evidencia fue una gorra con las siglas de la Policía Judicial del estado de Sinaloa y el nombre inscrito del propietario. Fue hallada en alguno de los vehículos utilizados en el operativo, uno de los cuales, una Suburban color marrón, sin placas, fue encontrada por la PGR.

Como resultado de las investigaciones, la PJF capturó a seis de las 15 personas que presuntamente mataron a los familiares y amigos de Félix Gallardo. Sus nombres se mantuvieron en secreto para no entorpecer las pesquisas. Entre ellos, se encontraron ex policías y policías entonces activos.

De acuerdo con la dependencia, los autores intelectuales del múltiple asesinato fueron Joaquín Guzmán y el Güero Palma. Los autores materiales, que portaban placas de la Policía Federal, también fueron plenamente identificados.

La PGR cateó siete residencias dentro y fuera de la Ciudad de México. En una de ellas, en las Lomas de Chapultepec, se encontraron chalecos antibalas, gorras con las siglas PJF y aparatos para interceptar llamadas de teléfonos celulares. Según la PGR, la indumentaria policiaca era falsa. Una de las residencias, la más grande y lujosa de todas, se hallaba en Cuernavaca, Morelos. Tenía alberca, gimnasio, cancha de tenis y amplios jardines. Todas pertenecientes a Palma.

Los hechos

Con base en testimonios de Tina Gallardo, hermana de Félix Gallardo, y de Raúl Livas Vera, hermano del abogado defensor del narcotraficante, a continuación se reconstruyen los hechos previos al múltiple asesinato.

El 3 de septiembre de 1992, dos camionetas Suburban con 15 personas a bordo, con el uniforme de la PJF, llegaron a las 11 de la mañana al domicilio de la madre de Miguel Ángel Félix Gallardo, en Cerrada de la Colina, colonia Jardines del Pedregal, en Guadalajara. Para burlar la vigilancia del fraccionamiento, los tripulantes se identificaron como policías federales.

Una vez en la casa, en cuyo interior se encontraban, entre otras personas, la madre, la hija y un sobrino de Félix Gallardo, los presuntos policías tocaron a la puerta.

Según la versión de la hermana, apenas abrió la puerta y los delincuentes ingresaron con el "gancho" de que querían una limosna. Según la versión de Raúl Livas, los supuestos agentes irrumpieron violentamente, sin orden de cateo, ni mucho menos de aprehensión.

Encerraron en una habitación a los hombres y en otra a las mujeres. Permanecieron cinco horas. Mientras tanto, los tripulantes de la otra camioneta se dirigieron a la casa del hijo del medio hermano de Félix Gallardo. Como no les abrían, el conductor estrelló la camioneta en la puerta de entrada. Esposaron al joven y lo sacaron envuelto en una cobija. Luego se dirigieron al domicilio de la madre de Félix Gallardo, donde lo dejaron.

Horas después recibieron una llamada telefónica. Era Mario Domínguez Hernández, quien preguntaba por el sobrino de Félix Gallardo. Los supuestos policías lo invitaron a la casa. Cuando llegó, fue detenido.

Igual pasó con los abogados Federico Livas Vera y Teodoro Ramírez. Fueron notificados de que había problemas con los familiares del narcotraficante sinaloense y se dirigieron a la residencia. También fueron secuestrados.

Tina Gallardo conversó con varios de los captores y pudo advertir que provenían de Sinaloa. Declaró que golpearon a los detenidos, fumaron mariguana y saquearon las casas. A las mujeres no las tocaron.

De Guadalajara se trasladaron a Cuernavaca, donde hicieron otra detención. La número 9. El 4 de septiembre los operadores de una estación de onda corta del Canal 13, Arturo Cárdenas Tirado y Jorge Trejo, descubrieron los cuerpos cuando se dirigían a trabajar. Regresaron a Iguala, a unos 12 kilómetros de distancia, y dieron parte a la policía.

Dentro de la camioneta encontrada por la PJF había dos maletas con 159 títulos de propiedad a nombre de Miguel Ángel Félix Gallardo. Amparaban casas, edificios, hoteles, ranchos, terrenos, entre otros bienes inmuebles. Se descubrieron, además, cuatro chalecos antibalas con las siglas de la PJF. Estos, de acuerdo con la PGR, fueron manufacturados en Guadalajara. El propietario del negocio ya estaba muerto.

A juzgar por todas esas evidencias, la PGR se convenció de que los asesinatos eran obra de Palma, y de que continuaba la venganza contra Félix Gallardo, quien, a pesar de estar encarcelado, seguía manteniendo el control sobre una parte del narcotráfico.

Desde la cárcel

La revista *Vistazo*, que se edita en Guayaquil, Ecuador, publicó en 1992 una serie de reportajes sobre el narcotráfico a raíz de la detención de los integrantes del cártel ecuatoriano, encabezado por Jorge Reyes Torres y altos jefes militares. La investigación efectuada por la policía de aquel país mostró que la cárcel no había sido impedimento para que Félix Gallardo se mantuviera activo.

La revista informó: "Hernández [socio del capo ecuatoriano] también habría revelado que en enero de 1990 viajó a México, donde contactó en una cárcel con Miguel Félix Gallardo, compadre de Jorge Reyes Torres. Allí habló con él de la deuda de un millón de dólares que Reyes tenía con Félix Gallardo, y éste le dijo que como donación a su ahijada, le perdonaría esa deuda, como efectivamente lo confirmó el mismo Reyes cuando visitó a Félix Gallardo.

"La policía presenta un poder notarial, según el cual 'Miguel Ángel Félix Gallardo, narcotraficante detenido en México, y Eloísa Murillo Gastelin otorgan un poder a favor del licenciado Federico Alejandro Livas Vera y Lesbya Eloísa Benavides López, para que en su nombre y representación comparezcan a efectuar el bautismo de la menor Estephani Reyes Lavoyer'. Hay un video sobre la ceremonia realizada el 14 de junio de 1991 en la hacienda San Antonio".

Vistazo consignó también que la policía ecuatoriana descubrió una lista con nombres y las claves con quienes Reyes Torres establecía contactos para la comercialización de la droga. Entre los nombres aparecen los de los mexicanos Fernando Pérez Nochebuena y Fernando del Castillo y Garza, "[…] que planificaron, coordinaron y financiaron el tráfico internacional de clorhidrato de cocaína, apoyados logísticamente por la compañía Aviones Servicios del Golfo sa y la pista de aterrizaje clandestina construida en la hacienda El Retiro, ubicada en el desierto de México, bienes estos adquiridos en forma conjunta por esta agrupación".

En sus declaraciones ministeriales, el narcotraficante ecuatoriano confirmó sus relaciones con Félix Gallardo, a quien visitó en el Reclusorio Sur: "En la visita le pedí que por favor me ayude con un delegado de él para el bautizo de mi niña, en vista de que tenía que entrar a un colegio religioso que exige ser bautizada. Fue la segunda vez que tuve contacto con Miguel Félix. La primera fue en un hotel de su propiedad en Guadalajara. No sé por qué estaba preso. Él es mi compadre en la actualidad".

Según la PGR, fue imposible hablar con Félix Gallardo, debido a que "siempre está drogado". Raúl Livas Vera, hermano del defensor legal del narco sinaloense, asesinado aquel septiembre de 1992, afirmó que por el *modus operandi* se trató de una venganza. Pero también aseguró que los autores fueron resguardados por policías. "No se pueden cruzar casetas y andar por la carretera con armas y detenidos. Lo que se hizo no se pudo haber hecho sin la participación de la policía".

Confiado en que se haría justicia, añadió que su hermano estaba consciente del riesgo que implicaba llevar la defensa de Félix Gallardo. Afirmó que la relación con el narco era estrictamente profesional. Aceptó que su hermano estuvo en Ecuador en el bautizo de la hija de Reyes Torres, y que también atendía casos relacionados con la familia. Rechazó que hubiera tenido vínculos con el tráfico de drogas.

"El móvil lo desconozco. No tengo la menor idea. Pero era obvio que los verdugos buscaban algo. Lo único que sé es que fueron recolectando gente vinculada de alguna forma con Félix Gallardo".

Catedrático de la Universidad Autónoma Metropolitana, Raúl Livas sólo esperaba en aquel momento que el procurador Ignacio Morales Lechuga cumpliera su promesa de detener a los culpables y de que el nombre de su hermano no se vinculase con el narcotráfico.

"Federico era un buen abogado, un abogado con éxito y eso no lo perdona nadie. Manejaba todo tipo de negocios relacionados con su profesión. Siempre andaba solo, sin armas".

La PGR dijo tener el caso resuelto. Sólo era cuestión de capturar al resto de la banda. Mientras tanto, tuvo resguardadas a la madre y hermanas de Félix Gallardo y continuó con el aseguramiento de otros domicilios y a la caza de los miembros del cártel mexicano, entre quienes se encontraban Juan García Ábrego, Mayo Zambada, Amado Carrillo, Rafael Aguilar Guajardo y Rafael Chivo Guzmán.

Guerra entre sinaloenses

◆

Roberto Zamarripa

" La violencia en Sinaloa es autosugestión", dijo Renato Vega Alvarado, quien fue gobernador de Sinaloa de 1993 a 1998. Lo dijo 140 días después de haber tomado posesión, lapso en el que las ráfagas de metralleta resonaron en los malecones de Mazatlán, en las calles de Culiacán e incluso a las puertas del Palacio de Gobierno.

La guerra de mafias y bandas se instaló en la entidad. Cobraba, según Óscar Luna, presidente en 1993 de la Comisión de Defensa de los Derechos Humanos de Sinaloa, 500 vidas anualmente.

Habló Vega Alvarado, horas antes de que se ordenara publicar en un diario de la Ciudad de México un extraño desplegado de plana entera, firmado por "Grupos de empresarios sinaloenses de familias dolidas", como Toledo Corro, Félix Gallardo, Rico Urrea, Santos Arellano, Caro Payán y también Corona Sapién.

El desplegado, aparecido el 22 de mayo de 1993, estaba dirigido al ex presidente Carlos Salinas, al ex procurador Jorge Carpizo McGregor, al entonces titular de la Comisión Nacional de Derechos Humanos, Jorge Madrazo Cuéllar, y al propio Vega, y advertía: "Hacemos un segundo llamado a ustedes para detener a los capos sinaloenses Joaquín [*el Chapo*] Guzmán Loera y Héctor Luis [*el Güero*] Palma".

A ellos, según el desplegado, se les consideraba "autores materiales e intelectuales de cientos de crímenes en contra de nuestras familias". El Chapo y el Güero —se dijo en el documento—, con "su posición actual de ser los más grandes capos del narcotráfico en México, continúan sembrando el terror en toda la República Mexicana, los cuales tratan de colombianizar".

Ahí se establecía una relatoría de varios asesinatos y se decía: "Señor presidente, tenemos confianza en usted". Como responsable de la publicación firmaba Fernando Ponce Monroy. Pronto, el ex gobernador Antonio Toledo Corro expresó públicamente que no había firmado ese documento, y Alfonso Corona Sapién —hermano de Norma Corona Sapién— envió una misiva a los diarios locales y al que publicó dicho desplegado, en la que desautorizó a "cualquier persona" que, en nombre de la familia Corona, exprese consideraciones sobre la situación de Sinaloa.

Nadie conocía a Fernando Ponce Monroy, pero sí a los Félix Gallardo, Sánchez Félix o Santos Arellano, parientes de los Arellano Félix, Ramón y Benjamín, buscados ya por la policía, y Francisco Arellano Félix, el hermano empresario, dueño de la discoteca *Frankie Oh*, de Mazatlán.

Se considera todavía que ese desplegado pudo ser un aviso, otra manera de la banda de los Arellano Félix de dar su batalla, señalando, con firmas falsas, a sus enemigos, el Chapo y el Güero.

El control del pasillo

El diario estatal *Noroeste* sintetizó: "Los sinaloenses Héctor Luis *el Güero* Palma y Joaquín *el Chapo* Guzmán Loera disputan con el clan Arellano Félix, encabezado por Benjamín y Ramón, el corredor de drogas más vasto de Latinoamérica y el control absoluto del mercado mexicano de la droga.

"Esta lucha, en la que también se dan rencillas personales, parecería rebasar los ámbitos de estos grupos, cobrando víctimas entre los miembros del aparato de justicia, como es el caso del ex procurador de Justicia, Francisco Rodolfo Álvarez Fárber, y el cardenal Juan Jesús Posadas Ocampo".

Estilos distintos. El Güero Palma y el Chapo Guzmán son originarios de la zona serrana sinaloense, de Mocorito, que fue la primera capital del estado, y donde el índice de analfabetismo, en la década de los noventa, era de 19%, el doble del estatal. A esa región los maestros rurales no llegaban por temor a ser asaltados; menos aún, las fuerzas de seguridad. Sin embargo, el Güero y el Chapo la conocían como nadie.

El negocio de la droga era muy redituable frente a una dura situación en la siembra de cultivos básicos. Zona agrícola de temporal, en la que se producían entre 200 y 400 kilogramos de maíz por hectárea, en contraste con las seis toneladas que se producían en las zonas de riego, según cifras de la Secretaría de Agricultura y Recursos Hidráulicos (SARH). Un kilogramo de carne en pie costaba cuatro pesos, algo así como mil pesos por vaca.

Un agricultor de Navolato —zona centro de Sinaloa—, que solicitó omitir su identidad, reveló que una siembra de mariguana en una parcela de 10 hectáreas le redituó 250 mil pesos en un solo corte; y que en un mes podría hacer un nuevo corte con ganancias similares. En la zona serrana, sembrar maíz en esa misma superficie y con las mismas condiciones redituaría, según la SARH, 2,800 pesos.

En un reportaje publicado el 10 de febrero de 1993, con el título *La guerra santa del narcotráfico*, el diario *Noroeste* consideraba: "El Güero Palma, quien en los últimos años ha hecho trabajos a su estilo, es el narcotraficante que más cuidadosamente ha sabido proteger su identidad: prácticamente se desconoce su personalidad, al no existir fotografías personales en los archivos públicos.

"Pero el estilo único de hacer narcotráfico del Güero Palma —hechos temerarios, sangrientos, muy similares a los que en Sinaloa se dejaron ver en la década de los años setenta, cuando incluso él era pistolero—, le han dado temeridad entre las demás cabezas que buscan apoderarse del mercado.

"Hoy el Güero Palma se manifiesta en Sinaloa luego de un destierro que se prolongó más de cuatro años, tiempo durante el cual los agentes federales lo buscaban por todo el país, al ser implicado en uno de los crímenes más polémicos, el de Norma Corona Sapién".

La unión de Palma y Guzmán buscaba el control del mercado que paulatinamente perdieran, por su muerte, Manuel Salcido, el Cochiloco y, por su encarcelamiento, Miguel Félix Gallardo, cuyos herederos, los Arellano Félix, parecían actuar a la defensiva respecto del poder creciente de los serranos.

Si Palma protegió su identidad, el Chapo Guzmán era un desconocido en la zona urbana, no así en la sierra, donde se consideró incluso como un benefactor por sus aportaciones para obra en los poblados recónditos. Sus enemigos fueron mazatlecos. Letrados, urbanos, porteños; de una zona donde el analfabetismo era de 5%, inferior al promedio estatal de aquellos años. El hombre público de los Arellano Félix fue Francisco, amigo íntimo del campeón de box Julio César Chávez. Dueño de la discoteca *Frankie Oh*, Francisco Arellano Félix quiso participar en grupos empresariales del sur sinaloense pero no fue aceptado plenamente. Se hizo famoso por haber raptado a una reina de carnaval en 1990. Él aclaró después que no fue secuestro y que trató de contraer nupcias religiosas con la muchacha, pero que el obispo Rafael Barraza Sánchez se negó a casarlos. Desde entonces, se dijo en Mazatlán, que había cambiado de religión: "Ahora es testigo de Jehová", murmuraron.

En los cafés del puerto los comensales se reían con los retratos hablados de los hermanos Arellano Félix, publicados en las primeras planas de todos los periódicos. "¿Pues qué no vieron a Francisco Arellano, con su banda roja en la frente, atrás de Julio César Chávez, saliendo de los vestidores del estadio Azteca rumbo al cuadrilátero?", se preguntaban, en referencia a la asistencia del narcotraficante a la pelea que el 20 de febrero Chávez ganó por nocaut a los dos minutos y dos segundos del quinto round".

Venganzas, balaceras a plena luz del día, y diversos enfrentamientos se atribuyeron a uno u otro grupo. Tener libre el control del pasillo hacia Estados Unidos, ése era el objetivo.

El malecón: el Güero contra Lerma-Rico

Los Rico, encabezados por Miguel Ángel Rico Urrea —victimado—, denunciaron nexos entre el ex comandante de la Policía Judicial Federal Mario Alberto González Treviño —vinculado al asesinato de Norma Corona el 21 de mayo de 1990— y el Güero Palma.

El 5 de enero de 1993, Luis Lerma, empleado de la familia Rico, fue secuestrado y torturado. El carro en el que viajaba fue incendiado con Luis en la cajuela. Antes de victimarlo, los homicidas obtuvieron de él la información de la hora en que podían encontrar a Carlos Álvarez Rico.

A las 3:15 de la tarde del 6 de enero, a unos 300 metros del Palacio de Gobierno, Carlos Álvarez Rico salió de la empresa Al-Gar, de la cual era propietario. Apenas subió a su auto, se desató un ataque con armas largas desde dos camionetas Suburban oscuras y una Ram Charger. La balacera cuyas ráfagas fueron de AK-47 y de Fal, duró 20 minutos, según testigos, tras la reacción de los vigilantes de Álvarez Rico, que intentaron repeler el ataque. Una granada de fragmentación fue recuperada por la policía cuando se calmó la refriega.

Dos muertos y cinco heridos, entre ellos el objetivo del ataque: Álvarez Rico. Todo a la vuelta del despacho del gobernador, a plena luz: culparon a la gente del Güero Palma.

Once días después, jóvenes narcotraficantes del grupo de Los Fernández —cuyo "padrino", Eduardo Fernández, fue socio de Miguel Ángel Félix Gallardo— decidieron vengar la muerte de uno de los suyos, el Tetys Cabada Lerma. Atribuían ese homicidio a la banda del Güero Palma.

La balacera inició en el malecón cerca de las 12 de la noche, y concluyó en la Unidad Infonavit-Humaya minutos después. Murieron 12 personas, entre ellas, dos niños que vendían elotes, dos policías que multaban a un Cougar blanco, y los ocho restantes, hombres de los bandos en pugna.

Ocho horas antes, en el poblado de El Aguaje, fue encontrado muerto, acribillado con nueve balazos, Servando Ramírez, agricultor y dirigente del Partido de la Revolución Democrática en Navolato. Inusualmente, el diario *Noroeste* publicó un editorial en su primera plana que, entre otras cosas, decía: "Hoy, a poco más de 15 días del cambio de mandos en el estado, dos balaceras entre bandas de narcotraficantes han sacudido a amplios sectores de la población de la capital; un velorio fue disuelto por la acción de las armas de alto poder; un joven fue secuestrado en el malecón y, posteriormente, masacrado, en lo que todo hace suponer un ajuste de cuentas; por si todo esto fuera poco, un dirigente de un partido de oposición fue arteramente asesinado.

"Pero lo peor, señor gobernador, Renato Vega Alvarado, ya es comentario común entre los habitantes de esta capital: que conocidos narcotraficantes regresaron a Culiacán y que los principales centros de reunión están invadidos por empistolados y gente ligada al narcotráfico. La posibilidad de encontrarse en medio de una balacera vuelve a sentirse como una amenaza real y cercana".

Mazatlán

Estando en pleno bullicio el malecón mazatleco por el paseo dominical, a las 8 de la noche del 28 de marzo de 1993, Manuel Lizárraga, conocido como el Zafarrancho, un narcotraficante que despuntaba en este escenario donde los capos grandes aún no tenían todo el control, caminaba en la acera frente a la discoteca *Frankie Oh*, propiedad de Francisco Arellano Félix, muy cerca de la casa del entonces presidente municipal porteño, Martín Gavica.

Lizárraga estaba acompañado por el abogado Ernesto Murray; iban desarmados. Varios hombres que se transportaban en camionetas descargaron las ráfagas. Ochenta casquillos fueron recogidos entre la arena playera. El lenguaje del cuerno de chivo llegó, así, de nuevo a Mazatlán.

En medios policiacos se corrió la versión de que había sido la gente del Chapo Guzmán. Otros dijeron que eso fue lo que mandó decir el grupo de los Arellano Félix.

Un mes después, en la Ciudad de México, fue asesinado por la espalda, y con dos certeros tiros de una pistola 45, el ex procurador estatal Rodolfo Álvarez Fárber. Paseaba con su esposa por el Parque Hundido la mañana del 28 de abril.

Al exfuncionario se le recordó de inmediato en Culiacán. Tomó posesión el 11 de octubre de 1991. De inmediato impulsó la investigación para detener al Güero Palma y a Ramón Laija, involucrados en hechos de narcotráfico, en los homicidios de tres venezolanos y el del abogado Jesús Güémez Castro, entre otros. También realizó indagaciones que condujeron a la detención de Miguel Ángel Beltrán Lugo, el Ceja Güera, que operaba en Sonora y Sinaloa, particularmente en la zona serrana. Beltrán era enemigo del Güero Palma:

La carta abierta de "Grupos de empresarios sinaloenses de familias dolidas", fechada el 20 de mayo de 1993 y publicada dos días después, dice en el primer punto de sus denuncias: "1. Todo comenzó el 21 de mayo de 1990 en Sinaloa, cuando deciden asesinar a la directora de los Derechos Humanos, licenciada Norma Corona Sapién, al licenciado Güémez Castro y a tres venezolanos, más al procurador de Sinaloa en esos tiempos, señor Rodolfo Álvarez Fárber, saca a la luz al Chapo Guzmán y al Güero Palma como los responsables de estos crímenes, los cuales amenazaron con matarlo".

En el punto 14 de la misma carta, el último, se escribió: "Damos nuestro más profundo pésame a la familia del ex procurador Rodolfo Álvarez Fárber, un funcionario ejemplar, recto y honesto, orgullo de nosotros los sinaloenses, que murió por cumplir su deber como mexicano, que no se dejó intimidar nunca por la mafia sinaloense; seguiremos pidiendo clemencia a todas las autoridades para que no pongan oídos sordos y detengan ya a todos estos asesinos que ahora tratan de intimidarnos al estilo Colombia, los cuales se pasean impunemente por todo el territorio mexicano en sus jets particulares".

Corona

El doctor Alfonso Corona, hermano de Norma, dijo ignorar las intenciones de ese desplegado. "Lo que sí, insiste, es que la sociedad sinaloense está lastimada y exige medidas urgentes. El narcotráfico y la violencia deben combatirse provengan de donde provengan.

"Aquí, recuerda, en el caso de Norma está empeñada la palabra del señor presidente Carlos Salinas; fue un compromiso que estableció con todos los mexicanos de castigar a los verdaderos culpables". Por eso Alfonso solicitó la reapertura del caso de Norma. "Éste no es caso cerrado; la sociedad requiere una explicación".

La violencia siguió en Sinaloa. Óscar Loza, presidente en turno de la Comisión Estatal de Derechos Humanos, dijo que el gobierno no presentó un programa coherente de combate al narcotráfico y a la violencia. Soltó una leve risa cuando se le recordó la frase célebre del gobernador: "La violencia es una autosugestión".

Luego se puso serio: "No me había atrevido a decirlo, pero con el poder que tiene la gente del narcotráfico, las acciones que han cobrado víctimas importantes de la vida social y política del país, se puede decir que esto ya nos pone en la antesala de una situación como la de Colombia".

El ciclo iniciado en enero de 1993, cuando el atentado contra Rico, a unos metros del despacho del gobernador, pareció cerrarse la noche del jueves 27 de mayo con una refriega en calles céntricas de Culiacán. A las ocho de la noche, Juan Ramón Vázquez Nevárez, ebrio, disparó su AK-47. Había llegado de Guadalajara esa mañana y se refugiaba en su hogar. Llegaron policías municipales, que fueron repelidos a ráfagas. Alcanzaron a victimar a Vázquez Nevárez, hermano de dos de los guardaespaldas del

Güero Palma, quienes habían sido muertos el Día de Reyes, en el enfrentamiento contra Álvarez Rico. Juan Ramón podría haber participado en los
hechos del aeropuerto de Guadalajara, el 24 de mayo de 1993.

El narco que cayó del cielo

◆

Felipe Cobián

Literalmente, Héctor Luis Palma Salazar, el Güero Palma, cayó del cielo y fue capturado. De no haberse estrellado el jet ejecutivo de una empresa privada que lo trasladaba de Ciudad Obregón, Sonora, a Guadalajara, el padrino del cártel de Sinaloa seguiría en libertad.

Sin proponérselo ni buscarlo —pese a que había nueve órdenes de aprehensión en su contra—, militares y policías tuvieron en sus manos al Güero cuando menos lo esperaban. "Fue una verdadera casualidad", aceptó el jefe policial de una corporación, aunque otro aseguró que "fue por un chivatazo".

Si no hubiera sido porque entre sus ropas —aún postrado en cama tras el accidente que sufrió la víspera— asomaba la cacha de una Colt 38 súper, con esmeraldas y la figura de una palmera sobre un fondo de brillantes blancos —208 en total—, el Güero no habría sido reconocido de inmediato por un oficial de la Policía Judicial del estado comisionado en la xv Zona Militar y por el capitán Horacio Montenegro Ortiz, jefe del Departamento de Seguridad Pública del Estado, en 1995.

Semanas atrás, Palma, uno de los dos más "buscados" y también el más sanguinario de los capos de México —según la Procuraduría General de la República—, se había paseado por las calles de Guayabitos, Nayarit, montado a veces sobre un caballo relinchón pura sangre seguido de una banda de tambora sinaloense, y en ocasiones en un Corvette.

Siempre adelante, atrás y a los lados de él, lo acompañaban agentes judiciales federales. Se asegura que también estaban a su disposición elementos de corporaciones locales de Nayarit. Lo cierto es que nunca lo molestó nadie.

Tras una gran movilización militar y policiaca en la que no hubo disparos —algo similar ocurrió cuando, en 1989, fue capturado en Guadalajara Miguel Ángel Félix Gallardo, quien no opuso resistencia—, Palma Salazar fue detenido al mediodía del viernes 23 de junio de 1995. Estaba protegido y curándose de las heridas del accidente —ocurrido cerca del aeropuerto de Tepic, Nayarit— en la casa del comandante Apolinar Pintor

Aguilera, subdelegado de la Procuraduría General de la República en Jalisco. La finca se la había regalado, meses atrás, un amigo de ambos, Juan José Esparragoza, el Azul.

Decenas de soldados de la xv Zona Militar y efectivos de la Dirección de Seguridad Pública del Estado ingresaron sorpresivamente a la casa número 289 de Maurice Barring, en la colonia Jardines de la Patria, municipio de Zapopan, después de que notaron movimientos muy sospechosos en el área.

A las 7:30 horas del 23 de junio de 1995, dos agentes del servicio de Inteligencia Militar —dependencia que desde hacía varias semanas vigilaba el lugar por referencias que tenían ya del comandante Apolinar— observaron que en una Van de reciente modelo subieron un bulto que parecía una persona secuestrada. A toda velocidad arrancó el vehículo y detrás de él una Suburban con varios sujetos armados que brindaban protección.

A una distancia prudente, los agentes militares siguieron a las dos unidades. Casi se emparejaron cuando estaban cerca de un retén de la Policía Judicial Federal en La Venta del Astillero, a unos 20 kilómetros de Guadalajara, sobre la carretera a Nogales. Al llegar allí los ocupantes de un vehículo, que más tarde se comprobaría eran de la misma corporación policiaca, indicaron a los del retén que dejaran pasar sin revisar el cargamento de la camioneta. No tuvieron problemas.

Ante este hecho, los soldados que perseguían a las unidades dieron vuelta, pero ya habían solicitado refuerzos a la Dirección de Seguridad Pública del Estado para que se trasladaran a la casa de Barring. Al llegar, los refuerzos tuvieron la suerte de que el velador de la casa abriera el portón. Militares y policías penetraron súbitamente con las armas listas. Ante la sorpresa, los ahí presentes no pudieron usar sus metralletas.

Se comprobó entonces que el bulto que habían sacado horas antes era el cadáver de Jesús Huerta Trejo, el Teniente Lucas, un ex militar que trabajaba para el Güero Palma y que, gravemente herido, había sido trasladado desde Tepic hasta la casa de Barring, donde poco después murió y había que sacarlo de la ciudad para borrar pistas.

Al oscurecer del mismo día 23 y parte de la mañana del 24, y ante la evidencia de que la mayor parte de los judiciales asignados a la Delegación de la PGR en Jalisco estaban involucrados en el narcotráfico, soldados y policías cercaron las oficinas locales de la PGR y detuvieron, aparte del subdelegado, a 32 agentes. No obstante, como no pudieron comprobar plenamente su complicidad, fueron dejados en libertad poco después.

Boda y cúpula de narcos

La noche del 22 de junio de 1995, día del accidente aéreo, el Güero Palma venía a Guadalajara procedente de Ciudad Obregón, Sonora, para asistir a la boda de Roberto Cuein y Myriam Quintero Uzeta. De paso, dijeron agentes de seguridad, pretendía reunirse con la cúpula de su cártel. La boda se celebraría —y así fue— el 24 de junio en el hotel Fiesta Americana, donde estaban reservadas 150 habitaciones para invitados, particularmente de Sinaloa. Ahí estaba dispuesta una suite para él. Se ignora cuál era la fecha prevista para la reunión del Güero y su organización, pero se cree que sería el mismo viernes en que fue aprehendido.

En vuelo aparte —también privado y procedente del mismo lugar— viajaba la señora Claudia Teresa Meza Parra de Palma Salazar, junto con sus pequeños hijos Claudia, Héctor y Rogelio, así como la sirvienta. El Güero había partido poco antes de las 20:00 horas (del Pacífico), pero tuvo que regresar supuestamente por mal tiempo. Por radio dio la orden a su esposa de que no partiera su avión, por los mismos motivos. Más tarde autorizó su partida y él esperó hasta las 9 de la noche para despegar.

A las 20:00 horas del 22 de junio, señala un reporte militar, saldría "en avión particular la esposa del Güero Palma, con sus tres hijos y la sirvienta, hacia Guadalajara. El Güero sale poco antes en otro avión particular con el mismo destino, pero se le avisa por radio a la esposa que no saliera porque había mal tiempo, regresando el avión de Palma Salazar al poco tiempo".

A las 23:00 horas su familia llega sin problema a la terminal aérea de Guadalajara. Acuden a recibirla el comandante de la Policía Judicial Federal y el subdelegado de la Procuraduría General de la República en Jalisco, Apolinar Pintor Aguilera, así como Jesús Manuel Barraza, el "gran contacto en la venta de cocaína" de Palma. Se introdujeron en un Mercedes Benz último modelo hasta la plataforma y, al pie de la escalerilla del avión, recibieron a la señora, quien más tarde entregaría "a Apolinar Pintor y a su gente una maleta blanca de parte del Güero Palma".

¿Por qué los militares?

Nadie ha podido explicar por qué los militares realizaron la detención del Güero y la de prácticamente todos los judiciales federales de la delegación Jalisco de la PGR. Lo que sí se sabe es que los panistas, apenas llegaron a la gubernatura, solicitaron al comandante de la XV Zona Militar, el general Jesús Rebollo, que uno de sus mejores elementos, el capitán Horacio

Montenegro Ortiz, se hiciera cargo de la Dirección del Departamento de Seguridad Pública del Estado.

Montenegro fue el responsable de la Inteligencia Militar del Ejército en Jalisco y, hasta donde se sabe, trabajó estrechamente con la Policía Judicial del estado también. Hubo incluso judiciales asignados o comisionados a la Zona Militar.

Por otra parte, el general Rebollo y el gobernador Alberto Cárdenas Jiménez se habían reunido para acordar estrategias de combate a la delincuencia. Cuando se realizó el operativo el 23 de junio de 1995, el ejecutivo estatal estuvo siendo informado constantemente.

El director operativo del Departamento de Seguridad Pública del Estado, Luis Anguiano Chávez, dijo a *Proceso* que desde un mes atrás se tenía conocimiento de que la casa 289 de Maurice Barring era propiedad del comandante Apolinar y que la finca contigua era del señor Palma Salazar, por lo que la xv Zona Militar mantenía sobre el lugar una discreta pero eficaz vigilancia.

El protegido

♦

Felipe Cobián

En 1995 el capitán Horacio Montenegro Ortiz tenía 33 años de edad, 15 de los cuales los había pasado como militar. Para entonces, había logrado golpear severamente gran parte de las redes del narcotráfico en la zona del Pacífico mexicano, con algunas capturas de relevancia, pero ninguna tan importante como la de Jesús Héctor o Héctor Luis *el Güero* Palma Salazar.

"Y no fue ninguna casualidad. Sólo se precipitaron los hechos por el accidente aéreo que tuvo, pero ya lo teníamos, si no cercado, sí vigilados sus movimientos. Sabíamos a dónde concurría y con qué frecuencia. Y sabíamos también que en los estados donde se movía, particularmente Sonora, donde radicaba, Sinaloa y Nayarit, que eran sus zona de acción o de operación —Jalisco era más bien su lugar de recreación—, gozaba de protección, al menos, de la Policía Judicial Federal asignada en cada una de esas entidades.

"Teníamos conocimiento de que a Jalisco, concretamente a Guadalajara, venía esporádicamente y llegaba a la casa en la que fue capturado (Maurice Barring 259, en Jardines de la Patria, municipio de Zapopan). Sabíamos, por los vecinos, que había movimientos sospechosos, que llegaba gente por la noche, se oían disparos. Se tenía ya referencia de vehículos, placas, etcétera. Por eso teníamos ahí, desde hacía dos meses, una muy discreta vigilancia".

El director de Seguridad Pública de Jalisco, que se inició en las investigaciones sobre el narcotráfico en 1984 en Mazatlán, cuando la Operación Cóndor, describe al Güero Palma como una persona muy inteligente, escurridiza y muy parco en el hablar. "Cuando lo detuvimos le preguntamos muchas veces su nombre y sólo respondía: 'Ustedes ya lo saben', y de ahí no lo sacábamos. Nunca dio detalles".

De complexión menuda, moreno y de mirada triste; accesible, de trato fácil y hablar fluido, el capitán Montenegro ocupa su actual puesto desde el 1 de marzo de 1995, cuando tomó posesión como gobernador el panista Alberto Cárdenas Jiménez. Desde hace tiempo es responsable de Inteligencia de la XV Zona Militar y está al frente del Grupo Especial Antinarcóticos.

Con protección judicial

En entrevista con *Proceso*, cuenta algunos pormenores de la aprehensión de Palma:

"De Jesús Héctor o Héctor Luis Palma Salazar ya teníamos conocimiento de sus áreas de acción, de sus movimientos. Nos enteramos de su accidente aéreo un día antes de su aprehensión. Se detectan varios vehículos, de los que ya teníamos los datos, circulando por la carretera Tepic-Guadalajara. Se mantuvieron vigilados varios domicilios y en uno de ellos se percataron de la llegada, a las 7 de la mañana, de una Suburban y dos camionetas tipo Van".

Alrededor de las 7:40, los vehículos enfilaron hacia la avenida Vallarta, con rumbo a la carretera, de regreso a Tepic. "El personal de la Zona Militar trata de interceptarlos, pero aceleran su marcha y ya en la carretera se inicia una persecución; los vehículos llegan a velocidades de hasta 170 kilómetros por hora.

"El vehículo tipo Van trata de esquivarnos para que no alcanzáramos al vehículo delantero, pero se hace la intercepción metros antes del puesto de revisión carretero de la PGR, que está en La Venta del Astillero. Se detiene al vehículo de atrás y el de adelante se evade. En ese momento, personal de la Policía Judicial Federal y un agente del Ministerio Público arriban al lugar de la detención; los del vehículo se identifican como efectivos de la PJF y los agentes de la Judicial Federal del punto carretero avalan el mismo dicho.

"Se genera un pequeño conflicto verbal, y en eso los efectivos militares se percatan que en el vehículo llevan un bulto. Posteriormente nos enteramos de que se trataba del cadáver de Juan Huerta Trejo, el Teniente Lucas.

"Ordené que se concentrara el personal en la finca. Al momento de llegar a la casa, se detecta una Suburban blanca con placas de Jalisco. Se les pide identificación a sus tripulantes y resultan ser también de la Policía Judicial Federal, pero dos de ellos se ponen sumamente nerviosos, por lo que se les toman sus datos, se comunican por radio y se retiran.

"En la azotea, al fondo de la residencia de dos plantas, vemos a un sujeto con una AK-47, se le somete y se detiene a otro en la cochera. Entramos y se aprehende al Güero Palma. Otro de los que estaban ahí, Antonio Bojórquez, tenía lesiones en la cara. Se aseguran las armas y las joyas, y se realiza el traslado de los detenidos a la Zona Militar, mientras que a Palma lo llevamos al Hospital Militar, acompañado de su esposa y sus tres niños.

"Se avisó a México de lo sucedido y el procurador Lozano Gracia envió personal, que inició las investigaciones. En la noche, los agentes de la Ciudad de México piden apoyo, ya que iban a intervenir las instalaciones de la PGR en esta plaza, dado que traían información —que los detenidos confirman—, de cómo estaban comprometidos los narcos con elementos de Jalisco. Ellos hacen las detenciones de los elementos de la PJF; después nos enteramos de más detenciones en Nayarit".

—¿Ya tenían información de que elementos de la PGR daban protección a los narcotraficantes?

—Coincidimos en esto con los agentes del Distrito Federal, pero no sabíamos exactamente quiénes, pero ellos ya traían información de los involucrados, por lo que detuvieron al subdelegado [el comandante Apolinar Pintor Aguilar] y a gente de Tepic. Cuenta que desde el lugar donde cayó el avión, Palma se comunicó por teléfono celular a Guadalajara con Jesús Manuel Barraza Grijalba, quien, con el comandante Pintor Aguilera y tres agentes de la Judicial Federal, habían ido a recibir a la esposa del Güero al aeropuerto. Había llegado en un vuelo regular de Taesa, procedente de Ciudad Obregón.

Barraza Grijalba se desplazó de inmediato hacia Tepic "y en tres vehículos, suponemos que vendrían unas 15 personas, trasladaron al Güero y a los demás accidentados a Guadalajara".

—Se sabe que agentes federales lo esperaban ya en el aeropuerto de Tepic. ¿No es así?

—Suponemos que sí, porque después del traslado se regresan en los mismos tres vehículos que prestaron apoyo; se identificaron como judiciales federales en el punto de revisión y no tuvieron problemas.

Al capitán Montenegro no le queda duda de que el Güero Palma recibía protección policiaca en los estados donde se movilizaba. El 19 de abril de 1995, el diario *Realidades*, de Tepic, publicó que el Güero Palma, uno de los hombres más buscados por la PGR, la Interpol, el FBI y la DEA, había pasado la Semana Santa en Guayabitos, Nayarit, y que estuvo hospedado en el hotel Casablanca, que se paseó por las calles a caballo sobre montura de plata y ostentando su pistola, con cacha incrustada de pedrería, lo mismo que manejando a sus anchas un Corvette rojo. "Todo el tiempo estuvo custodiado por varias decenas de individuos armados que traían credenciales de la PGR".

Los Arellano Félix

Apuestos, ricos, despiadados...

◆

Roberto Zamarripa

Todavía en la década de los noventa, en Estados Unidos se les consideraba "criminales apuestos, multimillonarios y despiadados". Una cuarteta de hermanos que vestía y hablaba bien. Usaban esmoquin y sólo por su presentación, decían en California, se les abrieron muchas puertas. Uno de ellos, Francisco, se definía como "creyente, buen empresario, que arriesga con fe y sin tener miedo".

Nativos de Culiacán —hijos de Benjamín Arellano Sánchez y Alicia Félix— se iniciaron en el contrabando vendiendo vino, cigarros y camisas estadunidenses, que llevaban de Nogales a Culiacán. A principios de la década de los noventa controlaban el pasillo más importante para la entrada de droga a Estados Unidos, el del noroeste de México, fronterizo con San Diego, California.

Arriba de ellos sólo se hallaba un "silencioso" o "discreto" jefe, poderoso, influyente que tenía negocios legítimos y control sobre banqueros. Son los hermanos Arellano Félix, acusados por la Procuraduría General de la República (PGR) del asesinato del cardenal Juan Jesús Posadas Ocampo, acribillado el 24 de mayo de 1993 en el aeropuerto de la ciudad de Guadalajara.

Dos días después de ese crimen, la PGR dijo que los Arellano habían establecido "una importante red de narcotraficantes dedicados a la transportación de grandes cargamentos de heroína, cocaína y mariguana, con destino a la Unión Americana. Su área de influencia se extendió hasta las ciudades de Hermosillo y Agua Prieta, Sonora; Torreón, Coahuila, y Tijuana, Baja California".

La dependencia señaló: "Se estima que controlan grandes extensiones en Sinaloa, donde cultivan amapola y probablemente disponen de laboratorios para el procesamiento de goma de opio".

La PGR aseguró que este grupo se encontraba asociado con "narcotraficantes conocidos, como Miguel Ángel Félix Gallardo [su primo hermano], Rafael Caro Quintero e Ismael *el Mayo* Zambada. También estuvieron relacionados con el conocido traficante Manuel Salcido Uzeta, el Cochiloco, asesinado en octubre de 1991 en Guadalajara, Jalisco".

De esta manera, la PGR afirmó que los Arellano Félix estaban "asociados" con narcotraficantes presos, pero no aclaró cómo pudieron mantener esos nexos con los capos que se encontraban tras las rejas.

Júniors criminales

En un reportaje que cita como fuentes a funcionarios estadunidenses y mexicanos, publicado el 4 de junio de 1993 en la primera plana del diario californiano *Los Angeles Times*, se indica que esos informantes no están seguros de que los Arellano hayan trabajado alguna vez para Félix Gallardo, "pero ellos creen —dice la nota firmada por Marjorie Miller y Sebastián Rotella— que los cuatro hermanos ahora responden a un silencioso jefe más mundano que ellos y quien tiene sus propios banqueros y negocios legítimos. Las fuentes declinaron revelar la identidad de tan reputado líder".

El diario hizo una somera descripción del grupo y, a diferencia de la PGR, mencionó a cuatro hermanos Arellano, y no sólo a los tres por los que la dependencia ofrecía millonaria recompensa: "Francisco, de 44 años, quien trabajó primero fuera de Mazatlán, lugar en el que ahora es propietario de una discoteca y de otros negocios; Benjamín, de 41 años, de quien se dice se inició en Tijuana con operaciones de contrabando, con su hermano Ramón, de 27 años. El más joven, Javier, trabaja con ambos en la punta de la organización".

Informó que a Benjamín se le conocía como Min y en esos años conservaba una apariencia de estrella de cine, con abundante y negra cabellera, así como cejas gruesas. Las fotos que se han difundido de él lo muestran con esmoquin. Los Arellano fueron descritos por las fuentes policiacas estadunidenses y mexicanas, que cita el periódico, como ricos y despiadados. "Pero ellos son apuestos, agregó una fuente oficial. Eso logra que se les abran una gran cantidad de puertas. Y visten bien. Con todo ese dinero, desde luego que deben vestir bien", publicó *Los Angeles Times*.

Los hermanos, nacidos en Culiacán, se instalaron en Tijuana a comienzos de los ochenta y pudieron consolidar su fuerza a partir de las detenciones de Félix Gallardo y Caro Quintero, se indicó. Ellos traficaban cocaína sudamericana, así como heroína y mariguana mexicanas.

"Los Arellano son multimillonarios, y cada mes mueven toneladas de cocaína sudamericana a través de la frontera". Eran protegidos por escoltas y contrataban policías, así como a jóvenes ricos y "a miembros de las pandillas de San Diego, para enfrentar el desafío del más poderoso y sofisticado traficante de México, el sinaloense Joaquín *el Chapo* Guzmán".

Según el diario angelino, los Arellano habían reclutado a júniors para que trabajaran como sicarios, prometiéndoles jugosas ganancias. Las mismas fuentes policiacas citadas aseguraron que los Arellano reportaron avances en negocios del transporte, la industria de la construcción y la promoción deportiva.

Escorpión

Cuando la PGR elaboró su hipótesis del asesinato del cardenal Posadas, habló de que los hermanos Benjamín y Ramón Arellano fraguaron el atentado contra el Chapo Guzmán, su acérrimo enemigo. Y ofreció 15 millones de pesos como recompensa para quien proporcionara datos sobre esta pareja. Un día después, al reformular su hipótesis, la PGR indicó que Javier Arellano —el menor del clan— habría huido en un vuelo comercial de Aeroméxico hacia Tijuana, cargando sus armas ocultas en unas bolsas de lona, con la complicidad de personal del aeropuerto tapatío.

Para los estadunidenses, igual que para cualquier mazatleco, taxista, empresario, periodista, comerciante, vendedor ambulante o bolero, no era desconocido que Francisco, el mayor del clan, estaba involucrado en el narcotráfico.

A diferencia de las versiones estadunidenses que en 1993 le atribuían 44 años, Francisco Arellano aseguró que cumpliría 38 el 24 de octubre de ese año. De signo zodiacal Escorpión, Pancho, como le dicen, portaba siempre un dije de oro tapizado de diamantes con la figura de ese arácnido.

En entrevista publicada por un suplemento especial del diario *Noroeste* de Mazatlán, y que apareció sin firma, lo que hace suponer que fue una inserción pagada, Francisco Arellano Félix dijo que "cree en Dios sin ser un tragacantos" y que Mazatlán sería otro "si tuviera otros diez empresarios tan emprendedores" como él. Asimismo, afirmó que tenía la discoteca "más grande y más costosa del mundo", con un valor de 5 millones de dólares: la discoteca era la *Frankie Oh*, aunque popularmente fue rebautizada como *Narkie Oh*.

En marzo de 1993, cuando llegó a Mazatlán un buque escuela francés —*Jeanne d'Arc*—, los marinos fueron advertidos con distintos anuncios de los lugares que no deberían visitar, por peligrosos.

Un aviso colocado en el área de salida del buque señalaba que los "lugares prohibidos" eran los hoteles Hacienda, Las Palmas y Tropicana; los dos primeros propiedad del fallecido Cochiloco, y el tercero de Roberto

Romero, quien por cierto un día después de que llegaron los franceses y fueron advertidos de las zonas riesgosas fue asesinado, sin que hasta ahora se haya aclarado el motivo. También se advirtió que los restaurantes Fandangos y Toro Bravo no deberían ser visitados. Pero se insistía en una discoteca: la *Frankie Oh*.

Diseñada por el arquitecto Armando Galván, con una fachada de piedra, una avioneta militar incrustada en su techo, construida como un enorme teatro con pisos a desnivel, cascadas en su interior y una gran pista rodeada de peceras, la *Frankie Oh* dejó atrás sus mejores días. Desde la balacera en la discoteca *Christine*, de Puerto Vallarta, el 16 de noviembre de 1992, a su propietario Francisco ya no se le ha visto en Mazatlán.

A Francisco siempre le gustó el negocio. Comenzó realizando tardeadas en su natal Culiacán, y luego hizo dinero con los productos que traía de Nogales: vino, cigarros, camisas, que eran redituables antes de la apertura comercial. Pero frente al TLC, el mismo Francisco declaró que no tenía miedo porque no habría mucha competencia, ya que su discoteca era "la mejor del mundo".

El tema del narcotráfico apareció en aquella entrevista incluida en el suplemento del diario mazatleco. No se reprodujo la pregunta, pero sí la respuesta: "Dueño de una gran fortuna, asegura tener problemas como cualquier ser humano, pero siempre trata de ser feliz. 'He tenido golpes muy duros en la vida y también he sufrido, pero pienso que si Dios me da ese castigo es porque me está calando'".

Aseguró que no tomaba ni fumaba y reconoció que aunque no era "una blanca paloma", no hacía "nada fuera de la ley". Por Francisco, que declaró tener una compañía constructora y a quien le detuvieron una inversión millonaria conjunta con su amigo el pugilista Julio César Chávez, de un hotel en Mazatlán, la PGR oficialmente no ofrecía recompensa; aunque era del mismo clan cuyos pistoleros se equivocaron de coche y acribillaron al cardenal Posadas.

Los desplegados

Entre enero y junio de 1993 se publicaron cuatro misteriosos desplegados en el diario *Excélsior*. Coincidieron en señalar a Joaquín *el Chapo* Guzmán y a Héctor *el Güero* Palma, enemigos de los Arellano, como responsables de decenas de asesinatos. Fueron firmados por distintas familias que de una u otra forma habían sido agredidas por presuntos sicarios de Guzmán y Palma. Se antepuso a los apellidos la denominación de "Grupo de empresarios sinaloenses de familias dolidas". Como responsable de la publicación apareció Fernando Ponce Monroy, a quien nadie conocía en Sinaloa.

El primer desplegado se publicó el 27 de enero de 1993 en la página 44 de la primera sección del diario, una semana después de la matanza en el malecón de Culiacán donde fueron asesinadas 12 personas, presuntamente por gente del Güero Palma que perseguía a enemigos vinculados a los Arellano.

Los destinatarios de ese documento eran el presidente Carlos Salinas, el procurador Jorge Carpizo, luego decía simplemente: "derechos humanos" y, al final: "Al doctor y licenciado Humberto Benítez Treviño, subprocurador general de la República".

Se dirigían "muy humildemente" a ellos y les informaban que habían sufrido atentados por parte de Guzmán y Palma, "quienes deben estar fuera de sus facultades mentales por la manera en que se han venido comportando".

Las familias firmantes eran Rico Urrea, Corona Sapién, Güémez Castro, Álvarez Rico, Beltrán, Sánchez Duarte, Toledo Corro, Félix Gallardo, Lievas, Santos Arellano, Sánchez Félix, Cabada Fernández y Caro Payán. La familia Sánchez Duarte se deslindó de ese documento.

A pesar de ello, en un segundo desplegado publicado el sábado 22 de mayo de ese mismo año, dos días antes del atentado en Guadalajara en el que murió Posadas Ocampo, se utilizaron las mismas firmas. Ahora, además de Salinas y Carpizo, el documento se dirigía al gobernador de Sinaloa, Renato Vega, y al titular de la CNDH, Jorge Madrazo.

Ahí se expresaba un "segundo llamado a ustedes" para que se detuviera a Guzmán y a Palma, "autores materiales e intelectuales de cientos de crímenes en contra de nuestras familias", y eran calificados como "los más grandes capos del narcotráfico en México".

Aquella vez fue la familia del ex gobernador Antonio Toledo Corro, la que en declaración pública se deslindó de ese documento. Pero de manera más enérgica lo hizo Alfonso Corona Sapién, hermano de Norma, la defensora de derechos humanos, asesinada en 1990.

Alfonso envió una carta a *Excélsior* en la que desautorizaba el uso del apellido Corona. La carta —con fecha 24 de mayo de 1993— no fue publicada de inmediato. Vino el asesinato de Posadas y el 29 de mayo en la página 20 de la primera sección del diario se publicó otro desplegado de una plana.

Ahora se hacía "el tercer llamado" y se indicaba que Guzmán y Palma eran responsables de la muerte del prelado, debido a "otra de sus acostumbradas balaceras, muriendo por accidente el cardenal Juan Jesús Posadas Ocampo". La carta de Alfonso Corona fue publicada en la sección

Foro de *Excélsior* el 1 de junio de ese año. A pesar de ello, al día siguiente fue ordenada la inserción de otra plana completa con el mismo formato y firmantes, excepto la familia Rico Urrea y con el añadido de Jerónimo Prigione como destinatario.

En aquel documento se daba una versión contrapuesta a la oficial sobre el asesinato de Posadas. Con especial cuidado decían que no podía afirmarse que los "asesinos tengan que ser tijuanenses", y textualmente señalaban: "Para nosotros es más creíble que los supuestos pasajeros culpables sí viajaron a Tijuana, por lo cual planea el Chapo Guzmán asesinarlos en el aeropuerto antes de abordar el avión, asesinando así al cardenal, al confundirlo con uno de sus enemigos, y no al Chapo lo confundieron con el cardenal, pues ni se parece ni concuerda con la edad".

Al hablar de "supuestos pasajeros culpables", quienes ordenaron el desplegado se referían a Javier Arellano Félix y sus gatilleros, pero jamás lo mencionaron. Y abogaron por la inocencia de los detenidos, algunos de los cuales, según la PGR, eran gente del clan de los Arellano. Molesto, Alfonso Corona Sapién pidió seriedad para que se verificara la autenticidad de las firmas. Aseguró no conocer a Fernando Ponce Monroy, quien firmó como responsable de la publicación, y exigió a *Excélsior* que dijera quién había ordenado esas inserciones.

En medios policiacos y también periodísticos de Sinaloa se especuló que esos desplegados, por su tono y virulencia, debían ser sufragados por los Arellano Félix. La persecución de estos hermanos no parecía tan intensa. Los carteles con sus fotografías que se enviaron desde la PGR en la Ciudad de México, días después del asesinato de Posadas —en un paquete con guía 1094435 de Aeroméxico— estuvieron varios días arrumbados, como si fueran basura, en el patio de las instalaciones de la Procuraduría de Justicia en Culiacán.

El lunes 31 de mayo de 1993, en Mazatlán, a donde llegó otro paquete, fueron colocados algunos carteles. Al día siguiente, cuando el gobernador Renato Vega celebraba el Día de la Marina en el puerto, ya no había ninguno visible.

Julio César, el amigo

Hasta Julio César Chávez, el campeón mundial, el consentido de políticos, estuvo vinculado con los Arellano. Luego de una balacera ocurrida a finales de mayo de 1993 en una casa ubicada en Cerro de la Campana 360, propiedad, según las autoridades policiacas locales, de Ismael *el Mayo* Zambada —socio de los Arellano Félix— se encontró un arsenal con armas de alto poder; la casa tenía tres niveles, alberca, un puesto de observación, antena parabólica, sistema de circuito cerrado de televisión y tres cocheras con portones eléctricos.

En la balacera, en que participaron policías judiciales, quedó muerto el presunto narcotraficante Manuel Parra Vega, al parecer socio de Zambada y los Arellano. Alguien recogió una fotografía de Parra abrazando a Julio César.

Días después, durante una conferencia de prensa, el pugilista anunció que se iría a vivir a Estados Unidos harto de que en Culiacán lo acusaran de estar vinculado con narcotraficantes. "Todos saben quién soy", dijo.

Y efectivamente, los sinaloenses conocían su amistad con Francisco Arellano. Recordaban las exhibiciones de box en la discoteca *Frankie Oh* y el frustrado proyecto de inversión conjunta para un hotel de cinco estrellas, el "Julio César Palace". En la conferencia de prensa, Chávez habló de su amistad con Mario González, ex comandante de la Judicial, subordinado del Güero Palma, acusado del asesinato de Norma Corona: "Sí, le regalé un cinturón, pero no como dicen ahí, valuado en 40 mil dólares; ése lo tengo en la casa. Es que ese señor era admirador mío, ¿me entiendes?, y lo conocía. A mí me trató muy bien y hasta ahí solamente ¿me entiendes?" Julio César se refería a la nota publicada en el número 865 de *Proceso*.

—¿El trato fue seguido, constante?

—No, no, señor. Lo miraba cada vez; es que yo siempre ando viajando constantemente entre las peleas y todo, venía y lo saludaba; es todo, simplemente, nada más...

Chávez se defendió en la conferencia: "No tengo ninguna necesidad de andar en esas chingaderas; todo lo que he ganado ha sido a base de chingadazos y de sacrificios". Le preguntaron sobre su ex apoderado, Ángel Gutiérrez, también vinculado a los Arellano, asesinado en Cancún un día después de los sucesos de Guadalajara, como presunta venganza del Güero Palma y el Chapo Guzmán. "Pobrecito", dijo Chávez.

La última arremetida. La foto encontrada en la casa del Mayo Zambada: "Es que si van a todas las casas de Culiacán, todos tienen fotos mías". Quiso salir de las cuerdas y remató: "Nunca me he negado a tomarme fotos con personas de lo más alto hasta lo más bajo... hasta con el presidente de la República, Carlos Salinas, tengo fotografías".

¿Quiénes mataron al cardenal?

◆

Alberto Aguirre
Felipe Cobián

V arias semanas después de los sucesos en el Aeropuerto Internacional de Guadalajara, donde fueron asesinadas siete personas, entre ellas el cardenal Juan Jesús Posadas Ocampo, las investigaciones seguían confusas y se anulaban entre sí. Aunque al principio se mencionó que el cardenal fue víctima del fuego cruzado en el enfrentamiento entre dos bandas de narcotraficantes —una, la de Joaquín Guzmán, el Chapo, y otra, la de los hermanos Arellano Félix—, y después se reconoció oficialmente que fue asesinado al ser "confundido" con Guzmán, las autoridades enfocaron todas sus baterías contra el Chapo y su gente, y se olvidaron de los presuntos agresores.

Los operativos policiacos en Guadalajara y otras ciudades del país se dirigieron contra las actividades del llamado cártel de Sinaloa, y sólo tangencial y ocasionalmente se refirieron a los hermanos Ramón, Benjamín, Francisco y Javier Arellano Félix, del cártel de Tijuana, a pesar de que eran los presuntos responsables de la muerte de Posadas Ocampo y seis personas más.

Informaciones obtenidas por los reporteros en Estados Unidos señalaron que Francisco Arellano fue detenido en una colonia residencial de Tijuana, horas después de haber llegado al aeropuerto local procedente de Guadalajara, el mismo día del tiroteo, el 24 de mayo de 1993.

Los hermanos Arellano volaron ese día de Guadalajara a Tijuana con seis de sus pistoleros, en un avión de Aeroméxico que los esperó más de 20 minutos en la plataforma; subieron a la aeronave, algunos sin sus pases de abordar, identificándose como agentes de la Policía Judicial Federal.

En forma inexplicable, Francisco quedó en libertad después de permanecer varias horas detenido. Sus captores, según la fuente, pertenecían a la Judicial Federal. En este contexto, las pesquisas de las procuradurías General de la República y de Jalisco podrían haber desembocado en un callejón sin salida que impidiera esclarecer la muerte del prelado y de las otras seis personas.

Las investigaciones en Guadalajara condujeron a las autoridades a la detención de más de 21 personas, entre ellas 13 policías, que presumiblemente sirvieron directa o indirectamente al Chapo Guzmán, pero no se aproximaron al objetivo fundamental de las pesquisas: detener a los responsables de los asesinatos.

A pesar de la consignación de elementos de distintas corporaciones policiacas, entre ellos el teniente coronel Francisco Antonio Bejos Camacho, entonces director de la Policía Judicial de Jalisco, y el ex comandante de la PJF Salvador Peralta Pérez, delegado de la PGR en Jalisco hasta fines de 1992, prevalecieron las contradicciones y las ambigüedades en las versiones oficiales.

Estas detenciones, según abogados e inculpados, correspondieron a un manejo "doloso" del caso y podrían haberse fabricado culpables o capturado a los menos responsables, "sólo para dar golpes publicitarios" y desviar la atención.

La noche del lunes 7 de junio de 1993 se anunciaron las detenciones de Bejos Camacho y Peralta Pérez; del comandante Daniel Zárate Rodríguez y del agente César Pérez Pérez, ambos de la PJF. Según la versión oficial, fueron "comprados" por el cártel de Sinaloa, al igual que Jorge Abel Macías, secretario de la Judicial del Estado, y el director de la Policía Municipal de Zapopan, profesor Luis Octavio López Vega. A última hora resultó que éste no había sido capturado, y desapareció de la ciudad.

Según la Procuraduría de Justicia estatal, dos de los primeros detenidos —Bartolo Pineda Medrano, chofer de Guzmán, y Hernán Medina Pantoja, su prestanombres y administrador— declararon ministerialmente contra Bejos Camacho y Peralta Pérez. Pero algunas cosas no concordaban en la versión oficial: al rendir su declaración preparatoria, según se asienta en la averiguación previa 13601/93, nunca mencionaron a los inculpados, a pesar de que expresaron que el Chapo sobornaba a jefes policiacos. Según el informe de la procuraduría, Pineda Medrano aseguró que tanto al titular de la Judicial estatal como al comandante de la policía municipal, Santiago Ochoa —prófugo para entonces— les entregó regalos y 10 mil dólares que les había enviado su patrón, en una bolsa de papel, y que lo mismo hizo con López Vega, para que les brindaran protección.

Tanto Bejos Camacho como Peralta Pérez, quienes supuestamente habían aceptado ante el Ministerio Público Federal su vinculación con el narcotraficante, rechazaron las imputaciones. El exdirector de la Judicial dijo que se trataba de una infamia, y agregó que, según el procurador Larios, fue detenido cerca de su oficina, el sábado 5 de junio de 1993, a las 10 de la mañana, pero aclaró: "Yo no fui detenido; me llamó el comandante de la xv Zona Militar para que me presentara. Llegué el sábado a las 7 de la mañana, y me dijo que me estaban involucrando en ciertas cosas, y de ahí me trasladaron a rendir mi primera declaración, pero jamás fui detenido".

En la mesa de prácticas del juzgado federal, Bartolo Pineda desconoció sus supuestas afirmaciones; dijo que se las sacaron a la fuerza —bajo presión psicológica y golpes— y que incluso se desmayó en dos ocasiones. Subrayó que jamás entregó dinero ni otros regalos a ninguno de los inculpados.

Para sustituir a Bejos Camacho —ingeniero y catedrático universitario, poseedor de una fortuna de aproximadamente 600 millones de pesos, incluida su casa, según su versión— fue designado el capitán Fidel Antonio Cancino Albores, a quien se implicó en un doble y sangriento asalto bancario en Colima, el 28 de septiembre de 1983, en donde fue asesinado un sobrino de la entonces gobernadora Griselda Álvarez. Ante las imputaciones, el siguiente viernes 11 de junio, Cancino Albores fue removido.

Antes de la detención de los elementos policiacos, habían sido capturadas diez personas relacionadas con la balacera en el aeropuerto: Édgar Antonio García Dávila, jefe de grupo de la Policía Judicial Federal, quien reconoció haber hecho trabajo de "muro" y encubrir la huida de los Arellano Félix luego del tiroteo; Jesús Alberto Bayardo Robles, que aceptó haber venido con los gatilleros que pretendían ultimar al Chapo Guzmán, y los jóvenes Juan Enrique Vascones Hernández y Ramón Torres Méndez, pertenecientes también al grupo de los Arellano Félix.

Los otros detenidos fueron acusados de pertenecer a la banda o de estar al servicio del Güero Palma y el Chapo. Se trata de Manuel Mena Solís o Jaime Monzón Ramírez, Francisco Cárdenas Luque, Hernán Medina Pantoja, Bartolo Pineda Medrano, Israel Angulo Cázares y Emilio Vázquez.

Las autoridades judiciales cambiaron radicalmente la forma de presentar los "avances" de la investigación. Ya no realizaron conferencias de prensa abiertas, sino que mediante boletines informativos proporcionaron datos a los medios. Extrañamente "desapareció" de las investigaciones el subprocurador Juan Antonio García Torres, quien presuntamente estuvo involucrado con el narcotraficante Miguel Ángel Félix Gallardo cuando era delegado de la PGR en Jalisco.

De acuerdo con información proporcionada por el diputado local priista Samuel Romero Valle en 1993, los comandantes Salvador Peralta Pérez y Daniel Zárate Rodríguez fueron escoltas del gobernador interino Carlos Rivera Aceves cuando era presidente del Comité Directivo Estatal del PRI. Según el mismo legislador, Jorge González Moncayo, subdirector administrativo del Departamento de Seguridad Pública del gobierno estatal, que anteriormente había sido chofer y guardaespaldas de Rivera Aceves, expidió licencias de manejo a miembros de la banda del Chapo.

Declaraciones bajo tortura

El entonces abogado de Daniel Zárate Rodríguez y de César Pérez Pérez, Raúl Sánchez González, denunció que a sus clientes y a otros inculpados por el caso de la matanza del 24 de mayo de 1993 los torturaron, además de que se violó la Constitución al hacerlos comparecer ante autoridades militares y en cuarteles del Ejército.

"Se están violando las leyes en este nivel, en un juicio en el que debe haber claridad en la forma como se integre la averiguación. No fue clara la manera de hacer las cosas. Pudieron haber gozado de garantías individuales, y no las tuvieron; fueron compelidos a declarar en su contra", expresó.

Y agregó: "Algo muy importante es que todos coinciden al describir cómo fueron las torturas y cómo se las aplicaron. Los nombres de quienes los torturaron vendrán por escrito en sus declaraciones certificadas. La opinión pública debe saber esto". El procurador jalisciense reconoció que las averiguaciones del caso, por su complejidad, se hicieron ante autoridades militares, pero aseguró que no se obtuvieron declaraciones bajo presión.

En las indagaciones hubo evidencias sobre la participación de los hermanos Arellano Félix en la balacera del 24 de mayo en el aeropuerto. Pero su responsabilidad se diluyó. Uno de los testimonios que aportó más datos fue el de Alberto *el Gory* Bayardo Robles, el pistolero a quien el procurador Jorge Carpizo describió como un ebrio "que se caía de drogado" cuando fue detenido el mismo día de los hechos.

En sus declaraciones ministeriales, Bayardo Robles aseguró que contaban con la protección de la Policía Judicial Federal: "Mis patrones siempre andaban armados y se encubrían con credenciales de la PGR [...]. De retirado [de lejos], les veía conchas metálicas de policías judiciales federales".

También relató que los Arellano Félix le pidieron "que con mis contactos en el Ejército consiguiera uniformes para despistar a las autoridades y poder huir". No los consiguió, pero otro de los pistoleros obtuvo "cuatro o cinco juegos de uniformes militares en la Ciudad de México: uno de teniente, otro de subteniente, otro de sargento y dos de soldados rasos". Pagaron 300 dólares por cada uno.

En una camioneta Cheyenne roja, requisada del aeropuerto con cargadores para cuerno de chivo y granadas de fragmentación, también había un uniforme militar. Según la Procuraduría de Justicia jalisciense, el uniforme era "falso", a pesar de que tenía las etiquetas de la Sedena. En el uniforme se encontró un permiso para portación de armas de fuego, perteneciente al teniente Carlos Castro Peña, escolta del comandante de brigada José Domingo Ramírez Garrido Abreu, ex director de la policía del Distrito Federal.

Según Bayardo Robles, con Alfredo Araujo, el Popeye, organizó al grupo de sicarios que asesinarían al Chapo Guzmán. Viajaron en pequeños grupos a Guadalajara y todos estaban reunidos el 20 de mayo. Pasaron tres días buscando al narcotraficante y no lo encontraron.

Sobre lo que pasó el 24 de mayo, dijo que ese día, muy temprano, se reunieron con Ramón Arellano Félix, quien les dijo que se regresarían a Tijuana porque "el jale ya no se haría". Entonces, repartieron dinero para que hicieran compras personales y acordaron que se encontrarían en el aeropuerto. Las armas largas que les dieron en Guadalajara —aseguró— se quedaron en las casas, no las llevaban en los vehículos.

A las 3:30 casi todos estaban reunidos frente a las ventanillas de documentación de equipaje de Aeroméxico. Subieron a la sala de abordar, pero Bayardo Robles no pudo hacerlo porque estaba muy tomado. Instantes después, comenzó la balacera. Bayardo Robles proporcionó a la policía datos sobre las propiedades de los Arellano Félix y fue trasladado, el 30 de mayo de ese mismo año, a Tijuana, para que las identificara. En total se encontraron 14 en las que había armamento y uniformes militares, pero ningún rastro que condujera a sus dueños.

También se obtuvieron las declaraciones de Juan Enrique Vascones Hernández. Acusados de haber participado en los hechos del lunes 24, fueron detenidos en Tijuana por un grupo especial de agentes de la Policía Judicial Federal. Sus testimonios no fueron tomados en cuenta por las autoridades judiciales, a pesar de que ambos declararon que nunca hubo un complot para asesinar al Chapo Guzmán en el aeropuerto.

Vascones Hernández declaró que viajó a la capital tapatía el 18 de mayo como integrante de un grupo que tenía la intención de asesinar a Joaquín Guzmán. Coincide con Bayardo Robles en que, como no localizaron al Chapo, les ordenaron regresar a Tijuana. Recordó que en el aeropuerto "recibimos los pases de abordar y tuvimos un problema, porque al Gory [Bayardo Robles] no lo dejaban subir al avión".

Agregó: "Afuera comenzaron los balazos, y en el interior del aeropuerto reconocí al Chapo y le disparé con la pistola que mi jefe me dio. No alcancé a darle, tiré mi pistola en uno de los baños y corrí a la salida de los vuelos".

Ramón Torres Méndez, de 23 años, coincidió con los dos relatos anteriores, pero añadió: "Al llegar, comencé a ver que habían muchos hombres que portaban 'conchas' [identificaciones] de la Policía Judicial Federal".

Pensó que iba a pasar algo malo y se encaminó al interior de la terminal; comenzó el tiroteo y reaccionó disparando hacia el estacionamiento.

Torres Méndez también identificó al Chapo Guzmán en el aeropuerto. Dijo: "Alcancé a ver a varios sujetos juntos, entre ellos estaba el Chapo […] las gentes que estaban con él llevaban cuernos de chivo y comenzaron a disparar cuando huían". La Procuraduría de Justicia estatal, al remitirlos al juzgado, afirmó que, de acuerdo con un dictamen pericial, los dos detenidos mostraron huellas de tortura.

Para determinar cómo comenzó la balacera en el aeropuerto, las autoridades judiciales pudieron haber utilizado los testimonios de otros cuatro jóvenes que estuvieron en la escena del crimen; sin embargo, también los ignoraron. Eran las declaraciones de los hermanos David, Elías y Rodrigo Navarro de la Torre, así como de Efraín Vázquez Jiménez, quienes, extrañamente, fueron trasladados a la Ciudad de México para presentarlos ante el Ministerio Público Federal adscrito a la Dirección de Averiguaciones Previas de la PGR, Miguel Severino Chávez, el 30 de mayo.

David Navarro de la Torre, según consta en la declaración previa, arribaba a Guadalajara procedente de Mazatlán. Cuando estaba en el estacionamiento, alcanzó a ver que llegaba la camioneta de sus hermanos, con un amigo, y levantó las manos para hacerles señas. Justo atrás de él, escuchó: "Ahí está, ahí está", y comenzaron los disparos.

Su amigo Efraín Vázquez Jiménez declaró que en la misma parte donde ellos estaban, al final del pasillo del estacionamiento, dos hombres portaban armas de fuego. Uno de ellos disparó, como dando una señal, y fue entonces cuando acribillaron el automóvil del cardenal.

Hubo otros datos desconcertantes. Según relataron a los reporteros varios taxistas que estuvieron en el lugar, el Buick verde que tripulaba el Chapo Guzmán nunca ingresó en el estacionamiento del aeropuerto. El vehículo permaneció fuera, en el circuito que lo rodea, frente a la entrada principal, y había llegado atrás del Grand Marquis del cardenal, y no adelante, como informó la PGR.

Los taxistas consideraron que no fueron dos, sino tres los grupos que participaron en la balacera: el del Chapo y el Güero Palma; el de los Arellano Félix, y el de la PJF, que brindó protección a los últimos. También señalaron que varias de las camionetas con armamento encontradas después por la policía fueron introducidas muy temprano en el estacionamiento y dejadas allí "como listas para algún operativo".

Posadas Ocampo murió, según la exploración que hizo el médico legista Mario Rivas Souza —no se le practicó la autopsia a petición del clero y por concesión tanto del presidente Salinas como de la Procuraduría de

Jalisco—, por "impactos múltiples de bala" (14), según se asentó en el certificado de defunción.

En la sala de la Cruz Roja de Guadalajara a donde fue llevado su cuerpo y el de su chofer estuvieron presentes, además de Rivas, dos asistentes de éste; un agente del Ministerio Público del fuero común y uno del federal; los médicos Samuel Altamirano, director de Servicios Médicos de la Cruz Roja, y su médico de cabecera, Alfredo Sandoval Jáuregui. Estuvo también, durante un breve lapso, el embajador del Vaticano en México, Jerónimo Prigione, y el sacerdote Óscar Sánchez.

¿Y los Arellano?

El jueves 10 de junio de 1993, mientras el gobernador interino Carlos Rivera Aceves calificó como un éxito de la PGR la captura del Chapo Guzmán en Guatemala, diputados locales de distintos partidos políticos consideraron que faltaba aclarar quién había matado al cardenal, y particularmente lo que había ocurrido con los agresores, los hermanos Arellano Félix, que al parecer recibían protección de muy altas esferas gubernamentales, "porque ya ni siquiera se les menciona".

El diputado Sergio Rueda Montoya, del PAN, dijo que la captura de Guzmán "simplemente es la aprehensión de una persona más, como responsable de algún ilícito, pues era el perseguido en el aeropuerto". Agregó que aún "falta mucho por aclarar: con la captura del señor Guzmán, que es la persona a la que se iba a asesinar, nada queda en claro todavía, y ahora parece que se pretende hacer creer que él era el agresor y el culpable, cuando era el objetivo. Entonces, conforme se avanza en las investigaciones, lo que sigue en la cuerda floja es la credibilidad".

En términos similares se expresó el diputado priista Samuel Romero Valle, quien aseguró que había políticos de distintos niveles envueltos en el narcotráfico, lo mismo que empresarios que lavaban dinero. "Mientras no se aclare esto y la sociedad quede satisfecha con toda la información que se dé no habrá una credibilidad absoluta, porque solamente se dan avances parciales, logros relativos, muy relativos", manifestó.

Añadió que de ninguna manera, aunque se haya logrado capturar al Chapo "se puede decir que se dio un golpe al narcotráfico; se dirá cuando se conozcan sus contactos con políticos, gobiernos y funcionarios policiacos. Son golpes importantes, pero no definitivos".

Romero Valle declaró que "hay una orientación, un interés de las autoridades de enfocar toda la atención de los medios y de la opinión pública hacia el Chapo, cuando se supone que es la víctima, que fue el objeto de esta agresión sufrida en el aeropuerto. Fue al que confundieron. Entonces los agresores, los que tuvieron a su servicio a las policías, quienes dispararon contra el cardenal, ¿dónde están?"

Gerardo Ávalos Lemus, diputado perredista, también se preguntó: "¿Qué pasó con los agresores, los Arellano? Ya nadie habla de ellos. Esto levanta mucho más polvo, porque si al que iban a matar era al Chapo y sólo a él detienen, ¿dónde están los atacantes que acribillaron al cardenal?"

El obispo auxiliar y administrador diocesano, José Guadalupe Martín Rábago, expresó que pese a la captura de Guzmán Loera, las investigaciones debían seguir: "El pueblo aplaude esta medida y pide se profundicen las indagaciones sobre el grave problema del narcotráfico, para que pueda haber paz social".

Semanas después del asesinato en el aeropuerto de Guadalajara, decenas de habitantes de esa ciudad empezaron a recibir llamadas telefónicas de una empresa dedicada a levantar encuestas —que no se identificó— para preguntarles su opinión sobre el desarrollo de las investigaciones en torno a la muerte del cardenal Juan Jesús Posadas Ocampo.

Entre otras cosas se les preguntaba: ¿Están conformes con las investigaciones para esclarecer la muerte del señor cardenal? ¿Creen en la versión que las autoridades han difundido de los hechos? ¿Están satisfechos con la actitud que ha tomado el presidente Carlos Salinas de Gortari?

Francisco Rafael: una captura fortuita

◆

Guillermo Correa
Raúl Monge

Intocable desde 1984, pese a que la sociedad de Mazatlán lo identificó siempre como narcotraficante, Francisco Rafael Arellano Félix —"líder de una de las organizaciones de narcotraficantes más importantes del país"— fue capturado de manera fortuita en Tijuana el sábado 4 de diciembre de 1993 por la Procuraduría General de la República.

A pesar de que desde mayo del mismo año, después del asesinato del cardenal Juan Jesús Posadas Ocampo, la PGR integró un "grupo especial de inteligencia" y un operativo para dar con el paradero de la familia Arellano Félix, sólo una llamada anónima pudo ubicar al mayor de la misma en Tijuana.

La aprehensión del hermano mayor de los Arellano Félix —considerados cabeza del cártel de Tijuana y presuntos autores intelectuales del asesinato de Posadas Ocampo—, así como de otras seis personas, fue calificada por el procurador Jorge Carpizo como "un triunfo de México". Ello a pesar de que, en el *Informe sobre los homicidios acontecidos en el aeropuerto de Guadalajara el 24 de mayo de 1993*, la PGR no mencionó a Francisco Rafael Arellano Félix ni ofreció recompensa por su captura.

Fichado por la policía mexicana desde 1978 y prófugo de la justicia estadunidense a partir de 1980, Francisco Rafael se codeaba con estrellas del cine, la radio y la televisión; administraba en Mazatlán la discoteca "más grande del mundo", y aparentemente se asoció con el boxeador Julio César Chávez, al que considera "casi mi hermano". El 30 de abril de 1992, Francisco Rafael fue entrevistado por *El Noroeste* y se describió como "un empresario sin miedo y que arriesga mucho sin temor a perder".

De acuerdo con el testimonio que rindió ante el Ministerio Público Federal, dos meses después de los hechos de Guadalajara dejó de administrar su discoteca *Frankie Oh*, pues huyó de Mazatlán ante el temor de ser detenido. Se refugió en Tijuana.

A los sinaloenses siempre les llamó la atención la figura de Francisco Rafael, por tres razones: la impunidad de que siempre disfrutó gracias, dicen, a la protección de políticos influyentes; sus vínculos con Julio César, de quien presumía era su socio en negocios, y el hecho de que la discoteca *Frankie Oh*, incautada desde el 20 de agosto de 1993, fuera reabierta y administrada por la PGR hasta la madrugada del martes 7 de diciembre de ese año.

La construcción y el diseño de la discoteca son del arquitecto Armando Galván, quien no olvidó colocar en la fachada principal el símbolo del escorpión. Francisco Rafael nunca se quitaba de su cuello una cadena de oro, de la cual pendía la figura del octavo signo zodiacal, de casi diez centímetros de largo, adornada con diamantes.

Emilio Goicochea, ex candidato a la gubernatura de Sinaloa por el PAN, relató que "todo mundo sabía quién era, y que estaba involucrado en el narcotráfico. Cuando agarraron a Rafael Caro Quintero y a Miguel Ángel Félix Gallardo, su tío, pensamos que a él también lo iban a detener, pero nada pasó. Y la verdad es que nunca se escondió. Parecía no tenerle miedo a nada. Su buena estrella se acabó después de la balacera de Guadalajara".

Julio César Chávez realizó peleas de exhibición en la discoteca en donde se mostraban trofeos, fotografías, guantes, protectores, zapatillas y carteles del campeón. Sobresalían tres batas de colores blanco, rojo y amarillo, con el símbolo del escorpión, el nombre del pugilista y el de la disco. En fotografías gigantes aparecía Julio César con los tres cinturones de campeonato mundial.

La publicidad en radio, prensa y televisión invitaba hasta poco antes de su arresto "a la raza" a visitar el negocio "propiedad de Julio César Chávez… de cinco estrellas, el más grande del mundo en su estilo safari". Cerrada por la PGR la madrugada del martes 7 de diciembre de 1993, quedó un letrero donde se leía: "Gran función, viernes 10 de diciembre. Barra Libre. *Cover* 20 nuevos pesos. *Chilolos Band*".

Taxistas, hoteleros, encargados de restaurantes y pescadores dijeron que Julio César y Francisco Rafael anunciaron la construcción "en sociedad" del J. César Palace, un hotel de gran turismo, con 174 habitaciones y lo más avanzado en diseño. Juntos pusieron la primera piedra. Después, se abandonó el proyecto. Entre las propiedades decomisadas a Francisco Rafael, según la PGR, se encuentra "un hotel en construcción". De las 233 propiedades incautadas a los hermanos Arellano Félix, 38 están registradas a nombre de Francisco Rafael y de personas cercanas a él.

La PGR informó que Francisco Rafael era prófugo de la justicia estadunidense que lo buscaba por tres diferentes juicios y por los delitos de posesión e intento de distribución de una "sustancia controlada", así como por "brincar fianza". Estos juicios datan de 1980, 1986 y 1989.

Con estos antecedentes la PGR inició el procedimiento para "someterlo a proceso" por los mismos delitos en México, con base en el artículo 4º del Código Penal. Además, pesaban sobre él tres juicios penales en el país, de los cuales salió absuelto. De acuerdo con la PGR, el mayor de los Arellano Félix, considerado el lavador del narcodinero en la familia, fue consignado en 1978 por delitos contra la salud, con su esposa. No obstante, pronto recobró su libertad. En ese entonces el titular de la PGR era Óscar Flores Sánchez.

En 1988, con Sergio García Ramírez — que había sido presidente del Supremo Tribunal Agrario— se repitió la situación por el mismo delito. Entonces, el subdelegado de Procedimientos Penales de la PGR, Adolfo Castellanos de la Torre, informó sobre la detención de Arellano Félix y la investigación de que era objeto la discoteca. Un año después, acumuló su tercer proceso penal al ser consignado por portación de arma de uso exclusivo de las Fuerzas Armadas. En ambos casos nada pasó. Era el sexenio de Miguel de la Madrid.

"En los tres juicios —según Mario Ruiz Massieu, subprocurador de la República en 1993— logró evadir la justicia. En uno de ellos se le vinculó con la transportación de cinco y media toneladas de mariguana. El juez de Distrito dictó formal prisión, la cual fue apelada, y el magistrado correspondiente la revocó.

"En otra ocasión se le detuvo en posesión de más de dos y medio kilogramos de cocaína y 454 gramos de heroína. También logró su libertad, y esta procuraduría no tiene otro dato porque el expediente está perdido. Sin embargo, él mismo declara que lo absolvió un juez de Distrito en Tijuana. En el tercer juicio también fue absuelto".

Humberto Rice García, ex presidente municipal de Mazatlán, destacó: "Siempre se supo que estuvo relacionado con los narcos. No se entiende por qué hasta ahora fue detenido. Además, se paseaba libremente con su forma tan especial, extravertida". Recuerda que en 1990 la presidencia municipal tuvo un problema con el presunto narcotraficante: "Nos desapareció a la reina del carnaval, y eso fue un pecado de lesa majestad. Nos abocamos a ver el asunto de inmediato. Los familiares de Rocío del Carmen Lizárraga, entonces menor de edad, denunciaron que se trataba de un secuestro, pero más tarde supimos que había complacencia de parte de ella y hasta se la llevó a la Olimpiada de Barcelona".

Salvo ese incidente, dijo Rice García, cuando se desempeñaba como coordinador nacional de funcionarios municipales del PAN, nunca hubo algún problema con Francisco Arellano Félix. Subrayó que durante una huelga de pagos de empresarios turísticos al municipio, él fue de los pocos que no dejaron de cubrir sus cuotas. Se daba el lujo, incluso, de colaborar con la comunidad, y hasta patrocinaba obras de teatro y otras actividades culturales.

Rice García expresó que otros hechos de Francisco Rafael que lo intrigaban eran su gran amistad con Julio César Chávez, y que la misma PGR haya "regenteado" la discoteca bajo el pretexto de que "había que cuidar las fuentes de trabajo. Todavía el lunes 6 de diciembre vi a decenas de jovencitas menores de edad entrar a la disco, donde, al parecer, había una tardeada. Eso lo debe investigar el procurador Carpizo".

Emilio Goicochea sabía que con la detención de Francisco Rafael no disminuiría el narcotráfico en la entidad. Señaló: "Los Arellano no son cabezas, son mandos medios. Los verdaderos responsables del narcotráfico son personajes ligados a la política nacional. Sus nombres se conocen en Estados Unidos. De allí que los que dan la cara se sientan protegidos; por eso tanta impunidad. Además, se van unos y siempre aparecen otros".

Al expresidente de la Confederación Nacional de Cámaras de Comercio (Concanaco) le preocupaba más que nada el legado de personas como Francisco Rafael: "La narcocultura, que está transformando a la juventud. Esa música de bandas, esas canciones que rememoran a narcos caídos; seguramente a él pronto le harán su corrido; el robo de niñas en los ranchos; el afán de convertirse en leyenda a través del vicio y la violencia; la delincuencia en todo su esplendor, acompañada de la impunidad, y la corrupción en la administración y procuración de justicia".

Relató que no dejaba de recorrer los fines de semana las zonas serranas de Sinaloa donde florece esta cultura del narcotráfico, debido al aislamiento de las poblaciones y su creciente pobreza. Por ejemplo, dijo, los maestros no van a dar clases, y entonces los niños comienzan a imitar a los padres que, por la necesidad, se ven obligados a cultivar drogas. "Y en donde no hay nada, uno observa cómo los muchachos traen los bolsillos repletos de billetes, dijes de oro en sus cuellos, en sus orejas; portan esclavas y relojes con brillantes; el abuso de la cerveza, la tronadera de armas y los secuestros de muchachas.

"Cuando se les pregunta la causa de su actitud y se les dice que están arriesgando su vida, la mayoría responde casi igual: 'Al cabo que si nos matan nos hacen un corrido'. Así es como esta narcocultura ha generado una violencia espectacular, con gavilleros que se multiplican para asaltar y secuestrar. Lo más grave es que los elementos de la policía actúan igual y se les ve también forrados de oro, cuando su sueldo no alcanza para eso".

Una estirpe matriarcal

◆

Jesús Belmont Vázquez

En la familia Arellano Félix predominó en todo momento el matriarcado. Doña Alicia Félix Zazueta, prima —según algunas versiones— del capo Miguel Ángel Félix Gallardo, era quien tomaba las decisiones más importantes. Nacida el 28 de diciembre de 1927, la voz de doña Alicia fue siempre una orden determinante: sus sugerencias debían ser obedecidas sin objeción alguna tanto por sus diez hijos como por el personal más cercano al cártel de Tijuana.

"Es la persona más importante de la organización Arellano Félix y quien influye enormemente en las decisiones de sus hijos", se indicó en varias fichas confidenciales de la Procuraduría General de la República relacionadas con los integrantes de esa familia, de las que el semanario *Proceso* tiene copias.

"Sólo unos cuantos conocen los nuevos rostros de Benjamín y Ramón, pues su grupo más cercano de colaboradores es muy reducido y compacto. Se tiene conocimiento de que este pequeño grupo está conformado por cuatro o cinco personas. Difícilmente pueden acercarse a ellos todos los demás integrantes de la organización criminal. Se conoce la ubicación de sus familias y tarde o temprano tendrán que visitar a sus esposas e hijos y es cuando intervendremos", manifestó la PGR en 2001.

Según las mismas fichas, uno de los principales "lavadores" de la organización era Demetrio Zamora Gaxiola, esposo de María Alicia Arellano Félix, y en la misma situación estaba Luis Raúl Toledo Carrejo, quien estuvo casado con Enedina Arellano. "Se tiene conocimiento de que Demetrio Zamora posee varias propiedades en Sinaloa, Tijuana, Jalisco, Nuevo León y el Distrito Federal, y que ha incursionado en fechas recientes en los ramos inmobiliario y de la construcción para blanquear cantidades de dinero producto del narcotráfico".

Las investigaciones sobre el asesinato de Fausto Jesús Medina Alvarado —yerno de Miguel Ángel Félix Gallardo—, perpetrado el 13 de febrero de 2001 en el centro comercial Costco-Price de la ciudad de Monterrey, proporcionaron a un grupo de agentes de la PGR una serie de pruebas, como documentos familiares, fotografías y videos de la familia Arellano Félix.

Aquella mañana del 13 de febrero, Abraham Ramírez Soto y Francisco Yánez, el Cholo, pistoleros de los Arellano Félix, cumplieron una orden de sus jefes: asesinar a Medina Alvarado, pues al parecer no entregó cuentas claras sobre un cuantioso cargamento de cocaína procedente de Colombia. Sin embargo, según la PGR, cometieron "un error de principiantes": abandonar en un sitio cercano al lugar de los hechos el auto desde el que dispararon, un Mistyque, color gris, modelo 2001.

A partir de las indagaciones —en un principio de la Policía Judicial de Nuevo León por tratarse de un homicidio del fuero común, y posteriormente de agentes de la PGR — se lograron detectar algunos domicilios, donde se obtuvieron videos y agendas de la familia de Benjamín Arellano Félix. "De los teléfonos que destacan en la agenda, uno corresponde al colegio Cecvac, ubicado en la colonia San Patricio, municipio de San Pedro Garza García, Nuevo León, lugar donde estudiaban Alicia y Ruth Serrano Corona, hijas de Benjamín Arellano Félix y quienes llevan apellidos de su madre", indicaba la ficha correspondiente.

Los famosos hermanos

De acuerdo con las fichas elaboradas por la PGR, Benjamín Arellano Félix, el Min, quien en 2001 tenía 47 años, era la cabeza del cártel de Tijuana, y se sometió a una cirugía plástica para cambiar totalmente su rostro y hacer más difícil su captura. Lo mismo hizo su hermano Ramón, nueve años menor —el más violento de los hermanos—, conocido también como el Comandante Mon. Ambos viajaban con frecuencia a Europa.

"Es una realidad que ambos han adoptado una nueva personalidad; han cambiado totalmente sus rostros, falsificaron documentos oficiales, como son actas de nacimiento, pasaportes y todo lo necesario para tener una nueva identidad; sin embargo, sabemos que de un momento a otro tendrán que visitar a sus hijos y esposas", reiteró la PGR.

Sobre Eduardo Arellano, nacido en 1956, médico cirujano egresado de la Universidad Autónoma de Guadalajara, se dice que influyó mucho en el comportamiento de su hermano Benjamín, impulsándolo a la agresividad para dominar el mayor territorio posible y tener un control total de las rutas y mercados de la droga.

Sigue Francisco Javier, el Tigrillo, quien nació en 1969 y controlaba las plazas en las que operaban. Sobre Enedina Arellano Félix, del 12 de abril de 1961, licenciada en contaduría pública, la PGR sostuvo que era prestanombres para importantes operaciones de "lavado" y fue representante legal de la compañía Grupo Constructor del Noroeste. En 2001 estaba casada con Othón Zazueta Beltrán.

El exesposo de Enedina, Luis Toledo Carrejo, según la PGR, era también "lavador" de dólares y prestanombres en operaciones en el ramo inmobiliario en el estado de Sinaloa y la ciudad de Tijuana, principalmente. En 2001 tenía varias órdenes de aprehensión por delitos contra la salud y acopio de armas, relacionados con el asesinato del cardenal Juan Jesús Posadas Ocampo, el 24 de mayo de 1993 en el aeropuerto de Guadalajara.

María Alicia Arellano Félix, nacida el 21 de septiembre de 1958, también lavaba dinero e invertía en obras de construcción en Mazatlán, Sinaloa; se casó con Demetrio Zamora Gaxiola, quien según las fichas de la PGR fue uno de los más importantes lavadores del cártel.

Los otros hermanos son Norma Isabel Arellano Félix, que nació el 28 de diciembre de 1950; Carlos Alberto Arellano, modelo profesional, nació el 27 de noviembre de 1954; Luis Fernando Arellano Félix, de quien las autoridades tenían muy poca información, y por último Rafael, quien salió de prisión en marzo de 2008.

Estructura intocada

◆

Ricardo Ravelo

La muerte de Ramón Arellano Félix y la detención de su hermano Benjamín no significaron el desmantelamiento del cártel de
Tijuana, como concluyeron la Secretaría de la Defensa Nacional
(Sedena) y la Procuraduría General de la República (PGR). De acuerdo
con una investigación realizada por *Proceso*, en 2002 se mantenía aún
intacta la estructura financiera y seguía funcionando una amplia red de
operadores, que conservaba sus dominios en por lo menos la mitad del
territorio nacional.

Incluso, para entonces, se hablaba de la recomposición de la organización: Eduardo Arellano asumiría el liderazgo; otro hermano, Francisco
Javier, el Tigrillo, ocuparía la segunda posición y estarían apoyados por sus
dos hermanas: Ana María Isabel y Enedina, ésta, según las investigaciones de la PGR, había participado en los negocios para el lavado de dinero.

"La muerte de Ramón y el encarcelamiento de Benjamín es un triunfo
moral y un golpe publicitario del presidente Vicente Fox, pero no quiere
decir que el cártel esté acabado", aseguró Raúl Ramírez Baena, procurador
de los Derechos Humanos de Baja California en 2002.

"El negocio seguirá mientras haya demanda de droga en Estados Unidos", sostuvo Jesús Blancornelas, fundador del semanario *Zeta*, uno de los
periodistas que mejor conoció las actividades de los Arellano Félix y quien
fue víctima de un atentado, en 1997, por sicarios de esa organización.

Víctor Clark, director del Centro Binacional de Derechos Humanos,
explicó: "Si el gobierno de Fox quiere acabar con el cártel de Tijuana, debe
asestar otros fuertes golpes, y que nos digan quiénes son los políticos y
empresarios que forman parte del grupo".

El cártel y su estructura

La detención de Benjamín y la muerte de Ramón en 2002 fueron un duro
golpe a la organización, pero la estructura de ésta es demasiado fuerte:

le ha permitido, por ejemplo, obtener ganancias de unos 5 mil millones de dólares anuales mediante la introducción de drogas a Estados Unidos.

De acuerdo con la PGR, en 2001 se intensificó la búsqueda de los hermanos Arellano Félix en Tijuana, Baja California, pero a pesar de la fuerte presencia militar, el reforzamiento de la delegación de la PGR y la vigilancia de 1,300 agentes de la Policía Federal Preventiva (PFP), en esa ciudad se disparó el consumo y la venta de drogas.

Datos de la Procuraduría de Derechos Humanos de Baja California revelaron que en el estado hubo un registro de 6 mil adictos a diversas drogas, y que Tijuana ocupó el primer lugar nacional en consumo de estupefacientes. Tan sólo ahí existían entonces 4,500 expendios de droga, conocidos como tienditas, y entre 500 y 700 picaderos, donde se consumen enervantes.

Además, en las principales plazas y rutas del narcotráfico, como La Rumorosa, Tecate, Mexicali, Algodones y toda la zona rural de Baja California, siguen operando grupos al servicio de la familia Arellano Félix. Datos de la PGR y de agentes federales consultados en 2002 apuntaban que Tijuana estaba bajo el dominio de Efraín Pérez, el Efra o el 85, quien contaba con los servicios del Quemado; en Mexicali operaba Manuel Aguirre, el Caballo, y en San Luis Río Colorado, Sonora, Gilberto Higuera Guerrero, el Gilillo, quien en febrero de 2001 logró huir de un grupo de militares que detuvieron a su hermano, Ismael Higuera, el Mayel.

También sigue intocada la estructura financiera del cártel, de la que formaron parte dos importantes lavadólares, Amado Cruz Anguiano y Alejandro Cázares; el primero fue liberado en 2002 del penal de La Palma, y el segundo, dueño del centro nocturno *Pacers*, desapareció tras sufrir un atentado en 1994 en San Diego, California.

Los pasos de Benjamín

Benjamín Arellano y su familia vivían sin problemas en San Antonio, Texas, y en una zona exclusiva de San Diego conocida como La Jolla. "Nadie los molestaba", relató Blancornelas, quien les siguió la pista durante varios años.

Entrevistado en 2002 en las oficinas de *Zeta*, aclaró que las cosas se complicaron cuando Benjamín cambió su estrategia y decidió enviar a su familia a México, primero a Monterrey, a la exclusiva zona de San Pedro Garza García, donde compró dos residencias, una para la suegra y otra para sus hijas.

Pocos meses después del cambio de residencia, el Ejército empezó a seguir los pasos de la familia: se tomaron fotos de la esposa, Norma Ruth, a quien Blancornelas describió como "una mujer muy guapa", así como de las hijas, y se ubicó la escuela donde estudiaban, en la que aparecían registradas como hermanas de la mamá.

El 26 de agosto de 2001—informó el periodista—, la familia salió de Nuevo León, pues se percataron de que eran vigilados por el Ejército, pero Benjamín no aparecía. Decidieron radicar en el Distrito Federal hasta enero del año siguiente. El Ejército siguió sus pasos.

Con base en los datos a los que tuvo acceso, Blancornelas señaló que la esposa de Benjamín compró una casa en Puebla. Se consultó el Registro Público de la Propiedad y se descubrió que la señora entregó su credencial de elector con otro nombre, pero pronto el grupo especial del Ejército obtuvo fotos de la familia… Sin embargo, Benjamín seguía sin aparecer.

El 8 de marzo de 2002, a las 8:00 de la noche, éste llegó a Puebla en un automóvil conducido por un chofer. Provenía del Distrito Federal, lugar donde, según Blancornelas, quizás estuvo un tiempo. "De inmediato el grupo especial tomó fotos, videofilmaron su llegada, revelaron el material, lo identificaron y entraron a la casa a las 10 de la noche".

—¿Es verdad que pretendió corromper a los militares?

—No, quiso sacar la pistola, pero no tuvo tiempo. A la esposa le quitaron 4 millones de dólares.

El entonces director de *Zeta* seguía convencido de que la caída de Benjamín y la muerte de Ramón no acabarían con el negocio, pues la familia Arellano estaba integrada por ocho miembros —seis hombres y dos mujeres—, todos involucrados con el narco.

Durante aquella entrevista, anticipó: "El relevo natural es Eduardo, aunque no hay que descartar a Francisco Javier, el más chico de todos, tiene 33 años, le dicen el Tigrillo y es violento, como Ramón. Es médico cirujano egresado de la Universidad Autónoma de Guadalajara. También hay dos hermanas, Ana María Isabel y Enedina, esta última es licenciada en contaduría y ha participado en la organización de los principales negocios para lavar dólares".

—¿Entonces, no se acaba el cártel?

—Si el director de un periódico se muere o lo despiden, mañana nombran otro y el periódico sigue saliendo. Así ocurre con los cárteles. Y bajo el supuesto de que acabaran con todos los Arellano, van a venir otros y siguen con el negocio, porque hay demanda de droga. Los Arellano tienen 50% de dominio del territorio nacional. Si tú juntas las fuerzas de todos los cárteles, se igualan con los Arellano.

Con Blancornelas coincidió Raúl Ramírez Baena, procurador en turno de Derechos Humanos de Baja California, al afirmar que tanto Ramón como Benjamín "eran sacrificables", por lo que la captura de uno y el asesinato del otro no implicaron un golpe mortal contra el cártel.

Reconoció que la situación entonces ya era preocupante; había temor en la sociedad porque los narcos estaban golpeando mucho a las comunidades fronterizas y a otros estados del país, como Sinaloa y Jalisco.

—¿La detención de Benjamín y la muerte de Ramón permiten que en esta entidad se viva en paz?

—No, al contrario, hay una psicosis tremenda que no acaba con la captura y muerte de estos cabecillas. Esto sugiere la aparición de nuevos líderes igual o peor de violentos. Lo más grave es que el gobierno no continúa las detenciones.

Y en efecto, desde febrero de 2002 aumentó la tensión en Baja California ante el temor de que se desatara una oleada de ejecuciones, como ocurrió en Sinaloa. Por ejemplo, la noche del lunes 11 de marzo de ese año fue ejecutado en pleno centro de Tijuana Rodolfo Carrillo Barragán, litigante vinculado con los hermanos Arellano Félix.

Entre los abogados tijuanenses, quienes el miércoles siguiente se reunieron con el entonces delegado de la PGR, Arturo Guevara Valenzuela, para demandar mayor seguridad, trascendió la versión de que Carrillo sería el defensor de Benjamín, y el jueves 14, en Mazatlán, fue asesinado Abelardo Zataraín Ontiveros, gatillero de Ramón Arellano Félix.

Los cómplices

La protección oficial a favor de los hermanos Arellano Félix fue documentada en 1993 por el Centro Binacional de Derechos Humanos fundado por Víctor Clark Alfaro. En entrevista, Clark Alfaro cuenta que al realizar una investigación sobre la tortura se topó con datos y evidencias sobre cómo durante el gobierno de Ernesto Ruffo, primer gobernador panista del país, la organización de los Arellano Félix compraba credenciales de policía por entre 8 mil y 10 mil dólares. El enlace con los Arellano, afirma, era Sergio Sandoval Ruvalcaba, jefe de escoltas del procurador estatal en turno, Juan Francisco Franco Ríos. Y muestra al reportero un montón de fotocopias de credenciales, todas firmadas por Franco Ríos, en las que aparecen las fotografías de varios sicarios del cártel de Tijuana.

Sin embargo, asegura que meses después se dio cuenta de que la articulación del narcotráfico con el poder iba más allá de las credenciales, y que para los Arellano había todas las facilidades para operar con impunidad en Baja California. Narra que con el apoyo de cuatro informantes logró profundizar la investigación, y que meses después se entrevistó con

Carolina Vela, subprocuradora de la PGR, a petición de Arturo Ochoa Palacios, entonces delegado de la PGR en Baja California.

"Me dijo que, por órdenes del presidente Carlos Salinas y del doctor Jorge Carpizo [entonces procurador general de la República] llevaban dos meses investigando los vínculos del gobierno de Ruffo con el narcotráfico, en particular con el cártel de Tijuana. Que lo único que faltaba para aprehender a varias personas era una denuncia penal, y que tenía interés en hablar con mis informantes". De acuerdo con Clark Alfaro, en la mira de la PGR estaban Claudio Ruffo, hermano del gobernador; el procurador Franco Ríos, y el jefe de escoltas, Sergio Sandoval Ruvalcaba.

—¿Qué pasó después?

—Hablé con los muchachos [los informantes] y los convencí de que presentaran la denuncia, no obstante los riesgos. En una segunda entrevista con la subprocuradora Vela, me comentó que ya tenían una averiguación abierta, que era la 3355/93, integrada con el escándalo de las credenciales, y que sería reforzada con la denuncia de los informantes. Le pedí protección para los muchachos, pero me dijo que no tenía facultades para otorgarla. Entonces le pedí que gestionara una cita con el doctor Jorge Carpizo. Aceptó.

Recuerda que viajó a la Ciudad de México y habló con Carpizo, "quien me dijo que estaban trabajando en esa investigación y que era muy importante la denuncia penal. Durante la charla, el doctor Carpizo escuchaba música clásica y le subió el volumen al aparato de sonido porque tenía temor de que alguien escuchara la conversación. Luego nos despedimos con un abrazo.

"Ese mismo día fui a ver a la licenciada Vela para acordar cuándo venía a Baja California con el grupo especial de agentes para aprehender a Claudio Ruffo y al resto de las personas acusadas. Dos semanas después llegó y le pedimos que la declaración fuera en territorio estadunidense, pero argumentó que se le había olvidado el pasaporte.

"Finalmente, los informantes declararon todo lo que sabían sobre los nexos del procurador, de su jefe de escoltas, de Claudio y de varios agentes con el narcotráfico. Pensé: Esto será devastador, va a caer el gobierno de Ruffo".

—¿De la información que ustedes obtuvieron se acreditó que el gobierno de Ruffo tenía nexos con el cártel?

—No sólo bastaban nuestras investigaciones. Los hechos decían eso. En ese periodo los Arellano Félix cometieron una serie de asesinatos con la mayor impunidad; en una ocasión aprehendieron a uno de los Arellano, el Tigrillo, y después lo dejó ir el comandante Juan Francisco Fiol. Todo se lo declararon los informantes a la subprocuradora de la PGR. Lo peor es que nunca se hizo el operativo para detener a los acusados. Entonces, viajé a México y me entrevisté con el procurador Carpizo, pero ya tenía otra actitud.

—¿Qué le dijo?

—Le dije que estábamos esperando las aprehensiones y que el riesgo aumentaba para los muchachos informantes. Carpizo se levantó, se dirigió al librero, tomó un libro y me dijo: "Entienda, licenciado, éste es un asunto político, es una decisión presidencial, éste es el primer gobierno panista". Le recriminé que había prometido que iban a aprehender a los acusados y que la licenciada Vela había ofrecido regresar a Baja California con un grupo especial de agentes. Me comentó que no me preocupara, que me daba la garantía de que esa averiguación no la conocería nadie. Para garantizar la protección de los informantes, le pedí que los incorporara como agentes de la Policía Judicial Federal. De inmediato habló por teléfono y ordenó su ingreso, sin pasar por la academia.

Meses después, Clark se sorprendió al leer en un periódico parte de la declaración que había rendido uno de los informantes, Rafael López Cruz, quien había dicho que en una ocasión, al acompañar a Claudio Ruffo a una casa de la colonia Juárez, vio cuando el hermano del gobernador sacó una bolsa con un polvo blanco, que era cocaína. En 1997, el informante fue asesinado.

—Ahora que está muerto Ramón y detenido Benjamín Arellano, ¿qué piensa usted de la investigación que ordenó Salinas contra el gobierno de Ruffo?

—Que Salinas quería tener información clave para guardarla bajo la mesa porque el gobierno de Ruffo fue privilegiado durante su sexenio: fue intocado en los asuntos de corrupción e impunidad, pero el presidente tenía un juego perverso y quería tener información de esos vínculos con el narco.

Dice que a principios del sexenio de Ernesto Zedillo, el procurador Antonio Lozano tuvo la urgencia de revivir la investigación.

—¿Cree que el objetivo era aplicar la ley y castigar a las personas acusadas?

—Supuse que Lozano quería golpear a Ruffo sacando esa información con una denuncia ya ratificada y que la querían utilizar como instrumento político.

—¿Qué sabe ahora del destino de la averiguación previa contra Ruffo?

—Nada. Cuando platiqué con Hiram Escudero, uno de los subprocuradores que tenía Lozano, hizo oídos sordos y no hubo respuesta. Me quedó claro que la averiguación fue congelada. En esta administración de Vicente Fox, seguramente la averiguación debe ser un documento de colección en la PGR.

El reportero de *Proceso* buscó a Ernesto Ruffo y su asistente Agustín Rojas le solicitó un cuestionario, se le envió pero no se recibió la respuesta.

(Con información de Arturo Salinas)

La saga del Tigrillo

◆

Jesús Esquivel
Ricardo Ravelo

El arresto de Francisco Javier Arellano Félix, el Tigrillo, efectuado el 14 de agosto de 2006 por autoridades de Estados Unidos, puso en evidencia la desconfianza de la Agencia Federal Antidrogas (DEA, por sus siglas en inglés) en las autoridades judiciales de México, consideran funcionarios de la Procuraduría General de la República (PGR) y agentes antinarcóticos estadunidenses.

Además, dijo a *Proceso* un funcionario de la PGR bajo la condición del anonimato, "al Tigrillo lo agarraron en territorio mexicano y a nosotros nos avisaron que lo tenían en sus manos cuando ya no podíamos verificar si se trató de una operación extraterritorial". Y explicó: "[Los estadunidenses] no confían en nosotros, y nos lo machacaron en la cara con la aprehensión del Tigrillo".

El entonces subprocurador de Justicia de Estados Unidos, Paul McNulty, quien catalogó a Francisco Javier Arellano Félix como uno de los narcotraficantes más importantes del mundo, fue más preciso. Dijo que el operativo conjunto de la DEA y la Guardia Costera en el que cayeron el Tigrillo y otras diez personas se realizó mientras todos ellos pescaban tranquilamente frente a las costas de La Paz, Baja California, a bordo de la *Doc Holliday*, una embarcación con bandera estadunidense.

"La DEA recibió información de que esta nave, *Doc Holliday*, estaba aproximadamente a unas 15 millas náuticas [alrededor de 27 kilómetros] de la costa de La Paz, México", aseguró McNulty en conferencia de prensa. Sin que se le preguntaran los pormenores, el funcionario se puso a la defensiva y aseguró que la intercepción se realizó "en aguas internacionales", lo que generó dudas entre los reporteros.

Suspicacias

—¿El Tigrillo se encontraba en territorio mexicano cuando lo arrestaron?
—se preguntó, vía telefónica, a un agente especial de la DEA asignado al análisis de los operativos antinarcóticos en México.

—Lo que puedo decir es que lo teníamos bien vigilado desde hacía más de un año, desde que nos informaron que le gustaba salir a pescar frente a las costas de La Paz en un barco con bandera de Estados Unidos para que no lo molestaran. Como dicen ustedes en México: desde La Paz estaban cuidando al borreguito. Los pastores nunca pensaron que el lobo llegaría por atrás.

La figura utilizada por el agente federal se funda en la sospecha de la DEA y del Buró Federal de Investigaciones (FBI, por sus siglas en inglés) de que la Policía Federal asignada a Baja California, así como las autoridades locales resguardaban al Tigrillo y a otros líderes de la organización en La Paz para que nadie los perturbara mientras pescaban en aguas territoriales de México.

En los círculos policiacos de México y Estados Unidos se sabía que Francisco Javier Arellano Félix se escondía en San Diego, California, y que bajo la protección de las policías federal, estatal y local bajaba a la península mexicana cuantas veces quería, ya fuera en viaje "de negocios", deportivo (la pesca) o de placer.

Consultados por *Proceso*, funcionarios mexicanos y estadunidenses coincidieron en que la DEA se enteró de que el *Doc Holliday* zarparía de San Diego el 14 de agosto de 2006, con el Tigrillo y dos de sus operadores más importantes —Arturo Villarreal Heredia, el Nalgón, y José Jorge Briseño López, el Cholo—, así como con otras personas, para pescar frente a las costas de La Paz.

El 17 de agosto del mismo año, en San Diego, el titular en turno de la Subprocuraduría de Investigación Especializada en Delincuencia Organizada (SIEDO), José Luis Santiago Vasconcelos, ofreció una conferencia de prensa para hablar sobre el asunto. Flanqueado por autoridades estadunidenses, afirmó que con el arresto del Tigrillo quedó diezmada la organización criminal de los hermanos Arellano Félix.

Para el funcionario de la PGR que habló con *Proceso* todo estuvo "muy raro", pues se preguntó: "¿Quién nos dice que la Guardia Costera no interceptó al *Doc Holliday* cuando estaba en aguas mexicanas y lo empujó hacia aguas internacionales para poder arrestar a los tripulantes?"

Señaló que si hubo o no violación de la soberanía mexicana por parte de los agentes de la DEA y de la Guardia Costera en la detención del Tigrillo fue algo menos importante para el gobierno de Vicente Fox que la aprehensión misma, simplemente porque, dijo, era más poderoso que las agencias federales mexicanas, amén de estar protegido por autoridades locales, estatales, federales y hasta militares, a las que corrompió el cártel de Tijuana con dinero procedente de la venta de drogas.

"La crítica duele, por supuesto, así como el hecho de que los gringos entren y salgan de México para hacer lo que quieren. Pero si vemos las cosas desde otra perspectiva, sin el Tigrillo la organización de los Arellano Félix se quedó tuerta, coja y manca", añadió.

¿Cuál confianza?

El día del anuncio del arresto del Tigrillo, tanto McNulty como Michael Braun, jefe de Operaciones de la DEA, al igual que el vicealmirante Thad Allen, comandante de la Guardia Costera, agradecieron en conferencia "la extraordinaria coordinación y cooperación entre los gobiernos de México y Estados Unidos".

Proceso pidió a Braun detallar qué tipo de cooperación ofreció México a la DEA para detener al Tigrillo y explicar por qué, estando éste a unos cuantos kilómetros de la costa de La Paz no fueron las autoridades mexicanas las encargadas de su captura.

"Confiamos en las autoridades mexicanas [...]. Y puedo decirles que ellas contribuyeron significativamente en esta investigación [de 14 meses de duración, según McNulty] y en cada paso, pero no estoy en libertad para hablar sobre los detalles en este momento. Ciertamente [los detalles] saldrán a la luz en el futuro", respondió el jefe de Operaciones de la DEA.

Bajo la demarcación territorial de México, la frontera marítima nacional termina a 27 kilómetros de sus costas. ¿La DEA y la Guardia Costera esperaron a que el *Doc Holliday* cruzara la línea fronteriza de México y navegara cinco kilómetros dentro de las aguas internacionales para interceptarlo? —se cuestionó al agente del FBI, quien conocía todos los detalles de la investigación que culminó con la captura del Tigrillo.

"Un cuarto de pulgada después del mar de México empieza la tierra de nadie. Lo que vale aquí es que este narcotraficante ya está detenido", expresó. Por su parte, el funcionario de la PGR afirmó que aun cuando el líder del cártel de Tijuana haya sido detenido en aguas internacionales, el que la DEA avisara al gobierno de México un día después de la captura no ayuda a borrar la duda sobre el asunto de la extraterritorialidad. "Si lo agarraron como lo agarraron, sin violencia ni consecuencias catastróficas para México, la verdad, se merecen el ahorro del engorroso proceso de solicitud de extradición, que además no es inmediato y corre el riesgo de no darse nunca", precisó.

Abierto el 8 de julio de 2003 en la Corte Federal del Distrito Sur de California, el encausamiento judicial mediante el cual el gobierno de Estados Unidos acusa de narcotráfico a Francisco Javier, así como a sus hermanos Benjamín, Eduardo y Enedina, constituyó una miscelánea de delitos relacionados con el tráfico de drogas: conspiración para importar y transportar cocaína, mariguana, metanfetaminas y heroína, así como estafa, conspiración para lavar dinero procedente de la venta de drogas, asesinato de 20 personas en México y Estados Unidos, y otros delitos por los cuales podían recibir una sentencia de cadena perpetua.

Otra interrogante que quedó sin respuesta es quién le dio el pitazo a la DEA sobre la ubicación del *Doc Holliday* el 14 de agosto. El gobierno estadunidense ofrecía 5 millones de dólares por información que condujera al arresto del Tigrillo, cantidad similar a la que ofrecía por datos que llevaran a la detención de Eduardo Arellano Félix, aunque Braun sostuviera que "no se le identifica como una persona capaz de liderar la organización de los Arellano Félix en este momento".

La estructura

A pesar de la detención de Francisco Javier y de Benjamín y de la muerte de Ramón Arellano, el cártel de Tijuana se mantenía en operación. Médico de profesión, Eduardo podía ser el relevo natural de la organización. De 1995 a 2006, el cártel perdió más de 100 hombres, entre ellos Benjamín, Ramón y Francisco Javier, quien se dedicaba a conducir al grupo criminal y a viajar.

En México, el cártel de Tijuana, cuya fundación data de los años ochenta, era ya visto por la PGR como una organización desarticulada, aunque tenía presencia en el norte del país, el Distrito Federal y varios estados del sureste. En Perú, Bolivia y Colombia se le veía como el grupo criminal más poderoso de tráfico de drogas y lavado de dinero en esos países.

La alianza que estableció Osiel Cárdenas con Benjamín Arellano dentro del penal federal de máxima seguridad de La Palma permitió al cártel de Tijuana ampliar su presencia, aunque en efectividad seguía imbatible el de Sinaloa, "con el Chapo Guzmán a la cabeza".

A la sazón, Ismael *el Mayo* Zambada era quien pretendía controlar Tijuana y Mexicali. Algunos de sus operadores formaron parte del cártel de Tijuana, lo que permitía a la PGR pensar en una posible alianza entre este narcotraficante y la organización de Tijuana. La PGR estimó que si esa alianza se produjera podría recrudecerse la violencia, pues el Chapo Guzmán codiciaba el territorio principal del cártel de Tijuana.

Francisco Javier: un regalo para la DEA

◆

Ricardo Ravelo

Dos días antes de que la DEA diera a conocer la detención de Francisco Javier Arellano Félix, el Tigrillo, abogados de esa familia promovieron un amparo ante un juez federal de la Ciudad de México para conocer y acreditar el rumor que les había llegado desde Tijuana, Baja California: que habían detenido al Tigrillo. Un miembro del clan sostuvo este diálogo con uno de los abogados:

—Detuvieron a Francisco Javier y se lo acaban de llevar a México —dijo el familiar del Tigrillo.

—¿Dónde fue? ¿Quiénes lo aprehendieron? —preguntó el defensor desde su oficina en Toluca, Estado de México.

—No sabemos, posiblemente esté incomunicado.

Así, el cártel de Tijuana —con todas sus ramificaciones— comenzó a operar la liberación del jefe de esta organización criminal. Mediante el mencionado recurso de amparo, la familia pretendía conocer el paradero del presunto narcotraficante y de las personas que lo acompañaban, quienes supuestamente fueron detenidos en un ejido de Baja California, cerca de Tijuana, y luego traídos a la Ciudad de México en medio de un total hermetismo.

De acuerdo con datos de la solicitud de amparo, cuyos pormenores se detallan en el expediente 838/2006, de los que tuvo conocimiento el semanario *Proceso*, el 12 de agosto el Tigrillo habría sido trasladado de Tijuana a la Ciudad de México con el nombre de Gilberto Canales, para interrogarlo durante algunas horas en las instalaciones de la Subprocuraduría de Investigación Especializada en Delincuencia Organizada (SIEDO).

Según esa misma fuente, el capo también habría estado en el Campo Militar Número 1 hasta que el 14 de agosto de 2006 el gobierno federal decidió entregarlo a la DEA, cuyos agentes le seguían los pasos desde hacía por lo menos un año dentro y fuera del territorio nacional.

Al mismo tiempo que la Procuraduría General de la República (PGR) afinaba todos los detalles con el presunto objetivo de entregar al cabecilla del cártel de Tijuana a las autoridades estadunidenses, los abogados de los Arellano Félix trataban de localizar a su cliente, de quien sólo sabían que estaba incomunicado.

Los litigantes nunca pudieron ubicarlo, a pesar de que el juez octavo de Distrito en Materia de Amparo, José Trujillo Salceda, ordenó su localización inmediata. A través de solicitudes urgentes de información, personal del juzgado federal quiso obtener datos sobre el paradero del Tigrillo. La SIEDO y la Secretaría de la Defensa Nacional (Sedena) negaron tener en su poder a un tal Gilberto Canales.

Ante lo complicado del caso, el juez argumentó que el amparo sólo procedería si los actos reclamados fueran ciertos; es decir, que el Tigrillo estuviera detenido en la SIEDO o en alguna instalación militar. Pero nunca aparecieron los registros de su ingreso. Los abogados argumentaron que pudieron ser borrados o simplemente no lo anotaron.

La aprehensión del jefe del cártel de Tijuana estuvo envuelta en el misterio, que se acrecentó debido a las contradicciones y a la falta de información por parte de la PGR. Los abogados sospechaban que esa dependencia detuvo a Francisco Javier Arellano Félix y lo había entregado a la DEA.

En opinión de los litigantes, había evidencias de que los propios agentes estadunidenses —a quienes en el sexenio foxista se les otorgaron mayores libertades para actuar en territorio nacional— realizaron una maniobra similar a la que en 1990 culminó con la detención o supuesto secuestro de Humberto Álvarez Machaín, implicado en la tortura y muerte de Enrique *Kiki* Camarena, el agente de la DEA asesinado en Michoacán a finales de los ochenta (*Proceso* 703).

El joven capo

Heredero del emporio criminal fundado por Ramón, Benjamín y Francisco Rafael Arellano Félix con el impulso de Miguel Ángel Félix Gallardo —"el jefe de jefes" del narcotráfico— y Jesús Labra Avilés, el Chuy —uno de los más eficaces y discretos lavadores de dinero del cártel—, el Tigrillo alcanzó el poder en la empresa criminal sin proponérselo: no tenía liderazgo ni las características de un gran capo. El joven Francisco Javier solía pasar más tiempo en viajes de placer que al frente del cártel; sin embargo, apellidarse Arellano Félix era suficiente para ser visto y tratado con deferencia.

Miembro de la numerosa familia sinaloense afincada en Tijuana, Francisco Javier continuó el negocio del narcotráfico apegado a una vieja regla: tener a su disposición gente inteligente y capaz en el trasiego de droga, en los cobros de cuentas y en la eliminación de rivales.

No le faltaron gatilleros. Eso explicaba su cercanía con Arturo Villarreal Heredia, el Nalgón —cuyas conexiones en Sudamérica eran amplias—, y con Marco Fernández, la Cotorra. Ambos lo acompañaban el 14 de agosto de 2006 cuando, según la DEA, fue detenido a bordo del yate *Doc Holliday* en aguas internacionales (a 15 millas náuticas o 27 kilómetros de La Paz, Baja California Sur).

Según la DEA, el Tigrillo estaba pescando en altamar, donde al mismo tiempo realizaba negociaciones relacionadas con el tráfico de drogas. La agencia estadunidense sostuvo que el día de su captura Francisco Javier Arellano estaba acompañado de sus principales lugartenientes, otro grupo de diez personas y dos menores de edad (su hijo y su sobrino).

Pero en el amparo interpuesto por los abogados de la familia se aseguró que el Tigrillo fue aprehendido en un ejido cercano a Tijuana —su principal feudo— y luego trasladado a la Ciudad de México para ser sometido a un amplio interrogatorio, presuntamente antes de ser entregado a la DEA, en una operación similar —aunque menos aparatosa— a la efectuada en enero de 1996, con motivo de la captura y deportación de Juan García Ábrego.

Un dato que reforzó la versión de que el Tigrillo fue traído a la Ciudad de México: Gilberto Álvarez y Fernando Ornelas (hijo éste de Francisco Javier Arellano), de diez y cinco años de edad, respectivamente, fueron internados en un sitio ubicado en las calles de Zapata y Xochicalco.

Luego, ambos menores fueron trasladados con sigilo a un albergue del DIF localizado en la colonia Doctores del DF. Según datos obtenidos por *Proceso*, llegaron a este lugar horas después de la supuesta detención y traslado de Francisco Javier Arellano al Distrito Federal.

De acuerdo con una fuente de la PGR, el 14 de agosto "hubo un fuerte movimiento en el Aeropuerto Internacional de la Ciudad de México. Presuntamente fue entregado el Tigrillo, y a eso obedecía el dispositivo de seguridad". Ante las respuestas de las autoridades, que negaban tener en su poder a Francisco Javier Arellano, los abogados se dieron a la tarea de rescatar a los dos menores. El sigiloso ingreso de estos al albergue del DIF, operado por la PGR, robusteció las sospechas de que el Tigrillo había estado en el Distrito Federal antes de que la DEA anunciara su captura como una de las operaciones más contundentes contra el narcotráfico y, en particular, contra el cártel de Tijuana.

Por su parte, Michael Braun, jefe de Operaciones en turno de la DEA, explicó el significado del arresto: "Hemos arrancado la cabeza de la serpiente. Esto no quiere decir que no haya uno o más miembros en el cártel que sean capaces de tomar [el] control y [seguir] sus operaciones, pero eso está por verse".

Retractación

El 18 de agosto de 2006, aproximadamente a las tres de la tarde, Guillermina Canales Dávila, abuela de uno de los niños, llegó a la Ciudad de México. Después de que acreditó la patria potestad de los infantes, las autoridades federales se los entregaron. Este hecho, referido después por el entonces procurador Daniel Cabeza de Vaca, sólo aumentó las sospechas de que Francisco Javier Arellano fue detenido en México.

A su vez, el procurador general de Justicia del Distrito Federal en 2006, Bernardo Bátiz, manifestó su extrañeza por la actuación de la PGR, pues los menores fueron internados en el DIF sin dar aviso a la procuraduría capitalina, lo cual —sostuvo— ameritaba una explicación de la dependencia federal.

La confusión acerca del arresto aumentó con las declaraciones del titular en funciones de la Secretaría de Seguridad Pública de Baja California Sur, Adán Enrique Ruffo Velarde, quien el 17 de agosto de ese año aseguró que Arellano Félix fue detenido en territorio tijuanense.

Expresó: "Elementos de la agencia antidrogas estadunidense incursionaron por sorpresa en territorio mexicano, sin avisar a las autoridades locales, para detener al narcotraficante, posiblemente en Mulegé o Loreto, de donde lo sacaron para llevarlo a Estados Unidos".

En ningún momento, agregó, las autoridades sudcalifornianas tuvieron conocimiento del operativo de la DEA en el estado, y aunque deberían haber informado, "no lo hicieron; fue una incursión muy asegurada". La delegación de la PGR en Baja California Sur, así como la Procuraduría General de Justicia estatal, admitieron que no se les tomó en cuenta y no tenían conocimiento de los detalles. "Lo único que sé es lo que han publicado los medios de comunicación", explicó el entonces procurador de justicia estatal, Francisco Javier González Rubio, mientras que el departamento de Comunicación Social de la PGR en Baja California Sur negó tener información al respecto.

La SIEDO llamó a Ruffo Velarde para que informara en qué basaba sus afirmaciones ante los medios. Tras un interrogatorio de varias horas, el funcionario manifestó que "nunca hizo tales declaraciones" y que la prensa alteró su dicho. Según investigaciones realizadas por la subprocuraduría, el Tigrillo contaba con la protección de la Policía Municipal de Tijuana.

En medio del escándalo que puso en evidencia lo que se ha calificado como "entreguismo" de la PGR al gobierno de Estados Unidos, el procurador Daniel Cabeza de Vaca explicó que fue la DEA la que entregó a los menores a la PGR, tras la aprehensión de Francisco Javier. Eso explica —añadió el funcionario— por qué fueron trasladados al Distrito Federal y puestos bajo la custodia del DIF.

—¿Qué suponen ustedes que pasó? —se preguntó a uno de los defensores de la familia Arellano Félix.

—Que los trajeron a la Ciudad de México con Francisco Javier y luego tuvieron que ponerlos bajo la custodia del DIF, ante un hecho que suponemos es real: que nuestro cliente fue entregado a la DEA.

La hidra de Tijuana

◆

Ricardo Ravelo

El 14 de agosto de 2006, Michael Braun, jefe de Operaciones en turno de la Drug Enforcement Administration (DEA), anunció "el descabezamiento" del cártel de Tijuana y festejó con siete palabras la captura de Francisco Javier Arellano Félix, el Tigrillo. "Hemos arrancado la cabeza de la serpiente", expresó en medio del júbilo bilateral en el que se fundieron altos funcionarios de la Procuraduría General de la República (PGR) y de la DEA tras la aprehensión de quien era considerado el líder del cártel más poderoso y violento de México.

Sin embargo, el 4 de marzo de 2008, es decir, 19 meses después de la detención del Tigrillo, un juez estadunidense le suturó una nueva cabeza a "la serpiente" del cártel de Tijuana al poner en libertad a Francisco Rafael Arellano Félix, el mayor de los hermanos, quien fue regresado a México sin ninguna causa penal en su contra, a pesar de que apenas en abril de 2007 había sido extraditado a Estados Unidos bajo los cargos de posesión de cocaína y asociación delictuosa.

Esta liberación —que puso en entredicho los sistemas de justicia de México y Estados Unidos— se concedió en medio de la guerra que libra Felipe Calderón contra el narcotráfico y que a principios de 2008 había costado ya cerca de tres mil ejecuciones. Con su nuevo jefe, el cártel de Tijuana inició así su etapa de rearticulación cuando parecía agonizar tras la muerte o captura de unos 600 integrantes (operadores y gatilleros) del mismo, incluyendo el asesinato de Ramón y la detención de Benjamín y Francisco Javier.

Según informes de la DEA y reportes de la PGR, a pesar de la caída de esos tres personajes —considerados en su momento como los más violentos y sanguinarios del grupo—, el cártel de Tijuana mantuvo actividades dentro y fuera de su feudo, bajo el control de la contadora pública Enedina Arellano Félix (según la PGR) y con la participación del menor de los hermanos, el médico Eduardo.

Al respecto, la PGR y la DEA se contradijeron: la primera sostenía la tesis de que Eduardo tenía dotes de líder y le atribuía capacidad para recomponer al cártel, mientras la segunda daba como un hecho el exterminio de la organización con la captura del Tigrillo. Inclusive, un análisis psicológico difundido en Washington por Michael Braun caracterizaba a Eduardo como "un tipo gris y sin luz propia".

Un largo litigio

A principios de los años ochenta, Francisco Rafael Arellano Félix y sus hermanos Benjamín y Ramón comenzaron a colocar los cimientos de la organización que, en su etapa de esplendor (1982-2004), fue considerada la más poderosa y violenta, con una estructura horizontal (y no piramidal, como el resto de los cárteles competidores) que seguía el diseño narcoempresarial puesto de moda en los años setenta por el líder del cártel del Pacífico, Miguel Ángel Félix Gallardo.

Su enorme poder y capacidad de fuego fueron evidentes desde el arranque de su vida criminal. Con sus escándalos callejeros y las balaceras que protagonizaban en discotecas y bares lujosos de Tijuana y Culiacán (los Arellano Félix son oriundos de Sinaloa), pronto saltaron a la fama como un grupo de vándalos que cruzaban cargamentos de mariguana hacia Estados Unidos. En aquella época les llamaban Los Narcojúniors.

El grupo, que gozaba de una férrea protección policiaca, asesinaba, secuestraba y movía cuantiosos cargamentos de droga sin que nadie lo molestara. Después, ante su fulgurante ascenso económico, enfrentó la necesidad de invertir sus ganancias, y entonces apareció la figura de Jesús Labra Avilés, el Chuy Labra, tío de los Arellano.

De acuerdo con expedientes históricos de la PGR —gracias a los cuales pudo ser capturado Labra Avilés en 2000—, éste se había convertido en el principal consejero y estratega de sus sobrinos para "lavar" las ganancias del narcotráfico, las cuales invertían, según las investigaciones iniciales, en bienes raíces y en casas de cambio.

El éxito financiero del cártel de Tijuana llegó a tal punto que tejió toda una red de lavado de dinero en Perú, de acuerdo con informes de las autoridades peruanas, e inclusive trabó relaciones con las Fuerzas Armadas Revolucionarias de Colombia (FARC).

Pero para entonces la buena estrella de Francisco Rafael Arellano ya tenía tiempo de haberse extinguido: en 1980 cruzó a Estados Unidos, como lo hacía habitualmente, para entregar alrededor de 250 gramos de cocaína a un consumidor que resultó ser un agente encubierto de la DEA. Su nombre: Ramón Torresillos Rendón. Al poner en las manos del comprador la bolsa con el polvo blanco, éste le entregó el pago correspondiente, y cuando Arellano contaba el dinero fue arrestado.

Ante la Corte Federal del Sur de California, que integró la causa 80cr0561k, Francisco Rafael narró así el momento de su captura: "Fui miembro de una organización para distribuir cocaína en 1980 y que negoció la venta a un individuo que en realidad era agente encubierto de la DEA […]. Fui uno de los cuatro individuos que entregó nueve onzas de cocaína. Yo mismo recogí el pago por la droga, y cuando estaba contando el dinero unos agentes me comunicaron que estaba bajo arresto".

Francisco Rafael estuvo entonces preso en Estados Unidos sólo del 7 de agosto al 12 de septiembre de 1980, cuando salió libre bajo fianza. Pero cometió un error: decidió no agotar el juicio y regresar a México, donde continuó en las andanzas del resto de sus hermanos.

Siempre discreto —aunque no por ello pacífico— y admirador del ex boxeador Julio César Chávez —con quien sus hermanos solían convivir y festejar sus triunfos—, Francisco Rafael Arellano siguió disfrutando de la impunidad y de su riqueza en la época en que la mayoría de los grupos de narcotraficantes estaban unidos. En Tijuana y Culiacán son ampliamente conocidos los convivios que los hermanos Arellano solían tener con Ismael el *Mayo* Zambada y Joaquín el *Chapo* Guzmán, entre otras celebridades.

"Todos convivían como una familia", dijo una fuente allegada al cártel de Tijuana que fue testigo de aquellos "días felices", cuando "el pastel se repartía en partes iguales y todos obtenían jugosas ganancias". Pero de pronto sobrevino la guerra: los Arellano Félix echaron de Baja California al Chapo "y le arrebataron el territorio [Mexicali] que le había heredado Félix Gallardo", el anterior capo de capos.

El cártel vivía tiempos de esplendor cuando, en 1993, Francisco Rafael fue capturado bajo los cargos de posesión de armas y cohecho. Por estos delitos fue sentenciado a 11 años y tres meses de prisión. (En México nunca fue acusado de narcotráfico.)

El festejo de la extradición

Durante su encarcelamiento, Francisco Rafael Arellano Félix vivió un infierno. Desde el interior del penal de Almoloya —renombrado luego como El Altiplano—, vio cómo se derrumbó su imperio criminal con el asesinato de su hermano Ramón, quien en un arranque se enfundó una pistola y abordó un Volkswagen sedán con un firme propósito: viajar a Mazatlán para matar a Ismael Zambada García, el Mayo. "Me lo voy a quemar", dijo a sus hermanos, a quienes les exigió la parte de dinero que según él le pertenecía y, tras un acuerdo, entregó su fortuna a su esposa, quien se marchó con sus hijos a Estados Unidos.

Ramón llegó a Mazatlán en pleno carnaval. El 10 de febrero de 2002, cuando iba al encuentro del Mayo, se desató una balacera y un policía asestó un tiro a una persona desconocida. Al revisar el cuerpo, las autoridades hallaron un documento que identificaba al muerto como Jorge Pérez López. Pero la PGR y la DEA confirmaron, horas después, que se trataba de Ramón Arellano Félix.

La tragedia de los Arellano no terminó ahí: poco después cayó prisionero Benjamín, quien fue recluido en La Palma. En ese tiempo, Francisco Rafael libraba todavía una ardua batalla legal a la que buscaba poner fin mediante sus relaciones políticas. Y es que Francisco Rafael pudo haber sido liberado en México desde marzo de 2000, ya que en esa fecha la Secretaría de Gobernación elaboró un proyecto para otorgarle su preliberación debido a su buena conducta y a su participación en tareas educativas y otras labores dentro del penal. Por aquellas fechas, el titular de la Dirección de Prevención y Readaptación Social era Miguel Ángel Yunes Linares.

De acuerdo con lo publicado por el diario *Reforma* el 24 de mayo de 2002, la Comisión Dictaminadora de la Dirección de Prevención y Readaptación Social, en una sesión efectuada el 3 de marzo de 2000, analizó la valoración jurídico-criminológica de Rafael Arellano y emitió una conclusión contundente: que el proceso de readaptación [de Rafael] "ha sido favorable y […] es oportuna su incorporación a la sociedad".

Aunque nunca se firmó, el dictamen fue reforzado con otros elementos que catalogaban positivamente a Rafael: "Para otorgarle este beneficio, se tomó en consideración su buena conducta y participación en tareas educativas y laborales y, como lo indica el Consejo Técnico Interdisciplinario del Cefereso, en la opinión positiva que consta en el oficio 310 del 2000".

Mediante sus defensores, Rafael Arellano promovió un amparo ante un juez federal, pero le fue negado. Así, la batalla legal continuó seis años más hasta que, en septiembre de 2007, fue absuelto de los delitos de posesión de armas y cohecho, lo que puso en evidencia —otra vez— las fallas de la PGR en la integración de las averiguaciones previas con las que consignaron al primogénito de la familia Arellano Félix.

Derrotada la PGR en los tribunales y exhibidas sus inconsistencias legales, Rafael se preparaba así para abandonar el penal de La Palma. Sin embargo, desde febrero de 2004 el gobierno de Estados Unidos había solicitado su extradición por un delito cometido en 1980 y, horas antes de salir de la cárcel, le fue notificada una nueva orden de aprehensión, esta vez con fines de extradición.

El trámite de extradición se inició ante la PGR cuando el titular del área jurídica e internacional era Alejandro Ramos Flores. Por medio del oficio

ASJ-4566 del 26 de febrero de 2004, la Secretaría de Relaciones Exteriores hizo del conocimiento de la PGR que el gobierno de Estados Unidos requería la extradición de Francisco Rafael Arellano Félix.

El gobierno estadunidense, a través de Jerry K. Mitchell, ministro consejero de la embajada de Estados Unidos en México, entregó a la cancillería (y a la PGR) la nota diplomática 175, en la que ese país se comprometía a no imponer a Rafael Arellano Félix "la sanción de pena de muerte ni cadena perpetua" en caso de ser extraditado.

El oficio CJA1/094 retrata a Rafael como un sujeto sumamente peligroso, a diferencia de lo que consideraba la Secretaría de Gobernación en el proyecto de preliberación de marzo de 2000. El gobierno de Estados Unidos lo requería "para ser procesado por delitos federales contra la salud. El reclamado está sujeto al proceso 80CR561-K de fecha 13 de agosto de 1980".

Los delitos: asociación delictuosa y posesión de cocaína con la intención de distribuirla. Según la nota diplomática 174, el 12 de septiembre de 1980 Francisco Rafael cubrió una fianza y se le notificó que su juicio quedaba programado para el 8 de octubre, pero el procesado no compareció, por lo que se giró en su contra una orden de aprehensión. Así, tras ser absuelto en México de todos sus cargos, el mayor del clan Arellano fue extraditado a Estados Unidos el 17 de septiembre de 2006. Un mes antes promovió un amparo contra la inminente extradición, el cual le fue negado por la Suprema Corte de Justicia de la Nación.

Tras ese fallo, tanto la PGR como el entonces embajador de Estados Unidos en México, Tony Garza, festejaron la extradición de quien era considerado "el capo mayor" de los Arellano Félix. "Soy el primero en señalar ejemplos en los que se puede hacer mucho más [...]. Esta extradición es otro paso significativo en el camino de la cooperación entre Estados Unidos y México respecto a la continua batalla contra las drogas y la violencia", dijo Garza, quien meses atrás también había celebrado con un brindis la extradición de una veintena de capos, ordenada por el presidente Felipe Calderón en enero de 2007, a pesar de que muchos de ellos (Osiel Cárdenas; Ismael Higuera, el Mayel, entre otros) aún compurgaban sentencias en México.

Pero Rafael Arellano Félix volvió a salirse con la suya. Mediante un arduo litigio, librado en la Corte Federal del Sur de California, sus abogados vaticinaron: "Pronto estará en libertad". Y cumplieron, pues Rafael sólo estuvo preso seis meses en Estados Unidos y salió libre por una reducción de pena y debido a que el delito de 1980 había prescrito. Según el abogado mexicano Américo Delgado de la Peña, defensor de Rafael Arellano Félix, la extradición de su cliente no procedía, y a pesar de ello, dijo, se "aventaron el tiro" de enviarlo a Estados Unidos.

—¿Por qué no procedía la extradición? —se preguntó al veterano defensor.

—De conformidad con la Ley de Extradición, no procede el envío de una persona cuando está prescrita la acción, ya que en el caso los hechos sucedieron en el año de 1980, pero la Suprema Corte resolvió, a mi juicio, con cálculos equivocados.

"Ante el tribunal estadunidense, el señor Arellano se declaró culpable de haber participado en la operación de venta menor [de cocaína], exclusivamente. No se le pudo juzgar por el desacato a las obligaciones de la fianza por virtud de que este hecho no fue materia del juicio de extradición".

Así, el cártel de Tijuana —considerado por la DEA como "una serpiente sin cabeza" tras la captura de Francisco Javier, el Tigrillo— volvía a tener en Francisco Rafael un líder potencial.

El Señor de los Cielos

El escurridizo

◆

Alejandro Gutiérrez
Ignacio Ramírez

Carlos Humberto Castro y Aurora Carrillo Fuentes cumplían dos años de novios cuando él la pidió en matrimonio, pero no fue sino hasta diciembre de 1996, seis años después, cuando ella decidió vestirse de blanco. Empezaron entonces los preparativos para el casamiento de la hermana del Señor de los Cielos, Amado Carrillo Fuentes, quien había hecho crecer al cártel de Juárez hasta convertirlo en el objeto del combate más radical de las autoridades mexicanas y estadunidenses.

Como es costumbre en los poblados y rancherías de Sinaloa, fueron pocas las invitaciones oficiales, porque la gente se invita por sí sola. En total eran, el domingo 5 de enero de 1997, más de mil los asistentes a la boda en la finca Santa Aurora de la localidad sinaloense de Guamuchilito, perteneciente a la sindicatura de Villa Ángel Flores, municipio de Navolato, a 32 kilómetros de Culiacán, la capital del estado.

En la víspera, dos vacas y dos cerdos fueron sacrificados para la "barbacoa mixta", y se prepararon "frijoles puercos", además de disponer de 200 cajas de refresco, cerveza, brandy y whisky. Cuatro pasteles componían el postre. Desde muy temprano, empezaron a llegar los invitados para estar presentes en las ceremonias civil y religiosa. La finca Aurora —"Dios bendiga este hogar", se leía en su pórtico— era un amplio conjunto de construcciones de un piso, recubiertas con tejas, asentadas en 20 mil metros cuadrados —con barda y malla de protección—, cuya casa principal estaba decorada con muebles estilo Luis XV, además de que uno de sus rincones mostraba cabezas de venados y de cabras, así como gallos de pelea disecados.

La finca disponía de un helipuerto, una capilla familiar, una bodega y corrales, donde hubo venados, faisanes y cerdos sementales. A un costado, un patio techado fue acondicionado con mesas y sillas para la fiesta. Al atardecer empezaron a llegar los músicos que por la noche amenizarían el baile: Los Nuevos Cadetes de Linares, Parranderos de Chihuahua, Hermanos Cota, Banda Hermanos Romero, Banda Santa Rosa, Banda Mocorito y los integrantes del grupo Tamazula. Todo estaba listo para recibir al invitado de honor: Amado Carrillo Fuentes. Según algunas versiones, fue visto un día antes en la iglesia de Navolato, aunque su familia lo negaba. Otros decían que se encontraba por allí y unos más que estaba por llegar.

Apenas servida la cena, con una sopa fría a base de mayonesa, entraron intempestivamente, por todos lados, los guachos —como llaman a los soldados—, en punto de la medianoche, acompañados de policías judiciales y civiles, y de un agente del Ministerio Público. A punta de metralleta y al grito de "¡Nadie se mueva o se mueren aquí!", según relato de los testigos, arrearon con todo. "Ni *chance* hubo de que los novios bailaran la *Tanda húngara*, que es el vals tradicional en nuestras bodas", recordaban los invitados.

El ascenso del Señor de los Cielos

La señora Aurora Fuentes tuvo 14 hijos —ocho hombres y seis mujeres—, el mayor de los cuales era Amado, quien nació el 17 de diciembre de 1956. Robusta, de anteojos, refirió: "Todos nacieron aquí en esta finca. Nunca fui a una clínica: yo sola, o con ayuda de una partera, mis alumbramientos fueron normales".

Según contó, su familia de campesinos y la de su esposo habían sido muy pobres. "Esta finca no la hicimos ayer, sino poco a poquito, en el transcurso de los años, con el favor de Dios. Ahora soy ganadera, tengo más de 100 vacas de ordeña y algunas parcelas donde siembro frijol, zacate, sorgo y alfalfa, con la ayuda de 12 trabajadores. Trabajo día y noche para el sustento de mi casa y de mis hijos".

—¿Cómo recuerda a su hijo Amado?

—Era un niño muy amoroso y muy bueno conmigo y con todo el mundo. Como todos aquí somos muy católicos, iba a misa. Ahora de grande no sé. De chico apenas estudió la primaria. Era muy juguetón con todos sus compañeros. Luego se dedicó a ordeñar vacas, a sembrar frijol, maíz, trigo y legumbres. Le gustaba el futbol, y un día le quebraron un brazo.

"Cuando tenía 15 años le pegó la fiebre de malta y lo iban a operar de la cabeza; así duró dos meses, pero lo curaron en el Seguro Social. Como aquí no había nada de nada, me acuerdo que íbamos a Navolato a pie o a caballo para comprar el mandado. Se fue a estudiar a México, la ciudad. Quería ser licenciado. Es un hombre muy caritativo; si tiene su camisa puesta y otro la necesita, la da. Después supe que se casó y conozco a su mujer, para qué lo voy a negar; ella ha venido alguna que otra vez, muy a lo largo. Ahora él está dedicado a la agricultura y a la ganadería".

Con el nombre falso de Juan Carlos Barrón Ortiz, Amado Carrillo Fuentes —sobrino de Ernesto Fonseca Carrillo, alias don Neto, del cártel de

Guadalajara, en prisión— fue detenido el 29 de agosto de 1989 en su casa de la capital de Jalisco. En su declaración dijo dedicarse a la ganadería en sus ranchos El Jagüey, en Villahumada, y El Suspiro, en Ojinaga, Chihuahua, y haber introducido mariguana a Estados Unidos. Fue encarcelado en el Reclusorio Preventivo Oriente de la Ciudad de México, pero a las pocas semanas quedó libre, pese a que se le acusaba de delitos contra la salud y acopio de armas.

Amado Carrillo se casó con Sonia Barragán Ortiz, oriunda de Zacatecas, con quien procreó seis hijos. Ella lo acompañaba el 24 de noviembre de 1993 en el restaurante Bali-Hai, de la avenida Insurgentes Sur, en la Ciudad de México, cuando fue objeto de un atentado presumiblemente cometido por miembros de la banda de los hermanos Arellano Félix. Murieron cinco personas y él logró salvar la vida.

Con la detención y deportación de Juan García Ábrego, jefe del cártel del Golfo, Amado Carrillo Fuentes, ya conocido como el Señor de los Cielos, pasó a ser el capo número uno del narcotráfico en México. "Yo había ido a Culiacán para ver a un enfermo internado en una clínica —relató la señora Aurora Fuentes— cuando me enteré por la televisión de la agresión. No sabía a ciencia cierta de quién se trataba, porque no mencionaban nombres. Hasta una semana después supe que se trataba de mi hijo, a quien le decían el Señor de los Cielos, no sé por qué".

—¿No lo extraña usted?

—Pues sí lo extraño, pero me aguanto, sabiendo que está bien.

El escurridizo

Carrillo Fuentes tenía una gran habilidad para eludir las acciones policiacas destinadas a detenerlo, lo cual lograba en gran medida gracias a que contaba con una extensa infraestructura de rutas aéreas; de ahí su apodo el Señor de los Cielos, dijo el ex comisionado del Instituto Nacional para el Combate de las Drogas (INCD), Francisco Molina Ruiz, entrevistado en Ciudad Juárez.

Explicó que en pequeñas avionetas Carrillo Fuentes se trasladaba a pistas clandestinas, ubicadas en ranchos de sus socios o suyos, para evadir los sistemas de radar. Regularmente volaba a menos de 1,500 pies de altura. Cuando viajaba desde algún aeropuerto o pista con registro oficial, sus pilotos regularmente notificaban un plan de vuelo que luego modificaban, dijo el ex funcionario.

Molina consideró que ésa fue la forma como Carrillo pudo haber evadido el cerco policiaco y militar que se le tendió cuando supuestamente asistió a la boda de su hermana. "Es impresionante la red de rutas que tiene: ranchos, pistas en descampado y aeropuertos; sólo de Parral a Arizona, con cinco personas de Chihuahua, maneja alrededor de 25 avionetas", aseguró.

Recordó que durante los diez meses que permaneció en el INCD, elementos bajo su responsabilidad realizaron operativos similares al que pusieron en marcha la PGR y el Ejército Mexicano para aprehenderlo, y tampoco tuvieron éxito. "Es un tipo resbaladizo; es un sujeto inteligente, porque es precavido en sus movimientos; maneja una red de contraespionaje que le permite movilizarse con seguridad; para el narcotraficante, lo más importante es su seguridad. Nosotros supimos de fiestas donde presuntamente iba a estar presente y a final de cuentas no llegaba. Nos sucedió lo mismo que pasó en Navolato".

Las acusaciones

En julio de 1996, al abrirse un juicio contra Amado Carrillo, en un juzgado federal de El Paso, Texas, la agente de la DEA, Barbara Taylor, declaró en el estrado: "En el aeropuerto de Ciudad Juárez, Amado Carrillo es recibido por un numeroso grupo de agentes federales que cubren su desplazamiento por la ciudad; es tal el cordón de seguridad, que es muy difícil siquiera poder tomarle fotografías". La policía señaló entre los protectores al comandante Héctor Mario Varela.

El 2 de julio de ese mismo año, el FBI mostró una fotografía de Amado Carrillo, de su hermano Vicente y de Óscar Normando Barraza, miembros de su organización, y anunció que había girado órdenes de aprehensión contra los tres por el delito de conspiración. Al Cruz, vocero del FBI, mostró la fotografía de un Amado Carrillo más robusto, muy diferente al que se observa en las fotografías más conocidas, que se le tomaron en 1989, en Guadalajara, cuando fue detenido.

En esa imagen, obtenida de un video que se filmó en diciembre de 1995, Carrillo se veía sonriente, con un peso aproximado de 90 kilogramos, bigote y camisa vaquera, chamarra café y un sombrero texano. Para evadirse, utilizaba 46 alias, según el FBI, con diferentes combinaciones y leves modificaciones de su nombre y apellidos. Además, usaba los siguientes: Juan Carlos Barrón, el Cuatro, Zero Cuatro, AC, Cuatro, Zero Four, Cerco Cuatro, Alonzo Acevedo, don Carrillo, don Amado, Almado, Amando, Armanda, Armando y el Señor.

El FBI afirmaba que el narcotraficante manejaba dos fechas de nacimiento: el 17 de diciembre de 1954, y el mismo día y mes pero de 1955. Según su madre, nació en 1956. Medía 1.90, tenía el cabello café y los ojos café "amielados". El 26 de junio de 1996, el vocero del FBI en El Paso informó que después de una investigación de dos años en Estados Unidos se decomisaron tres toneladas de cocaína y 12 de mariguana, además de que se realizaron 41 arrestos. La droga, dijo, era transportada desde Colombia hasta México; internada a través de Juárez-El Paso, llegaba hasta Nueva York, Los Ángeles, Houston y Canadá. Todos los detenidos declararon que el cargamento pertenecía a la organización de Amado Carrillo y, en menor escala, al cártel del Golfo.

El 11 de julio de 1996, en Ciudad Juárez, después de una reunión entre funcionarios mexicanos con el general Barry McCaffrey, jefe de la Oficina de la Casa Blanca para Políticas Antidrogas, el entonces subprocurador Rafael Estrada Sámano confirmó que Estados Unidos había formulado una petición de detención para efectos de extradición de Carrillo. Esta petición tuvo su origen en un juicio que se abrió en su contra el 11 de octubre de 1988, por delitos contra la salud y conspiración, radicado en el Juzgado de la Corte del Distrito Sur de Florida (Dale), bajo el expediente 88-685-SR-Marcus.

Al respecto, Robert Gelbard, ex subsecretario de Estado para Asuntos Latinoamericanos, declaró a *Proceso* que "es de una gran importancia para México y para Estados Unidos la extradición de Carrillo". El Centro de Inteligencia de El Paso (EPIC, por sus siglas en inglés), dependiente de la DEA, dio a conocer en agosto de 1995 que Amado Carrillo tenía dos procesos pendientes en Miami, uno en Dallas, Texas, y otros dos en Los Ángeles y en El Paso.

El personal del EPIC lo consideraba entonces el narcotraficante libre más importante de México, y señalaba que se movía regularmente entre México, Cuernavaca, Guadalajara, Cancún, Nogales y Juárez. Solía hacer el cierre de sus negocios en Cuernavaca. Un informe de la PGR sostuvo que al capo se le aseguraron entonces "nuevos tipos de aviones", caracterizados "por una mayor capacidad de carga, mayor velocidad de crucero y autonomía de vuelo".

Agregó que los aviones llegaban a los estados del sureste, como Quintana Roo y Chiapas, y se registraron incursiones sin plan de vuelo en Zacatecas, Sonora, Baja California Sur y Baja California. En Ciudad Juárez, al igual que en Ojinaga (donde agentes de la PGR lo buscaron), Coahuila y Sonora, el narcotraficante tenía residencias en sectores exclusivos, como Rincón de San Marcos, Campestre y Misión de los Lagos.

El tirano

Francisco Molina, en una entrevista ofrecida días antes de su destitución, declaró a la agencia Apro: "Si se pudiera comparar la forma de operar de

Carrillo con un gobierno, sería una tiranía, porque no permite que su gente trafique un solo gramo que no sea de él". Luego Molina comentó: "Cuando fui procurador en Chihuahua llegué a escuchar opiniones que me decían que Amado Carrillo no era narcotraficante, sino que sólo vendía seguridad, pero en el INCD comprobé que realiza ambas cosas".

Explicó que Amado era el heredero de Rafael Aguilar Guajardo en el cártel de Juárez y que en el reacomodo después de la muerte de Aguilar, "además del enorme aparato delictivo de Carrillo", seguían operando "diversas bandas pequeñas, como la de los Flecha, los Piña y gatilleros que se contratan con cualquiera, como Los Terremoto. No obstante —precisó—, esas bandas, que se manejan como una asociación de sindicatos, trabajan bajo la sombra de Carrillo, quien les permite trabajar y les da protección, pero él es primero en el negocio, y su opinión tiene supremacía en las decisiones".

Hombre inteligente, respetado y querido...

◆

Alejandro Gutiérrez

D espués de la detención y deportación de Juan García Ábrego en enero de 1996, se consideraba que el principal narcotraficante del país era Amado Carrillo Fuentes, el Señor de los Cielos, jefe del cártel de Ciudad Juárez.

En entrevista con *Proceso*, Arturo Chávez Chávez, delegado de la Procuraduría General de la República (PGR) en Chihuahua, en ese año, afirmó que mediante la Policía Judicial Federal (PJF), integrada en dicho estado por 120 ex militares bajo el mando del ex teniente coronel Sócrates Herrera, los narcotraficantes empezaron a huir "como chapulines saltando de una olla". Explicó que "con el plan piloto [para militarizar la dependencia] vamos a erradicar el narcotráfico en la entidad. Vamos a atacar en todos los niveles a estos delincuentes, hasta los más altos, póngale el nombre que usted quiera".

Amado Carrillo —según la DEA y el FBI— introducía a Estados Unidos semanalmente 30 toneladas de cocaína y lavaba 200 millones de dólares a través de Ciudad Juárez. Al dar estos datos, John Navarrete, jefe en turno de la oficina del FBI en El Paso, declaró: "Veo los esfuerzos que se hacen para el combate [contra las drogas], y tal vez ya llegamos al punto de declarar la derrota" (*Proceso* 967).

Entre el 30 de noviembre de 1994 y el mismo mes de 1995 fueron decomisadas en El Paso, Texas, poco más de 6 toneladas de cocaína, más de 32 toneladas de mariguana, 16 kilogramos de heroína y 5 de metamorfina, informó la DEA. La PGR de Chihuahua, por conducto de su vocero Hugo Valles, afirmó que durante 1995 realizó 167 cateos a picaderos y centros de almacenaje de drogas, y que aseguró 51,734 kilogramos de mariguana, 406 de cocaína y 8 de heroína.

Instalado en la base militar de Fort Bliss, en El Paso, el Centro de Inteligencia (EPIC), que agrupa a diversas oficinas policiacas y de investigación, informó que el cártel de Ciudad Juárez traficaba con heroína, cocaína, drogas sintéticas, mariguana y armas, "es decir, que si les llegamos a dar un golpe a sus cargamentos de alguna de las drogas, no afectamos mucho a su organización", reconoció el director del EPIC, Phil Jordan. "Cuando menos los últimos diez decomisos que hemos realizado en Dallas, Los Ángeles, Chicago, San Francisco y otras ciudades han pasado por la frontera Juárez-El Paso, y pertenecen al cártel de Juárez", agregó Phil Jordan poco antes de renunciar a su cargo a principios de enero de 1996.

Los entretelones

Según el EPIC, Amado Carrillo era originario de Sinaloa y en 1996 se calculaba que tenía entre 40 y 42 años de edad. En Estados Unidos tenía entonces procesos penales pendientes por tráfico de estupefacientes: en 1981 y 1982 en Miami, en 1988 en Dallas y otros dos procesos en Los Ángeles y El Paso.

La misma dependencia estadunidense sostuvo que su poderío dentro del crimen organizado se debía a que "desde las escalas más bajas del narco ha ido escalando por todos los peldaños hasta llegar a donde hoy está", y es una persona "inteligente, porque ha respetado a sus contrincantes y las plazas que aquellos controlan; es un tipo respetado y querido", y ha sabido hacer las alianzas necesarias para mantenerse impune.

De acuerdo con la DEA, los "patrones" o jefes de los cárteles mexicanos eran: Miguel Ángel Félix Gallardo (preso en México), Amado Carrillo Fuentes, Juan José Esparragoza Moreno, Juan García Ábrego (detenido y extraditado a Estados Unidos) y Joaquín *el Chapo* Guzmán.

A su vez, el EPIC informó que, según el trabajo de inteligencia, Carrillo se movía regularmente entre México, Cuernavaca, Guadalajara, Cancún, Nogales y Juárez, entre otras ciudades. Cerraba sus negocios "en Cuernavaca —donde muchos narcos tienen casas porque, al igual que en la Ciudad de México, pueden allí pasar desapercibidos—, pero cuando sabemos que viene a Ciudad Juárez, entonces en El Paso se refuerzan las medidas de vigilancia, porque seguramente va a entrar un cargamento fuerte".

Los años con Fonseca Carrillo

A mediados de los años ochenta, Amado Carrillo fue enviado por su tío, el narcotraficante Ernesto Fonseca Carrillo, don Neto, del cártel de Guadalajara, a apoderarse de la plaza de Ojinaga, Chihuahua, colindante con Presidio, Texas, que ya controlaba el zar Pablo Acosta Villarreal. Sin embargo, ambos decidieron asociarse con Acosta, quien introducía cinco toneladas de cocaína a Estados Unidos.

En su libro *El zar de la droga*, Terrence E. Poppa afirma: "Amado había estado como contacto en Ojinaga desde 1985. Vivía en una elegante casa de tres pisos, sobre una colina próxima al centro de Ojinaga, desde donde se divisaba Estados Unidos. Siempre que se hallaba en el pueblo, había guardias con ametralladoras vigilando la entrada de su casa.

"Según los investigadores de narcóticos estadunidenses, Amado era un narcotraficante joven, bien educado y refinado en el vestir, quien durante cinco años había sido una especie de oficial federal en Guadalajara. Supuestamente, representaba a poderosos narcotraficantes de Guadalajara, a quienes Pablo también les almacenaba cocaína. Era obvio que Amado había sido enviado a Ojinaga para supervisar las operaciones de narcotráfico relacionadas con la cocaína que pertenecía a la facción de Guadalajara". Pablo Acosta murió el 24 de abril de 1987, en la zona de Ojinaga, durante un operativo de la Policía Judicial Federal, encabezado por Guillermo González Calderoni.

En su libro, *El segundo disparo*, Eduardo Valle se refiere al oficio 1026, firmado por Juan Manuel Pozos García, director de Investigaciones de Narcóticos, dirigido a Fausto Valverde Salinas, director general de Investigación y Lucha Contra el Narcotráfico, fechado el 21 de agosto de 1989, en el que se informa sobre la detención de Amado Carrillo en su casa de Guadalajara. Utilizaba el nombre de Juan Carlos Barrón Ortiz. En su declaración, dijo dedicarse a la ganadería en sus ranchos El Jagüey, en Villahumada, y El Suspiro, en Ojinaga, y haber introducido mariguana a Estados Unidos por La Boquilla.

Declaró también haber iniciado sus actividades delictivas con Pablo Acosta Villarreal y Vicente Acosta, que el piloto Alfredo Reyes había sido su lugarteniente y que en Aldama le había sido asegurada una avioneta Cessna 206, matrícula XBCUT. Fue encarcelado en el Reclusorio Oriente de la Ciudad de México, pero a las pocas semanas quedó libre, pese a que se le acusaba de delitos contra la salud y acopio de armas.

La caída de Aguilar Guajardo

El 12 de abril de 1993, en Cancún, Quintana Roo, fue asesinado Rafael Aguilar Guajardo, hasta entonces jefe del cártel de Juárez, cuando vacacionaba con su familia. Carrillo Fuentes se quedó con la plaza. En el reacomodo de fuerzas se produjeron ajustes de cuentas, ejecuciones y secuestros. Desapareció Cuauhtémoc Ortiz, quien estaba llamado a ocupar el puesto vacante de Aguilar Guajardo, opinaron reporteros locales y, en medio de dudas, las autoridades afirmaron que su cuerpo torturado y con las manos atadas se había encontrado diez meses después en el Lote Bravo.

En el intento de secuestro de Efrén Herrera Corral, fue detenido Jorge Iglesias, el Terremoto, un pistolero de Villahumada. El procurador en turno de Chihuahua, Francisco Molina Ruiz, aseguró que recibió amenazas de muerte para que lo soltara. En mayo de 1993, sin embargo, cuatro hombres armados penetraron en el Centro de Readaptación Social (Cereso) de Juárez y lo liberaron. Lo detuvieron de nueva cuenta y esta vez fue trasladado a la Penitenciaría del estado.

El 27 de noviembre de 1994, los cadáveres del ex comandante de la Policía Judicial del Estado, José Refugio Ruvalcaba Muñoz —a quien en Ciudad Juárez se le conocía como informante de la DEA—, y de dos de sus hijos fueron descubiertos, por aduanales estadunidenses, en la cajuela de un vehículo, a bordo del cual pretendían llevarlos a El Paso, Texas, por el puente Américas.

Travis Kuykendall, entonces encargado de la DEA en El Paso, comentó con reporteros locales que el homicidio era un reto del cártel de Juárez. Dos días después, Amado Carrillo fue objeto de un atentado en la Ciudad de México, mientras cenaba con su familia y algunos guardaespaldas en el restaurante Ochoa Bali-Hai. El director de la Policía Judicial capitalina, Alfonso Cabrera Morales, dijo que tres de los muertos habían sido dados de baja de la Judicial Federal por mal comportamiento cinco años antes.

En el lugar fueron encontradas más de mil balas, armas en dos vehículos, cinco teléfonos celulares, ocho aparatos de radiocomunicación y diversos juegos de placas. Desde su llegada como delegada de la PGR en Chihuahua, Teresa Jardí destapó públicamente el nombre de Amado Carrillo y aseguró que la infraestructura del narcotráfico estaba "intacta".

En un artículo publicado en *La Jornada*, señaló que el entonces subdelegado de la PJF, Guillermo Hernández Robledo, era "el protector de Amado Carrillo Fuentes". Lo acusó de sobornar a los reporteros en una francachela para que iniciaran una campaña en contra de la propia Jardí, obedeciendo órdenes del capo.

También mencionó a Rodolfo León Aragón, a la sazón director de la PJF, como el responsable de obstaculizar los apoyos a la delegación de Chihuahua, y se quejó de que los agentes policiacos no habían sido capaces de organizar un operativo de vigilancia durante la boda de un hermano de Carrillo Fuentes, celebrada en el hotel Victoria de la ciudad de Chihuahua.

La alta complicidad

◆

Agustín Ambriz

E l 5 de febrero de 1997 a las 9:30 horas, en la Jefatura del Estado Mayor de la Defensa Nacional se recibió la llamada de una "voz anónima, masculina y aparentemente joven", que dijo: "Quiero informarles que el general Gutiérrez Rebollo vive actualmente en un departamento lujoso, donde estuvo viviendo el reconocido narcotraficante Amado Carrillo Fuentes, que es el dueño del departamento ubicado en la calle de Sierra Chalchihui 215 interior 2-A, colonia Lomas de Chapultepec".

Trece días después, el secretario de la Defensa Nacional, Enrique Cervantes Aguirre, en una inesperada conferencia de prensa en la que estuvo presente la cúpula militar, informó que el general Jesús Gutiérrez Rebollo, comisionado del Instituto Nacional para el Combate a las Drogas (INCD), protegía al principal narcotraficante del cártel de Juárez, Amado Carrillo, el Señor de los Cielos.

Ex secretarios de la Defensa, los comandantes de las 31 zonas militares, el jefe del Estado Mayor Presidencial y el procurador General de la República reunidos, lo mismo que decenas de periodistas, en el salón de recepciones de la Secretaría de la Defensa Nacional, escucharon atónitos las palabras del general Cervantes Aguirre: "Durante los últimos años el general Gutiérrez Rebollo engañó a sus superiores. Defraudó la confianza en él depositada; atentó contra la seguridad nacional de México y vulneró el esfuerzo conjunto de las instituciones en contra del narcotráfico, ya que si bien actuó eficazmente contra algunos grupos de narcotraficantes, ahora consideramos que también sirvió consciente y preponderantemente a los intereses y al fortalecimiento de otro grupo".

Cervantes Aguirre reconoció que él había propuesto a Gutiérrez Rebollo para el cargo de comisionado del INCD basado en sus antecedentes. El 9 de diciembre de 1996 tomó posesión del cargo. Y el 6 de febrero de 1997 "esta Secretaría recibió informes en el sentido de que el general Gutiérrez Rebollo, al cambiar su domicilio de la ciudad de Guadalajara a esta capital, pasó a ocupar un departamento de gran lujo, cuya renta no puede ser pagada con el sueldo que recibe un servidor público", dijo Cervantes Aguirre.

A partir de entonces, se inició una investigación y en 13 días se descubrió la participación de otros oficiales del Ejército, agentes y comandantes de la PGR en la protección a narcotraficantes. Así, la PGR inició en contra del general un proceso por delitos contra la salud, cohecho y contra la administración pública.

El chofer delator

El responsable de la "llamada anónima" fue el subteniente Juan Galván Lara, chofer particular del general Gutiérrez Rebollo, y que después se convirtió en el principal acusador de su exjefe y de dos oficiales más, que el 19 de febrero, Día del Ejército, ingresaron al penal de alta seguridad de Almoloya de Juárez. Su declaración, contenida en el expediente SC/02/97/XII-E, integrado en la I Región Militar ante el agente del Ministerio Público Militar adscrito a la Primera Zona, es la parte medular de la acusación contra Gutiérrez Rebollo.

Galván Lara rindió una segunda declaración, la SCGD/CGI/007/97, en la Procuraduría General de la República el 15 de febrero de 1997. El semanario *Proceso* conoció ambos testimonios. En la correspondiente a la PGR, manifestó que en diciembre de 1995 "se percató de que personas de la familia González Quirarte, de nombres Enrique y René [supuestos lugartenientes de Amado Carrillo], acudieron a las oficinas que ocupaba en la V Región Militar, ubicada en la calle de Zaragoza 224, en Guadalajara, Jalisco, para proporcionarle información relacionada con los hermanos Arellano Félix" y de personas que trabajaban para ellos.

Con esa información, según Galván Lara, el general Gutiérrez Rebollo ordenó diversos operativos: el primero ocurrió en Tijuana y duró tres meses, del 14 de diciembre de 1995 hasta marzo de 1996; y tres más en la ciudad de Guadalajara (no recuerda las fechas). "Los operativos eran pagados por la familia González Quirarte".

A partir de abril de 1996, Galván se percató de que el general Gutiérrez Rebollo "comenzó a tener una relación de amistad con González Quirarte, el Flaco, persona que se encarga de administrar los bienes de Amado Carrillo Fuentes, situación que le consta porque el propio González Quirarte se lo dijo en alguno de los viajes que hizo de la ciudad de Guadalajara a la de México".

Recuerda que González Quirarte acudía a las oficinas que ocupaba el general en la V Región Militar, para proporcionar información "sobre diversos narcotraficantes y cargamentos de droga", entre los que mencionó al "comandante de la Policía Judicial Federal de apellido Mogrobejo y al colombiano Iván Taborda Maya", e informó "de los homicidios del teniente de la Fuerza Aérea Juan Fonseca Rey y del sargento primero de infantería Juan Manuel Fuentes". Esa información, añade, "se encaminaba a atacar al cártel de los hermanos Arellano Félix".

Dinero, coches y celulares para todos

En abril de 1996, González Quirarte visitó al general Gutiérrez Rebollo para comunicarle que los hermanos Arellano Félix lo querían matar y "que por lo tanto le regaló para su protección dos vehículos blindados: una Cherokee, color arena, modelo 1994, y un Grand Marquis, que recogió en la granja Los Camichines, en Zapopan". González Quirarte, por órdenes de Amado Carrillo, también obsequió vehículos a los oficiales acusados al mismo tiempo que Gutiérrez Rebollo: al capitán Horacio Montenegro Ortiz, un Stratus, color blanco, modelo 1997, y al capitán Javier García Hernández, un Pontiac 1997. Galván Lara reconoció que en diciembre de 1996 aceptó de González Quirarte una Dodge Ram 4x4, modelo 1996, color rojo, el día en que lo transportó de Zapopan a Guadalajara por órdenes de Gutiérrez Rebollo.

Los encuentros entre el general y el lugarteniente de Amado Carrillo continuaron aun después de que Gutiérrez Rebollo fue designado comisionado del INCD. Galván Lara calcula que entre diciembre de 1996 y enero de 1997 se entrevistaron por lo menos unas diez veces. Algunas de las reuniones se llevaron a cabo en los departamentos 2 y 6 de la calle de Chalchihui, que González Quirarte puso a disposición del general, a quien posteriormente le entregarían las escrituras, para que las pusiera a nombre de la persona que el general designara.

Las llaves del departamento le fueron entregadas a Galván Lara por González Quirarte, en un departamento que éste tiene en la calle de Tamarindos 100, en Bosques de las Lomas. "Que cuando estaba en el departamento para recibir las llaves, Amado Carrillo se encontraba en el interior, quien le manifestó que 'ahí lo que se le ofreciera al señor', sabiendo el de la voz que se referían al general Gutiérrez Rebollo".

Por instrucciones del general, Galván Lara pidió a los narcotraficantes un departamento extra para la licenciada Lilia Esther Priego Ruiz, "compañera sentimental" de Gutiérrez Rebollo. Le fue entregada la casa ubicada en la calle de Zapote 156, también en Bosques de las Lomas. Galván Lara señala que en diciembre, acompañado por el capitán García Hernández, visitó a González Quirarte en un inmueble del fraccionamiento Valle Real, del municipio de Zapopan, y que ahí les regaló de Navidad 300 mil pesos a cada uno.

Asegura que en enero, en el departamento de la calle Tamarindo, Amado Carrillo les regaló 60 mil pesos: 50 mil para Galván Lara y 10 mil para el capitán García Hernández. Dicha cantidad —señaló— se la dio con el aviso de que se iba del país y que probablemente no se volverían a ver. El dinero lo entregó a "autoridades militares", pero no precisó cuáles. En noviembre de 1996, González Quirarte le entregó a Galván Lara cinco teléfonos celulares para que los distribuyera entre el propio general y sus subalternos. Cada tres meses, dijo, los números telefónicos eran cambiados.

Información privilegiada

El 19 de enero de 1997, nuevamente por instrucciones del general Gutiérrez Rebollo, Galván Lara se dirigió a Acapulco con el objeto de "checar una información proporcionada por una persona que se identificó como Arturo 'N', el Chaky —hijo del dirigente de comerciantes de Acapulco—, el cual fue comandante de la Policía Judicial Federal de un grupo especializado llamado 'Palmas', que dicha información consistía que en la playa de Acapulco iban a bajar dos aviones con cargamentos de cocaína".

Se hospedaron en una casa rentada previamente por el Chaky, quien le preguntó si conocía a un informante que tenía el general Gutiérrez Rebollo, identificado como el Negro Corona, a quien tuvo que matar porque "le estaba poniendo el dedo a Amado Carrillo". En esa ocasión, Galván Lara supo que también el Yanqui y un comandante de apellido Palacios, de la PGR en Guerrero, "se encuentran involucrados con Amado Carrillo. Que la media filiación del mencionado Yanqui es la siguiente: 1.87 de estatura aproximadamente, 110 kilos, piel blanca, cabellos cortos, sin bigote ni barba.

"Que el comandante Palacios es el que tiene más tiempo de conocer a Amado Carrillo, ya que lo conoció cuando éste comenzó a dedicarse al narcotráfico y que ambos le dan protección a Amado Carrillo cuando va a Acapulco". Reveló que los comandantes Eduardo Mancera y la Tota, subdelegado del INCD en Sinaloa, "también se encuentran involucrados con Amado Carrillo. Que ellos también fueron vistos en los departamentos de Amado Carrillo".

Se persignó y jugó volibol

El 4 de enero de 1997, Aurora Carrillo Fuentes contrajo nupcias en el rancho El Guamuchilito. Ese día el Ejército realizó un operativo para capturar a su hermano Amado, pues se había filtrado que asistiría a la fiesta. El operativo, sin embargo, fracasó. Un día después Galván Lara recibió una llamada de Amado Carrillo, citándolo en el departamento de Tamarindos 100.

Amado Carrillo le preguntó cómo se encontraban en el rancho de su mamá, "indicándole también que él había viajado en vuelo particular de Aeroméxico, de México a Culiacán, con su escolta compuesta por 20 sujetos, que después de arribar a Culiacán se trasladaron al pueblo de Huamuchililo [*sic*] en unos vehículos que ya los estaban esperando".

En el pueblo, según el relato del chofer, el jefe del cártel de Juárez jugó volibol, repartió dinero a los niños y a toda la gente que se le acercaba. "Que después se fueron a misa y cuando ésta terminó, un mayor de la IX Zona Militar en Culiacán le avisó que tuvieran cuidado porque unos militares iban a realizar un operativo y que iban para su rancho, lo cual confirmó el propio Amado Carrillo por radio, con gente que tenía a 50 y 100 metros de distancia de la Novena Zona Militar y le dijeron que era afirmativo.

"Que en motocicletas y vehículos siguieron a los camiones de los militares, quienes primero tomaron rumbo a la Playa Altata y ya oscureciendo regresaron directamente al rancho donde se celebraba la fiesta. Que Amado Carrillo salió del pueblo en una carcacha con una señora y niños y que al llegar a Culiacán, el mismo mayor de la Novena Zona Militar que le dio aviso del operativo lo ayudó a salir del estado de Sinaloa hasta Nayarit en una camioneta ganadera. De Nayarit a México ya se vino solo con su escolta en dos camionetas fingiendo ser campesinos".

Galván Lara dice que la media filiación de Amado Carrillo es: 1.88 de estatura, complexión robusta, de aproximadamente 95 kilos, cabello café castaño claro y lacio, piel apiñonada, ojos verdes claros, con un tic en el ojo izquierdo. "Que Amado Carrillo utiliza otros nombres y eso lo sabe porque una vez éste, en el restaurante *Sanborn's* de la avenida Palmas, le enseñó una credencial de la Procuraduría General de la República en la que aparece una fotografía con los rasgos fisonómicos de Amado Carrillo, pero con un nombre diferente, que no recuerda".

La última vez que Galván Lara tuvo contacto con Amado fue el 8 de febrero de 1997, cuando recibió otra llamada de González Quirarte, quien le dijo que se encontraba en Rusia y le preguntó cómo estaban las cosas por aquí y que regresaba en un mes. También le dijo que lo iba a comunicar con "el hombre", refiriéndose a Amado Carrillo. "Una vez que tomó el teléfono el citado Carrillo le preguntó que cómo estaba su familia, que se cuidara y le encargaba mucho las cosas por acá y que en 15 días le enviaría unas gorras de Rusia".

El informe militar

El expediente contiene también el informe, con oficio SCGB/0001 de la Policía Militar, elaborado por el coronel de infantería del Estado Mayor

Presidencial y jefe de la Policía Judicial Federal Militar, Juan Manuel Rico Gámez, que señala que Juan Galván Lara: "Acepta tener contacto con un señor de nombre Eduardo González Quirarte y con Amado Carrillo Fuentes, que Eduardo González lo invitó un día al *Sanborn's* de Palmas y luego lo condujo a su departamento de Bosques de las Lomas, lugar donde le presentó a Amado Carrillo Fuentes y fue ahí donde le entregó las llaves del departamento que el general Jesús Gutiérrez Rebollo ocupa en la calle de Chalchihui.

"La relación del general Gutiérrez Rebollo y Eduardo González Quirarte se inicia a raíz del atentado que sufriera este último en Guadalajara, Jalisco. Eduardo González Quirarte porta una placa de la PGR.

"Entregó en su casa siete celulares con los números 5254022120, 5255060023, 5236764908, 5255060022, 5251014406, 9036764907 y 5251014409, dos armas cortas, una larga, 50,040 dólares y cartuchos. Que un subteniente de apellido Corona, alias *el Negro*, que perteneció a la Fuerza Aérea, se convirtió en informante del general Gutiérrez Rebollo y que dicho oficial tenía como propósito denunciar a Amado Carrillo Fuentes, pero cuando éste se enteró ordenó que lo mataran.

"Que Amado Carrillo Fuentes tiene tres casas y un departamento en Bosques de las Lomas, pero únicamente conoce dos de ellas; una conocida como 'La pureza azul' y otra como 'La casa de los perros'; esta última la ocupa como oficina y punto de reunión. Que esto también lo saben los subtenientes oficinistas Artemio Flores Martínez y María del Carmen Solís Torres.

"Que el general Gutiérrez Rebollo ayudó a Luis Octavio López Vega, el Profe, a establecer una empresa de seguridad ubicada entre Periférico y avenida Adolfo López Mateos, considerando que el general cuenta con acciones en dicha empresa. Que los nombres de los lugartenientes de Amado Carrillo son: Ignacio Coronel, el Nacho Coronel; Juan José Esparragoza Moreno, el Azul; Juan José Quintero Payán, el Juanjo; Ismael Zambada García, el Mayo; Vicente Carrillo; el licenciado Rubén Ángel Moreno, los hermanos Beltrán [no conoce nombres].

"Que Eduardo González Quirarte tiene relación directa con el agente de la Policía Judicial Federal Eduardo Mancera que perteneció al equipo del doctor Ibarra Santés, y Armando Figueroa Constantino, la Tota 3, subdelegado del INCD en Manzanillo, Sinaloa. Finalmente, que el comandante de la Policía Judicial del aeropuerto de Cuernavaca, Morelos, está vinculado con Amado Carrillo".

La despedida

◆

Francisco Ortiz Pinchetti

Bajo un cielo crepuscular esplendoroso, abrazado por la congoja de sus parientes y coterráneos, sin música ni boato, el cuerpo de Amado Carrillo Fuentes fue sepultado el 11 de julio de 1997 —siete días después de su muerte— en una cripta de mármol rodeada por arreglos de rosas rojas. "Roguemos a Dios que nuestro hermano sea recibido en el cielo; no lo juzguemos", había pedido minutos antes el sacerdote Benjamín Olivas a unos 300 asistentes —en su mayoría mujeres— a la postrera misa de cuerpo presente celebrada al aire libre, entre jardines de flores, mientras un helicóptero de la Procuraduría General de la República (PGR) revoloteaba en las alturas.

Sitiado el pueblo desde la madrugada anterior por soldados y agentes federales, la casa materna de Amado se llenó de campesinos que acudieron a despedir a su benefactor, el hijo mayor de su compañero ejidatario Vicente Carrillo Vega —fallecido en abril de 1986— y de doña Aurora Fuentes. El cadáver del Señor de los Cielos llegó a la quinta Santa Aurora a la medianoche del 10 de julio luego de realizar tres vuelos: primero, bajo un nombre falso, fue trasladado de la Ciudad de México —donde murió la madrugada del 4 de julio de 1997— a Culiacán, en un vuelo regular de Aeroméxico; luego regresado a la capital del país en un aparato de la PGR para su identificación, y finalmente traído de nuevo a Culiacán en un avión privado.

Un centenar de fotógrafos, camarógrafos y reporteros de medios locales, nacionales y extranjeros siguieron en caravana a la camioneta que condujo el ataúd con los restos desde el aeropuerto de la capital sinaloense hasta Navolato, distante 25 kilómetros, y de ahí hasta la finca donde lo esperaban decenas de dolientes. Dos horas después arribaron a las inmediaciones de la casa contingentes militares y policiacos que se apostaron en el camino de terracería que conduce al ejido Cañadas de Guamuchilito. Al duelo se sumó entonces la zozobra, el miedo.

Orgullo y benefactor

Vicente Carrillo y su mujer llegaron a Guamuchilito, Sinaloa en 1956. Traían con ellos a Amado, su primogénito, nacido en Navolato dos años antes. El niño creció entre los sembradíos de maíz y caña de azúcar. Asistió a la escuelita del centro ejidal, pero ni siquiera terminó la primaria. Ya mayor, ayudaba a su padre en el cultivo de la parcela familiar. Un día de 1980 Amado se hartó de la pobreza y se fue del pueblo.

Al morir tenía 43 años, tres hijos y una fortuna estimada en 20 mil millones de dólares. Se había convertido en el hombre más buscado del país, jefe del cártel de Juárez, pero también en orgullo de sus coterráneos, benefactor de su pueblo. "Ayudaba mucho a la gente", dice el ejidatario Samuel Lozaya. "Nunca se negó ante las necesidades de los campesinos. Ayudó para la escuela, para la Ciudad de los Niños, para la iglesia del pueblo. Aquí todos lo estimábamos". Por eso el puro rumor de su muerte conmocionó a El Guamuchilito.

La especie corrió desde el mediodía del 4 de julio. Los campesinos, las mujeres, acudieron esa noche a casa de doña Aurora para conocer la verdad. Con ellos se coló la reportera Martha Alicia Araujo del diario *Noroeste*, de Culiacán. Ella ganó la noticia: la madre de Amado confirmó la muerte del mayor de sus 11 hijos.

El cuerpo estaba ya en una funeraria de Culiacán, pero bajo el nombre de Antonio Flores Montes. Luego vendría el sainete de su identificación, la intervención de la PGR, la confirmación de la DEA, el traslado del cadáver a México y, por fin, el 10 de julio, la declaración del fiscal de Delitos contra la Salud, Mariano Herrán Salvatti, de que se trataba en efecto del Señor de los Cielos. "Fue una infamia del gobierno", acusa indignada Mariana Lamor, en su tienda del pueblo. "¡Pobre madre, lo que la hicieron sufrir!"

La quinta Santa Aurora ocupa un predio de unos 10 mil metros cuadrados. Está rodeado por una barda de tres metros de alto coronada por una alambrada de dos metros más. La casa no es ninguna mansión: es una construcción de una planta, pintada de tenue azul y con techos de teja roja. A la manera de los ranchos, las habitaciones se ubican en torno a un patio central colmado de plantas de ornato.

En derredor de ella hay amplios y cuidados jardines sembrados de rosales. En la parte posterior está la cripta familiar, de mármoles grises y blancos y estilo romano, de unos 40 metros cuadrados. En la breve capilla hay una estatua de la Virgen de Guadalupe. Ahí están sepultados Vicente Carrillo, el padre de Amado, y Cipriano, el hermano muerto en septiembre de 1988. El mausoleo está enmarcado por una docena de espigados abedules dispuestos en semicírculo.

Para el velorio de Amado Carrillo la estancia de la casa fue convertida en capilla ardiente. Ahí se colocó el ataúd gris de doble tapa, una de las cuales permaneció abierta para permitir a los dolientes mirar el cadáver embalsamado, a través de un cristal. En torno de la caja mortuoria fueron colocados enormes arreglos florales de rosas rojas y algunas de las más de 50 coronas que empezaron a llegar a la casa desde que se confirmó la muerte del capo. Los familiares ordenaron quitarles los listones para evitar que se conocieran los nombres de quienes las mandaron.

"Sólo Dios juzga"

La nube de enviados de periódicos, cadenas de radio y televisión y agencias internacionales de noticias no tuvo inicialmente acceso a la quinta. Los periodistas —algunos de ellos llegados desde cuatro, cinco días antes— permanecieron de guardia fuera de la propiedad. La llegada de los soldados —que traían una tanqueta artillada, además de sus transportes— y agentes federales a las dos de la mañana del 11 de julio, sin embargo, les abrió las puertas: la familia accedió a que entraran al jardín, convencida por los propios informadores de que con ello gozarían de protección ante un eventual asalto de la autoridad contra la casa, como había ocurrido en enero de 1997 cuando un operativo militar para atrapar a Carrillo Fuentes —que habría asistido a la boda de su hermana Alicia— se frustró. Recibió un pitazo a tiempo y voló.

Durante el velorio, sin embargo, los parientes se negaron a hacer declaración alguna. Prohibieron a los reporteros el acceso a la casa. Tampoco permitieron tomar fotografías al ataúd y, menos, al cadáver. Fuera de la casa, en el jardín frontal, la funeraria Emaús instaló carpas de toldo de tela que daban sombra sobre unos 200 metros cuadrados. Bajo ellas se colocaron 300 sillas donde los dolientes pudieron guarecerse del intenso calor, que durante el día superó los 40 grados. Hubo café, agua, refrescos y comida para todos, incluidos los periodistas. Las coronas fueron colocadas en la pared, alrededor de toda la casa.

Durante todo el día los militares y agentes de la PGR instalaron retenes. Detenían a todos los vehículos que se aproximaban a la quinta o al poblado. Grababan en video a sus ocupantes, a quienes se pedía identificarse, y realizaban una minuciosa revisión. Doña Aurora, obviamente abatida, dispuso que no se permitiera a la prensa estar presente durante el sepelio. Ello provocó protestas y hasta jaloneos, pero finalmente se llegó a una negociación: los fotógrafos y camarógrafos podrían captar sus imágenes a distancia, confinados en la parte lateral del jardín en que se encuentra la cripta. Los reporteros se abstendrían a su vez de realizar entrevistas o acercarse siquiera al féretro y a los familiares.

La ceremonia religiosa, oficiada por el padre Olivas —actual vicario de la iglesia del Sagrado Corazón de Culiacán y amigo de la familia desde que era párroco de Las Palmas, una comunidad cercana a El Guamuchilito—, se inició a las 6:20 de la tarde del 11 de julio. El altar fue colocado en el pórtico del mausoleo y, frente a él, el ataúd de Amado Carrillo.

"El amor de Aurora por su hijo no puede cambiar por lo que diga el mundo entero", dijo el cura en su homilía, mientras unos cuervos se apostaban en la punta de cada uno de los abedules. "¿Quién puede ser juez, sino solamente Dios?" Fue una ceremonia austera, extraña, muy triste. No hubo tambora, como se estila en los entierros de Sinaloa. No pocos de los presentes acompañaron con sus lágrimas a doña Aurora, quien permaneció cabizbaja durante toda la misa. Con ella estuvieron sus hijas Alicia, Luz Bertila, María Eugenia, Aurora y Flor. No se vieron en cambio sus hijos Alberto, Guadalupe, Cruz, Rodolfo ni Vicente, estos dos últimos presuntamente metidos en el negocio.

Gente de dinero, la hubo: afuera de la finca había camionetas y autos lujosos estacionados; pero la gran mayoría de los asistentes era gente sencilla, campesinos, muchas mujeres olorosas a jabón, recién bañadas. Estuvieron los integrantes del comisariado ejidal.

Caía la tarde cuando la misa terminó. El féretro descendió lentamente a la cripta, bajo el pórtico. El padre Olivas roció la caja con agua bendita. Luego, mientras los deudos y sus parientes y amigos se retiraban poco a poco, dos albañiles sellaron con mezcla la losa exterior. Y entonces los cuervos levantaron el vuelo.

El Viceroy

La hora del desquite
◆
Ricardo Ravelo

Considerado el más antiguo de los cárteles que operan en México, el de Juárez ha dominado desde principios de los noventa el importante trasiego de estupefacientes hacia Estados Unidos que se realiza en la zona centro de la frontera. A la muerte del Señor de los Cielos, su hermano Vicente, el Viceroy, asumió el mando del centro de operaciones del cártel de Juárez, cuyo amplio territorio de control está bajo los ataques del de Sinaloa.

Unidos en principio por su amigo y socio Ismael *el Mayo* Zambada, Vicente Carrillo Fuentes y Joaquín Guzmán Loera empezaron a distanciarse a finales de 2003, hasta llegar a la confrontación y la violencia.

El 11 de septiembre de 2004, un día después del asesinato de Rodolfo Carrillo Fuentes, Vicente Carrillo —quien presuntamente se quedó a la cabeza del cártel de Juárez tras la desaparición de Amado Carrillo— telefoneó a Ismael Zambada y lo puso contra la pared: "Después de todo lo que ha pasado, yo sólo quiero saber si estás conmigo o contra mí. Dímelo, te lo exijo…"

Del otro lado de la línea, el Mayo Zambada —uno de los capos del narcotráfico más experimentados y quien protegió a Joaquín Guzmán Loera, el Chapo, luego de que éste se fugó del penal de Puente Grande en 2000— supuestamente respondió que no tenía nada contra Vicente y que seguía siendo leal a la organización, como lo había sido con Amado Carrillo Fuentes, el Señor de los Cielos, personaje con el cual vivió una etapa de esplendor en el negocio de las drogas. Al sentirse traicionado por el Chapo y enfurecido por la muerte de su hermano Rodolfo, Vicente soltó la orden sin titubeos: "Entonces, vamos a acabar con él y con su gente".

El Mayo Zambada —quien a raíz de una cirugía plástica lucía una nueva imagen, alineado del rostro, sin bigote y con la piel restirada— habría aceptado el trato por el bien de la organización, con lo cual enfrentaba el reto más complicado de su carrera delictiva: eliminar al hombre al que ayudó a reposicionarse en el narcotráfico y cuyas redes llegan a los estados de Sinaloa, Sonora, Chihuahua, Nuevo León, Tamaulipas y Baja California (Tijuana), plazas que, por cierto, también interesaban a Zambada.

Así, el cártel de los hermanos Carrillo Fuentes preparaba ya la búsqueda y ejecución de Guzmán Loera, quien traicionó a Vicente al apoderarse de rutas y de importantes cargamentos de droga sin su consentimiento, según datos constatados en la PGR y en otras fuentes consultadas por el semanario *Proceso*, mismos que permiten reconstruir los diálogos entre los narcos.

De acuerdo con las investigaciones, ése fue el origen del enfrentamiento entre el Chapo y los Carrillo, que alcanzó su punto crítico el 11 de septiembre de 2004, cuando un comando armado con rifles de alto poder abatió a Rodolfo Carrillo, hermano menor de Vicente, al salir de la plaza comercial Cinépolis, ubicada al poniente de Culiacán, Sinaloa.

El entonces gobernador del estado, Juan S. Millán, advirtió a la sociedad y a las autoridades federales que tras el crimen de Rodolfo Carrillo se desataría una ola de ejecuciones en todo el territorio nacional: "Se van a ajustar cuentas en todo el país, donde están operando [los cárteles] y no dejo de considerar que Sinaloa puede ser el principal campo de guerra entre ellos".

—¿Este escenario de violencia que usted vislumbra ya se lo comunicó al presidente de la República?

—Se lo vengo diciendo desde que tomó posesión como presidente, en 2000, pero veo que han fallado en la estrategia para combatir el narcotráfico. Se la ha pasado dando escopetazos y se ha olvidado de dar tiros de precisión. Por esos errores y otras fallas y tropiezos, el narco sigue operando y la violencia continuará, no sólo en Sinaloa, sino en todo el país.

Crimen y persecución

Con dos órdenes de aprehensión —una por narcotráfico y otra por acopio de armas— y con una investigación abierta en Estados Unidos por crimen organizado, Rodolfo Carrillo se paseaba por Navolato —su tierra— y por todo el estado como si nada debiera. Con tanta frecuencia se le veía en la finca Santa Aurora —la residencia de los Carrillo Fuentes, ubicada en Guamuchilito— que hasta se daba por hecho que vivía en la misma casa de su madre, doña Aurora Fuentes, donde los restos de este narcotraficante serían velados y sepultados el 15 de septiembre de 2004 en la cripta familiar. Rodolfo tenía 29 años de edad y estaba casado con Giovanna Quevedo Gastélum.

El 11 de septiembre había transcurrido con normalidad para Rodolfo y su esposa. El día había sido caluroso y en la ciudad había emoción por el partido de futbol entre los Dorados de Culiacán y los Jaguares de Chiapas.

Alrededor de las cinco de la tarde, Rodolfo y su esposa llegaron a la plaza Cinépolis, estacionaron su vehículo y entraron al centro comercial. Ella pidió arreglarse las uñas; él esperó "pajareando" en la enorme plaza y disfrutando del aire acondicionado.

Afuera, a cierta distancia, Pedro Pérez López, director de Investigaciones de la Policía Ministerial del estado, vigilaba sus movimientos junto con Humberto Plata Oviedo, actualmente desaparecido. Ahora se sabe que Pérez López, el policía que más golpeó al cártel de Tijuana, en realidad servía a los Carrillo Fuentes.

A la misma hora, el gobernador Juan S. Millán se dirigía al estadio de futbol, pero hizo un alto en la plaza Cinépolis. Se bajó de su camioneta y, por la misma puerta que había utilizado Rodolfo Carrillo, entró a la plaza y se dirigió al restaurante *Italianni's,* propiedad de Francisco Labastida, donde ordenó una cena para compartir con sus amigos y colaboradores cuando terminara el partido. Millán salió de la plaza y abordó su camioneta. Unos dos minutos después, cuando el gobernador ya se había alejado alrededor de 500 metros, Rodolfo Carrillo y Giovanna salieron también del centro comercial. Entonces se desató la balacera.

Más de 500 balas fueron disparadas por rifles AK-47, muchas de las cuales se impactaron en la pared de la plaza, en los vehículos, botes de basura y señalamientos, en tanto que otras decenas de ellas penetraron los cuerpos de Rodolfo y Giovanna, quienes murieron en el acto. Rodolfo, cuyo rostro quedó destrozado por las balas, todavía fue rematado con el tiro de gracia. En el estacionamiento de Cinépolis también falleció Juan Durán, un acomodador de coches, y fue herido —por tercera ocasión— Pérez López, de quien se afirma brindaba protección a Rodolfo Carrillo, pues nadie ha podido explicar qué hacía en la plaza antes y durante el tiroteo.

Luego de la balacera, empezó la persecución de los sicarios. Durante cerca de dos horas, elementos de las policías Ministerial y Estatal, apoyados por un helicóptero, realizaron un operativo para aprehender al grupo de gatilleros que al parecer tiene vinculación con el Chapo Guzmán y es conocido como Los Kevines, debido a que lo encabezaba un sujeto de apellido García Martínez, el Kevin, ejecutado a mediados de 2004 en un caso que implica al comandante Sidarta Walkinshaw.

Según la grabación del operativo, captada a través de la frecuencia de radio de la Policía Ministerial, el seguimiento del grupo de gatilleros se realizó por varias calles de la ciudad, pero luego siguió por caminos y lugares conurbados de Culiacán. En la grabación se oyen varias voces de los agentes que dicen: "¡Tírale, tírale!", "¡Ordénale al boludo [helicóptero] que los siga y que les dispare, ahí los tiene!"

La movilización de patrullas fue intensa. Se pidió apoyo de fuerzas federales, de la Policía Federal de Caminos. Cerca del rancho del diputado Jesús Vizcarra, el Chuy, se escuchó: "¡Un muerto, un muerto, lo aventaron!" Los agentes seguían a una camioneta Chevrolet roja con varias personas a bordo, al parecer gente de Rodolfo. Los sicarios se internaron "rumbo a Rosario", salieron por una zona llamada el Canal 25 y luego tomaron la carretera. Los agentes los seguían a unos 500 metros.

Detrás de lo que se conoce como el Seminario, en la comunidad de Limón de Los Ramos, municipio de Navolato, hubo otro enfrentamiento: murieron seis personas, de las cuales se ha identificado a Jorge Tello Sandoval —ex agente de la Policía Estatal—, Gabriel Salcedo y Felipe López Olivas, de quien se afirma que está conectado con el Güero Palma. Más tarde, en otro punto, se libró una nueva balacera en la que fueron acribilladas otras dos personas.

Los escopetazos de Fox

La violencia que vive el estado de Sinaloa ha sido constante desde los inicios de la década de los ochenta, reconoció el gobernador Juan S. Millán, quien, luego del asesinato de Rodolfo Carrillo, se comunicó con el secretario de la Defensa en turno, Ricardo Clemente Vega García, con el procurador Rafael Macedo de la Concha, y con el secretario de Seguridad Pública, Ramón Martín Huerta.

A los dos primeros les solicitó el mismo apoyo que les había pedido seis años antes: refuerzo policiaco y militar en el estado para frenar la violencia. Consideró que, del centro del país, los sinaloenses no habían tenido la respuesta que deseaban. Y es que en el estado se habían inaugurado instalaciones de la Policía Federal Preventiva pero no habían enviado agentes; tampoco existían suficientes elementos de la AFI y el Ejército sólo actuaba en casos de emergencia, aunque, dijo el mandatario, "siempre que le pido ayuda me atiende".

—¿A qué obedece que el gobierno federal no atienda al estado de Sinaloa en materia de seguridad?

—Creo que no existe un plan estratégico para combatir el narcotráfico. Desde que el presidente Fox declaró la guerra al cártel de los Arellano Félix, al inicio de su administración, sólo se ha dedicado a dar escopetazos y se ha olvidado de los tiros de precisión. Eso nos ha generado mayor violencia, porque los narcotraficantes se dispersan y ahora no podemos hablar de cárteles regionales o estatales, sino de organizaciones que operan en todo el país.

"Le he dicho al presidente que coordinemos una acción permanente en todo el país y que empecemos por Sinaloa, que limpiemos los estados del norte, principalmente los que tienen presencia de narcotráfico, y que vayamos a fondo con el Ejército, la PGR, la Policía Federal Preventiva y las fuerzas estatales, pero no me ha escuchado. Después de lo ocurrido el sábado, se lo volví a plantear. A ver si ahora sí se ocupa de una acción seria y que aporte resultados".

—¿Usted sospecha que puede haber más policías o jefes policiacos implicados en el narco?

—Después de la aprehensión de Javier Torres Félix, el JT, operador de Ismael Zambada, el secretario de la Defensa dijo que este personaje estaba encargado de controlar y de cooptar a los policías en los estados de Chihuahua, Durango, Sonora y Sinaloa. Yo le hablé al secretario y le dije: 'Si ustedes tienen la información de los policías ligados con el narco, vengan por ellos y llévenselos. Yo no voy a solapar a nadie'. Ahora se lo volví a decir, como hace tres años, y ya espero respuesta.

—Si no ha habido respuesta del gobierno federal en más de cinco años en Sinaloa, ¿considera usted que la política contra el narcotráfico está dirigida a dos organizaciones en particular y que se está protegiendo al cártel de Juárez?

—Yo le tengo mucho respeto y reconocimiento al general Macedo, y en mi comentario lo incluiría a él como militar. Yo, a la única institución que le tengo absoluta confianza es al Ejército Mexicano, porque es la que ha realizado las acciones más contundentes. Con todo y que se hayan dado algunas desviaciones de conductas, las acciones las ha realizado el Ejército. Y no creo que el Ejército haga distinciones. En cuanto el área de Inteligencia Militar se entera de algo, actúa.

Otro problema grave en el estado es el lavado de dinero. Millán reconoció que éste ha crecido, pero las autoridades de Hacienda no han querido abatirlo. El mandatario recordó un diálogo que se produjo mientras comían Fidel Velázquez, Emilio Gamboa, Pedro Aspe y él en una casa de la Ciudad de México.

"Aspe —narra Millán— vio el periódico y me enseñó una nota que destacaba un gran decomiso de drogas, el cual fue interpretado por Aspe como un certero golpe al narcotráfico. Yo le contesté que el verdadero ataque al narco se daría cuando actuara otra secretaría que no fuera la de la Defensa Nacional ni la PGR.

—¿Cuál? —preguntó Aspe.

—La tuya, Pedro: Hacienda.

Y es que, según el entonces gobernador de Sinaloa, el lavado de dinero es un problema que ha crecido, pues gran parte de las ganancias del narcotráfico se invierten en el estado. "Hay fortunas que surgen de la noche a la mañana, residencias, ranchos, carros, y lo primero que uno se pregunta es de dónde se hizo de mulas Pedro. Es muy serio el problema".

No menos grave es la filtración de información. Según se pudo confirmar, a principios del sexenio de Fox, Millán entregó al secretario de la Defensa un diagnóstico sobre el narcotráfico y propuso combatirlo con acciones concretas. Los datos estaban contenidos en dos carpetas negras con engargolado blanco. Aunque era información confidencial, días después una persona llamó al gobernador y le dijo que los narcos estaban preocupados por el contenido de unas carpetas negras con engargolado blanco.

Los funerales

Sobre lo ocurrido el 11 de septiembre de 2004, Millán no tenía dudas de que el coordinador de Investigaciones, Pedro Pérez López, estaba ligado a los Carrillo.

—La presencia de Pérez López en el lugar de los hechos, ¿qué lectura tiene para usted?

—Es claro que andaba cerca de él [de Rodolfo Carrillo]. Eso no se puede negar, no hay elementos para negarlo. Pérez López no estaba por casualidad en ese sitio. ¿Qué tanto sabían sus compañeros de grupo? No lo sabemos. Él era un policía que seguía cobrando. No se le dio de baja [por hechos anteriores de violencia en los que estuvo a punto de perder la vida] y el responsable de no haberlo hecho fui yo. ¿Por qué? No había elementos para hacerlo.

"En el segundo atentado que sufrió, le ordené al director de la Policía Ministerial que lo separara de sus funciones y que le dijera que se fuera del estado. Para ello le proporcionamos un vehículo blindado, para que se fuera, y dije: 'No sé a donde tendrá que ir, pero ese señor no se queda en el estado. Que mande a su esposa o a alguien de confianza a cobrar su sueldo, pero se va'".

—¿Sospechaba de él?

—No. La información que yo tenía era en el sentido de que el cártel de los Arellano quería acabar con él porque había dado resultados. Yo digo que si a un policía lo quieren matar es por dos razones: porque los traicionó o está afectando intereses de otros grupos. Cuando supe que Pérez estaba en la balacera, no tuve duda en pensar que había que tener cuidado. Nuestro operativo policiaco fue intenso y bueno para sacar de la ciudad a los sicarios, pero la presencia de Pérez López echó a perder todo el trabajo de la policía.

Entrevistado el 15 de septiembre de 2004, Millán relató que Pérez López ya se había salvado en dos ocasiones, pues había sido herido. Se pensaba, dijo, que las acciones en su contra eran consecuencia de su trabajo, pues había combatido con eficacia al cártel de los Arellano Félix.

El 16 de septiembre de ese año, sorpresivamente, renunció a su cargo el superior de Pérez López, Jesús Antonio Aguilar Íñiguez, jefe de la Policía Ministerial, sobre quien pesaban sospechas. Asimismo fue abierta una investigación contra todos los cuerpos policiacos, ya que, de acuerdo con Millán, debían depurarse.

Reconoció el gobernador que la violencia en su estado había sido incesante: el año en que asumió la gubernatura, 1998, se cometieron 3,899 crímenes, y explicó que en enero de 2005 entregaría el poder con una cifra de asesinatos que podía llegar a 3,150, la mayoría relacionados con ajustes de cuentas del narcotráfico.

El día 15, después de un velorio de dos días al que asistieron más de mil personas, fue sepultado Rodolfo Carrillo en la cripta de la finca La Aurora, en Guamuchilito, sitio en donde también se inhumó el cuerpo de Amado Carrillo en 1997. Sólo los reporteros tuvieron acceso al acto fúnebre, ya que no se permitió la entrada a camarógrafos y fotógrafos. En el entierro tocó el grupo musical Los Plebes, al que la familia Carrillo suele contratar para sus fiestas.

La finca La Aurora era una pasarela. Hombres y mujeres de todas partes llegaban a dar el pésame a doña Aurora Fuentes. En las afueras de la finca había más de 200 vehículos. Acudían bellas damas sinaloenses vestidas de negro, al igual que ganaderos de la región.

Hubo barbacoa, cerveza, refrescos, vino... El día del sepelio, entre corridos y aplausos, se dijo adiós a Rodolfo Carrillo, quien era el operador financiero del cártel de Juárez y responsable de la negociación con otros grupos de narcotraficantes. Inclusive, se perfilaba ya para asumir el liderazgo. Y mientras cientos de ramos de flores y decenas de coronas se colocaban en la tumba, el jefe de la Policía Ministerial, Antonio Aguilar Íñiguez, renunciaba al cargo en medio de las sospechas de que servía a los Carrillo Fuentes.

Poder creciente

◆

Ricardo Ravelo

A mado Carrillo intentó negociar con las altas esferas militares para que lo dejaran operar con libertad el negocio de las drogas. Su propuesta era, en apariencia, simple: libertad para actuar y protección para su familia a cambio de 50% de sus propiedades, desempeñarse como empresario, no vender droga en México, luchar contra el narcotráfico "desorganizado" y traer dólares al país para ayudar a su economía.

Los pormenores de esta propuesta se encuentran en la declaración del general Jorge Maldonado Vega dentro del proceso judicial que la Procuraduría General de la República siguió contra el general Jesús Gutiérrez Rebollo (averiguación SCGD/CG1/008/97). Pero nadie sabe cómo terminó dicha negociación.

Lo cierto es que desde 1997, el cártel de Juárez, bajo el liderazgo de Vicente Carrillo Fuentes, ha sido la organización más poderosa y la menos golpeada en los sexenios de Ernesto Zedillo y de Vicente Fox. Durante el último tramo del gobierno de Zedillo, el cártel de Juárez sorteó los problemas causados por el fallecimiento de Amado Carrillo, pero durante la administración de Fox, la lucha contra el narcotráfico se centró en los cárteles del Milenio, del Golfo y de Tijuana, mientras que el de los Carrillo Fuentes pudo mantenerse como el grupo criminal más solvente y extendió sus dominios fuera de Ciudad Juárez, Chihuahua.

Con el fiasco en el que incurrió la PGR el 2 de julio de 2005 al detener a Joaquín Romero Aparicio confundiéndolo con Vicente Carrillo Fuentes se confirma que dicha dependencia busca al líder del cártel de Juárez, aunque el capo ha resultado más hábil que la policía.

En abril de 2003 se supo que Carrillo Fuentes solía moverse con libertad en todo el territorio nacional y en Estados Unidos. Esto quedó corroborado a raíz de que el Buró Federal de Investigaciones (FBI) localizó en una casa de El Paso, Texas, una credencial de la PGR a nombre del primer comandante Jorge Miramontes Álvarez con la fotografía del narcotraficante. La credencial fue entregada por el FBI a la PGR para su investigación.

A pesar de ser uno de los capos más perseguidos, Vicente Carrillo Fuentes, según datos de la PGR, tenía varios refugios fuera de Ciudad Juárez. Sus pasos fueron seguidos en 2003 hasta el municipio de Lerdo, Durango, donde se escondía el gatillero Arturo González Hernández, el Chaky, brazo ejecutor del cártel de Juárez, detenido en abril de ese año en la Comarca Lagunera. Precisamente en el municipio de Lerdo Vicente Carrillo tenía tres residencias, las cuales visitaba con frecuencia sin ser molestado durante el gobierno de la panista Rosario Castro Lozano.

De acuerdo con datos de la PGR, a los que el reportero Ricardo Ravelo tuvo acceso, una de las residencias se localiza en las calles de López Rayón Poniente y Belisario Domínguez Norte. La propiedad no tiene número. Otra de sus casas está en Donato Guerra 946 y una más en Sinaloa 80 —cerca de la Quinta El Paraíso—, la cual fue cateada durante la persecución contra el Chaky González Hernández.

La casa donde fue detenido el Chaky —ubicada en la calle Sinaloa y que ocupa toda una manzana— pasó a manos de la alcaldesa Rosario Castro, quien pretendía convertirla en un centro de rehabilitación para niños drogadictos, aunque el hecho despertó críticas debido a que ese municipio está invadido por el narcomenudeo y los llamados "puchadores" —vendedores de droga— operan con total impunidad.

La alcaldesa, sin embargo, mantuvo en las filas policiacas del municipio a personajes presuntamente relacionados con el narcotráfico. Uno de ellos, Isaías Castillo Luna, por ejemplo, era un policía allegado al Chaky, según reportes de la PGR. En septiembre de 2004, luego de asumir la presidencia municipal de Lerdo, Durango, Castro Lozano nombró a Castillo Luna comandante urbano de la policía municipal.

El consejo de administración

Tras la muerte de Amado Carrillo en julio de 1997, el cártel de Juárez cambió su esquema: de ser una organización piramidal y robusta, pasó a operar como un consejo empresarial que se fortaleció dentro y fuera de Ciudad Juárez mediante alianzas y asociaciones, lo que le permitió ampliar sus dominios hacia una veintena de estados, en donde trafica con droga y cobra el llamado "derecho de piso" a otros grupos que pretenden pasar cargamentos de cocaína, según datos proporcionados por la Subprocuraduría de Investigación Especializada en Delincuencia Organizada (SIEDO) en 2005.

En esa frontera el cártel de Juárez no tiene rivales: controla el movimiento de droga en todo el estado y en ese año se calculaba que la organización —cuyos orígenes se remontan al legendario Pablo Acosta, cacique y narco de Ojinaga— introducía unas 200 toneladas de cocaína mensuales a Estados Unidos por diversas rutas, particularmente por la de Ciudad Juárez-El Paso.

De acuerdo con información obtenida por *Proceso*, en 2005 la estructura del cártel de Juárez prácticamente era la misma con la que operaba Amado Carrillo Fuentes, aunque con nuevas alianzas y variantes. En Sinaloa, por ejemplo, el representante del cártel era Ismael *el Mayo* Zambada, quien estaba asociado con Joaquín *el Chapo* Guzmán Loera. Zambada le brindó apoyo a Guzmán luego de su fuga del penal de Puente Grande, Jalisco, y juntos le declararon la guerra a los integrantes del cártel del Golfo, encabezado por Eduardo Costilla, el Coss.

A sangre y fuego, Guzmán Loera ha intentado apoderarse de la frontera tamaulipeca, mientras que Zambada García ha pretendido penetrar el estado de Baja California y ocupar las plazas de Tijuana y Mexicali que ha ido perdiendo el debilitado cártel de la familia Arellano Félix.

Otro prominente integrante del cártel de Juárez —quizás uno de los más viejos narcotraficantes— es Juan José Esparragoza, el Azul. Sus orígenes se remontan a los tiempos de Miguel Ángel Félix Gallardo —jefe de jefes del narcotráfico— y durante algún tiempo se le vinculó con el viejo cártel de Guadalajara, hoy extinto. Miembro de lo que se conoce como la vieja guardia de capos, Esparragoza era uno de los hombres de confianza de Amado Carrillo Fuentes. En 2004 el Azul logró penetrar la estructura del gobierno de Morelos, encabezado por el gobernador panista Sergio Estrada Cajigal, quien supuestamente mantuvo un romance con Nidia Esparragoza, hija del capo.

Aunque la PGR no ha podido acreditar este vínculo afectivo ni las ligas del gobernador panista con el narcotráfico, Esparragoza se manejó con toda impunidad en Morelos. Prácticamente toda la policía del estado, bajo el mando de Agustín Montiel —preso en La Palma—, estaba al servicio del narco: recibían la droga en el aeropuerto de esa entidad y los cargamentos eran transportados en vehículos oficiales, según consta en el expediente del caso.

Vicente Carrillo Leyva —hijo de Amado Carrillo Fuentes y de Candelaria Leyva, primera esposa de Amado— también formaba parte de la organización criminal. Según la PGR, el joven era una pieza de la estructura de lavado de dinero de la organización, lo cual pudo acreditarse luego del aseguramiento de la cadena de tiendas Versace, las cuales eran de su propiedad. Dentro de ese esquema también operaba Rodolfo Carrillo, hermano menor de Vicente y de Amado, quien fue ejecutado en 2004 en Culiacán, Sinaloa, cuando salía de la plaza Cinépolis.

Tras la muerte de Rodolfo, dentro del cártel de Juárez se cimbraron las relaciones entre el Mayo Zambada y Vicente Carrillo, pues el crimen se le atribuyó a Joaquín Guzmán Loera. La ruptura, sin embargo, no se produjo, aunque se sabe que están distanciados. Vicente Carrillo Fuentes, a quien su hermano no le tenía mucha confianza, no era considerado un personaje inteligente: en los expedientes del llamado "maxiproceso", integrado contra miembros del cártel de Juárez, se le menciona como una persona con reacciones virulentas que vivía a la sombra de Amado Carrillo.

Pero tras la muerte de Amado, Vicente asumió la conducción del cártel de Juárez y desde entonces logró que la organización no sólo se mantuviera como una de las más sólidas, sino que expandió sus dominios fuera de esa frontera. Según información de la PGR, el cártel está presente en Sonora, Coahuila, Tamaulipas, Sinaloa, Durango, Zacatecas, Jalisco, Michoacán, Oaxaca, Tabasco, Guerrero, Chiapas, Campeche y Quintana Roo. Bajo su conducción, logró asociarse con otro grupo criminal: los hermanos Marco Arturo y Héctor Beltrán Leyva.

A dicho grupo pertenecía Joaquín Guzmán Loera. Según los expedientes consultados en 2005, los Beltrán Leyva tenían bajo su dominio un amplio radio de acción que incluía el Distrito Federal, el Estado de México, Sonora, Sinaloa, Guerrero, Chiapas, Querétaro, Jalisco, Quintana Roo, Tamaulipas y Nuevo León.

Las investigaciones de la PGR señalaban que esta familia poseía un equipo de futbol de salón en Culiacán, suites de lujo en Acapulco y mansiones en Valle de Bravo. Los Beltrán Leyva son oriundos de Tameapa, municipio de Badiraguato, Sinaloa, y proceden de un clan familiar cuyas actividades de siembra y tráfico de goma de opio se remontan a más de medio siglo.

En 2005, según la PGR, los hermanos Beltrán Leyva eran los operadores de Joaquín *el Chapo* Guzmán en el control del transporte de drogas hacia Estados Unidos, así como para la protección de autoridades y el lavado de dinero, según se desprende de la averiguación previa PGR/SIEDO/UEIDCS/021/2005.

Los socios del cártel de Juárez —con quienes pudieron consolidar sus operaciones en todo el país— fueron cuatro hermanos. Marcos Arturo Beltrán Leyva, el Barbas, identificado por la PGR como el entonces líder de la banda; Héctor Alfredo, el H; Mario Alberto, el General, y Carlos Beltrán Leyva.

De acuerdo con los informes de la PGR, en 2005 los Beltrán Leyva tenían bien estructurada la forma de operar el negocio de las drogas: Héctor Alfredo se encargaba de trasladar los cargamentos de droga a Monterrey, Nuevo León, y al estado de Guerrero, donde tenían enlaces. Luego, la droga era enviada a la frontera de Estados Unidos. Este personaje se distinguía por su violencia y por mantener un férreo control de los grupos menores de narcotraficantes que operaban en Sinaloa, quienes trabajaban bajo su tutela.

Un cártel fortalecido

Con las alianzas que logró establecer tanto con el Chapo Guzmán como con los hermanos Beltrán Leyva, el cártel de Juárez era considerada la organización criminal más poderosa y la que menos golpes y bajas sufrió durante el sexenio de Vicente Fox.

El cártel resistió la detención, en 1999, de Carlos Colín Padilla, el operador financiero de Amado Carrillo. También fueron aprehendidos Alcides Ramón Magaña, el Metro; Arturo González, el Chaky, y Javier Torres Félix, el JT. Estos dos últimos fungían como gatilleros: González estaba bajo las órdenes de Amado y de Vicente Carrillo, en tanto que Torres dependía de Ismael *el Mayo* Zambada. Salvo estas bajas, las principales cabezas y las piezas importantes de la organización están intactas y fueron fortalecidas con la incorporación de Guzmán Loera y los hermanos Beltrán Leyva, con lo que el cártel de Juárez logró establecerse prácticamente en todo el país.

Tras la fuga de Guzmán Loera se sabe que el grupo se reforzó. Luego de este hecho, los hermanos Beltrán Leyva sostuvieron reuniones para planificar sus operaciones; los encuentros se habrían llevado a cabo tanto en el Distrito Federal como en Cuernavaca, Morelos.

En un encuentro que se habría realizado con Ismael Zambada, el Mayo, de acuerdo con el oficio CI/C4/ZC/0340/05 del Centro Nacional de Planeación e Información para el Combate a la Delincuencia, participaron unas 25 personas, entre las más importantes: Vicente Carrillo Fuentes, Vicente Zambada Niebla y Alfredo Beltrán Leyva, quien acudió en representación de Juan José Esparragoza, el Azul. El tema que trataron, según ese mismo reporte, fue cómo se iban a repartir el territorio para la recepción, traslado y tráfico de drogas. Un punto adicional se trataría en el encuentro: eliminar a los hermanos Arellano Félix.

En 2004, justo en la recta final del gobierno de Patricio Martínez en Chihuahua, salió a relucir la vinculación de altos funcionarios del estado con el cártel de Juárez. Por ello la PGR abrió una investigación contra el entonces procurador de justicia de esa entidad, José Jesús Chito Solís Silva, a quien consideraba el presunto enlace con la organización criminal.

De igual forma se sometió a investigación al menos a una docena de policías, a quienes se les atribuyó la ola de violencia: ejecuciones y levantones en todo el estado, acciones que, de acuerdo con las investigaciones, eran ordenadas por Vicente Carrillo Fuentes. El grupo policiaco bajo investigación era encabezado por Vicente González, entonces subdirector operativo de la Policía Judicial estatal.

La PGR logró acreditar que parte del grupo de policías ligados con el cártel, responsables de algunas ejecuciones y desapariciones, son Miguel Ángel Loya Gallegos, ex comandante de la Policía Judicial del estado, y los agentes Álvaro Valdés Rivas, Lorenzo Ramírez Yánez y Érick Cano Aguilera, quienes desaparecieron en 2004 luego de que la PGR inició las investigaciones contra el procurador en turno Solís Silva y la policía del estado.

Los Carrillo, bajo protección militar

♦

Ricardo Ravelo

Desde que lo encabezaba Amado Carrillo Fuentes, el Señor de los Cielos, el cártel de Juárez —una de las organizaciones criminales más antiguas del país— ha contado con la protección de efectivos del Ejército, así como de las policías estatales y federales. Estos elementos "cuidaban a mi padre y a mi familia" durante los viajes que realizaban en México y en el extranjero, recuerda Vicente Carrillo Leyva, hijo del capo. Agrega que, tras la muerte de su padre, la dirección del cártel fue asumida por su tío Vicente Carrillo Fuentes, el Viceroy, quien cuenta con una célula de sicarios "mayormente compuesta por ex militares, siempre fuertemente armados, que se transportan en convoyes, están asentados en Chihuahua y se asociaron con los Zetas, encabezados por Lazca o Lazcano, para atacar y defenderse del cártel de Sinaloa".

Lo anterior forma parte de la declaración ministerial que rindió Carrillo Leyva ante la Subprocuraduría de Investigación Especializada en Delincuencia Organizada (SIEDO) el 1 de marzo de 2009. Este testimonio se halla integrado en la averiguación previa PGR/SIEDO/UEIDCS/097/2004, cuya copia tiene el semanario *Proceso*.

Conocido como el Ingeniero o el Vicentillo, en ese entonces, Carrillo Leyva dijo tener 32 años y fue considerado por la Procuraduría General de la República (PGR) y la Drug Enforcement Administration (la DEA, agencia antidrogas estadunidense) como el prototipo de la nueva generación de narcotraficantes y lavadores de dinero en ascenso dentro del crimen organizado. Se le acusa de varios delitos tipificados en la Ley Federal contra la Delincuencia Organizada, como tráfico de drogas y lavado de activos.

Su captura derivó en polémica: la PGR afirma que lo detuvo en un parque cuando realizaba su rutina matinal de ejercicios, pero su esposa, Celia Quevedo Gastélum, sostiene que los agentes lo sacaron de su departamento de la Ciudad de México (*Proceso* 1711). Carrillo Leyva dio a la SIEDO detalles sobre las complicidades de su padre con altos mandos militares; habló de los negocios que su progenitor realizó con policías federales y de los empresarios que, según dice, lo estafaron cuando intentó comprar acciones en la Bolsa Mexicana de Valores, primero, y del Banco Anáhuac, después.

En su declaración ministerial exhibió parcialmente las entrañas del cártel de Juárez, recordó pasajes de su fundación y describió cómo era su estructura en el momento de su detención. No pasó por alto "el suplicio" que enfrentó, junto con su madre y sus hermanos, para recuperar la fortuna de su padre, el Señor de los Cielos, de la que sólo hallaron 7 millones de dólares que tenía guardados en varias cajas fuertes ocultas en distintos refugios y "entre seis y ocho casas".

También recordó cómo se abocó al cobro de las deudas que distintos testaferros, entre ellos narcos colombianos, habían contraído con Amado Carrillo; igual que se dedicó a recuperar residencias de su familia en todo el país. No olvidó hablar de las relaciones de negocios que trabaron con su padre personajes como Juan Alberto Zepeda Méndez —secretario particular del empresario Jaime Camil y ex pareja de la actriz Ninel Conde— y José Luis Sánchez Pizzini, a quienes Carrillo Fuentes, según el declarante, les entregó 30 millones de dólares para comprar acciones del Banco Anáhuac, con el que diversos políticos, narcos y empresarios hacían negocios.

Relata que esas personas y su tío Vicente Carrillo Fuentes negaron que su padre hubiera invertido, prestado o regalado dinero para emprender negocios con ellos. "No hay nada qué reclamar", le dijo Zepeda Méndez a Carrillo Leyva cuando le pidió la devolución del dinero que —siempre según el declarante— le entregó Amado Carrillo.

Protección militar

La declaración de Vicente Carrillo Leyva se efectuó el 1 de marzo de 2009 a las 14:10 horas ante José Federico Labastida Simón, su defensor de oficio, y Karina Gómez Sánchez, fiscal federal adscrita a la SIEDO. Al referirse a la protección que recibía el cártel de Juárez cuando su padre lo encabezaba, Carrillo Leyva detalló cómo estaba constituida la organización criminal, los estados que controlaba y las relaciones que mantenía Carrillo Fuentes con mandos castrenses asignados a distintas plazas de la República.

Desde muy joven Carrillo Leyva comenzó a conocer a las figuras emblemáticas del narcotráfico en México: "Conozco a Juan José Esparragoza, alias *el Azul*. Lo conocí en el mes de septiembre de 1989, aproximadamente, cuando mi papá fue internado en el Reclusorio Sur por portación de arma de fuego, teniendo yo aproximadamente 13 años de edad, quien quedó internado hasta el mes de abril de 1990, ya que Esparragoza Moreno ya se encontraba interno en el Reclusorio Sur, y fue cuando mi papá llegó ahí y cuando lo fui a ver ahí estaba también él.

"[…] Cuando salió mi papá dejé de verlo [a Esparragoza], tres años después lo volví a ver en una de las fiestas de la familia […]. Tengo conocimiento que se dedica al narcotráfico, desde que lo conocí, y entre mi padre y él se decían compadres. […] Por cuanto hace a la organización que comandaba mi papá, se encontraba integrada de la siguiente manera: Amado Carrillo era el jefe que se encargaba de la dirección del cártel. Mi padre era apodado el Señor de los Cielos. Le decían así porque le gustaban los aviones y en alguna ocasión llegó a tener dos o tres.

"Debajo de él estaba Ramón Alcides Magaña, alias el Metro, quien era el enlace para realizar las negociaciones con los colombianos; enseguida estaba mi tío Vicente Carrillo Fuentes, alias el Viceroy, quien era el encargado de la seguridad de la organización en todo, desde lo que eran los cargamentos de droga hasta la seguridad personal de mi papá. Enseguida estaba Ernesto Pulido, quien era el hombre de confianza de mi papá y de mi tío, que se encargaba de la plaza de Ciudad Juárez; Chuy, el Flaco, era el responsable de Cancún, y también estaba Eduardo González Quirarte como encargado de la plaza de Guadalajara, quien se jactaba de tener relaciones con los militares".

Según datos de esa averiguación previa, González Quirarte era también el encargado de las relaciones públicas del cártel de Juárez y fue quien logró corromper al general Jesús Gutiérrez Rebollo, entonces zar antidrogas, para que protegiera al capo Amado Carrillo y combatiera a los hermanos Arellano Félix, jefes del cártel de Tijuana, sus acérrimos rivales.

En su testimonio, Vicente Carrillo Leyva añadió: "El encargado de la plaza de Sonora era Nicanor Loya, quien siempre manifestaba que Agua Prieta, Nacozari y Hermosillo eran territorios suyos. Jaime Olvera Olvera [quien tiempo después se convirtió en testigo protegido y fue asesinado] era el encargado de la seguridad aquí, dentro del Distrito Federal. […] Por cuanto hace a los contactos entre policías locales, federales y militares, entre los estados [en los] que recuerdo se desenvolvía la organización estaban Quintana Roo, Sonora, Jalisco, Distrito Federal, Morelos, pero [en esta última entidad] no sé quién era el encargado, porque yo sólo iba los fines de semana a visitarlo [a su padre], porque en ese tiempo yo vivía en el Distrito Federal".

En un pasaje, Carrillo Leyva describió cómo protegían a su padre los efectivos del Ejército: "En una ocasión […] llegamos a Cozumel, Quintana Roo, por la época de Semana Santa. Mi papá nos dijo que nos adelantáramos al lugar y que ahí nos iban a recibir unos amigos de él, y en tono de broma nos dijo que no nos fuéramos a asustar con las personas que nos iban a recoger en el aeropuerto, preguntando que quiénes eran y no nos quiso decir, sólo que nos iban a encontrar a nosotros".

Según el declarante, llegaron a Cozumel en un avión privado. Enseguida, cuenta, "los militares rodearon el avión y al abrir las puertas nos saludaron muy amablemente diciéndonos que venían de parte del general Curiel". Se refiere al general Gonzalo Curiel García, quien falleció en septiembre de 1995 cuando cuatro aviones de la Fuerza Aérea Mexicana colisionaron en el aire durante una exhibición del día de la Independencia. En ese accidente murieron otros jefes castrenses.

Los soldados —continuó el Vicentillo en su declaración ministerial— los llevaron a un hotel: "Lo hicieron en vehículos oficiales que, recuerdo, [eran] un Jeep y una Suburban, instalándonos en el hotel [...]. Ya por la tarde llegó el general Curiel presentándose y poniéndose a las órdenes, fue hasta entonces cuando supe de quién se trataba, pues era el jefe de la base aérea militar de Cozumel". Amado Carrillo arribó a Cozumel cuatro días después.

"[...] Y en el hotel donde nos hospedamos se reunió con el general Curiel, donde también estuvo Eduardo Quirarte y, según supe después, fue él quien los presentó, ya que el general había estado en la base aérea de Guadalajara, con sede en Zapopan, Jalisco. Quiero aclarar que a mí no me consta que mi padre haya sido traficante de drogas, ya que yo siempre lo vi en casa, en plan familiar".

Carrillo Leyva señaló en su declaración que tras la muerte del general Curiel, acudió a su velorio acompañado de su padre y ahí conoció a otros militares que resultaron piezas clave para la protección del cártel de Juárez: "Estando en el velorio del general Curiel, tres días después del avionazo, se nos informó que iba a llegar el general Rebollo [Jesús Gutiérrez], del cual Lalo Quirarte, quien se jactaba de ser su amigo, dijo que nos lo iba a presentar, lo cual nunca sucedió, pero después supe por medios informativos que lo acusan de haber colaborado con mi padre".

Negocios y poder

El cártel de Juárez siempre tuvo contacto con el poder político y empresarial. En 1997 corrió la versión de que Carrillo Leyva había sido detenido cuando regresaba de Suiza. Doce años después, ante la SIEDO, aseguró que nunca estuvo detenido y explicó que en 1998 fue invitado por sus amigos "Luis y Franki" para ir al Mundial de Futbol de Francia, pero no quiso viajar.

Indicó que cuando sus amigos regresaban de Francia fueron detenidos en Migración y los llevaron a una oficina "[...] pensando Luis, según me platica, que era por el fraude de los boletos. Al llegar a dicha oficina, se dio cuenta de que en el escritorio se encontraba una ficha de identificación mía y supo que se trataba de un asunto relacionado conmigo.

"Los agentes se dirigieron a Franki, diciéndole que él era yo, y como éste era yerno de Enrique Molina, quien es el dueño de la Pepsi, éste le hizo saber al presidente, quien en ese momento era Zedillo, para hacerle del conocimiento la confusión, quien ordenó a la Secretaría de Relaciones Exteriores aclarar la confusión y, hecho lo anterior, horas después dejaron en libertad a Franki y a Luis".

En la averiguación previa PGR /SIEDO/UEIDCS/097/2004, que contiene las acusaciones contra Vicente Carrillo Leyva, el presunto lavador de dinero del cártel de Juárez describió la estructura de la organización que maneja su tío Vicente Carrillo Fuentes.

Expuso: "Actualmente sé que la organización la maneja mi tío Vicente Carrillo Fuentes, alias el Viceroy, que la persona que es su segundo se llama José Luis, alias el JL o el Dos Letras, y que como seña particular cojea de un pie. Él es quien se encarga de la seguridad de la organización en el estado [Chihuahua], quien es un sanguinario y me amenazó de muerte desde hace aproximadamente dos años y medio, porque dice que debí haberme metido al mando de la organización después de la muerte de mi padre".

Al referirse al cerco de protección con el que cuenta su tío Vicente Carrillo Fuentes, Carrillo Leyva subrayó que la mayoría de los sicarios son ex militares: "Sé que ellos [su tío y el grupo que encabeza en el cártel de Juárez] manejan una célula de sicarios mayormente compuesta por ex militares, siempre fuertemente armados, que se transportan en convoy de cuatro a seis camionetas tipo Durango o Suburban.

"[Operan] con tácticas militares, se hacen mencionar gafes o ganfes, que es aeronáutico anfibio. Se aliaron con los Zetas, al mando de Lazca o Lazcano, para tener más poder y así poder atacar y defenderse del cártel de Sinaloa. Que esto lo sé por pláticas y comentarios que he escuchado por gente de la organización criminal de mi tío Vicente Carrillo Fuentes, a los que me he encontrado en lugares públicos, quienes son de bajo perfil, es decir, choferes, mandaderos o veladores".

A finales de los noventa, la PGR relacionó a Carrillo Leyva con operaciones de lavado de dinero y le atribuyó la propiedad de las tiendas Versace en Guadalajara, Jalisco, entre otros negocios. Ahora el Vicentillo señala que la base de operaciones del cártel de Juárez es el estado de Chihuahua, aunque afirma que también opera en Sonora, Chiapas y Oaxaca.

En la madeja de datos, historias y anécdotas que Carrillo Leyva desmenuzó en su declaración ante la SIEDO saltó el nombre de Guillermo González

Calderoni, excomandante de la Policía Judicial que cobró fama en el sexenio de Carlos Salinas por haber detenido a capos importantes, como Miguel Ángel Félix Gallardo, y después fue asesinado en McAllen, Texas.

De la relación de González Calderoni con Amado Carrillo, el hijo de éste sostuvo: "Recuerdo haber conocido a Guillermo González Calderoni, quien fungía como policía y comandante [...] llegando en un vuelo de Hermosillo con destino a Guadalajara, y al arribar a Guadalajara nos detuvo a mí y a mis hermanos pensando que mi papá venía con nosotros. Nos revisó, nos interrogó y, al ver que no venía mi papá con nosotros, nos dejó ir. Al cabo de ocho días llegó mi papá a la casa de Guadalajara con él, ya que anteriormente los pilotos le comunicaron del incidente y así logró Calderoni hacer contacto con mi papá y ahí fue donde empezó la amistad con él".

La herencia

Carrillo Leyva detalló en su declaración que, tras la muerte de su padre, intentó recuperar su fortuna, que consideraba la herencia familiar. No tuvo el éxito que esperaba, pues algunos empresarios con los que su padre hizo negocios se negaron a pagarle; y otros, que fungían como testaferros, se rehusaron a devolverle casas, dinero en efectivo y acciones de diversas empresas constituidas con el dinero del narcotráfico.

El fallecimiento de Amado Carrillo tomó por sorpresa a su hijo: "Una vez que falleció mi padre, yo estaba estudiando en el Distrito Federal, cuando me avisa Martín Ríos, quien era escolta de mi papá, que se encontraba muy mal, y diez minutos después recibí una llamada de mi tío Vicente diciéndome que ya había fallecido. Esto ocurrió el 4 de julio de 1997. Me dirigí a la funeraria López, ubicada atrás del hotel Fiesta Americana, percatándome físicamente de que efectivamente la persona que se encontraba en el féretro era mi padre".

Después de este suceso comenzó la búsqueda de los bienes de Amado Carrillo Fuentes. Según Carrillo Leyva esto se hizo entre los familiares y con los socios de su padre, cuyos nombres refirió: "Supe que mi tío tomó el mando de la organización haciendo el reacomodo de la gente a su conveniencia. Dentro de los bienes muebles e inmuebles que él tenía para la operación de la organización nosotros nunca obtuvimos un beneficio. Los bienes de la familia eran entre seis y ocho casas, de las cuales nos repartimos entre mi madre [Candelaria Leyva Cárdenas], mis hermanos y yo, tocándome a mí una casa en Hermosillo y una en Guadalajara. A mis hermanos les tocaron dos casas en Ciudad Juárez, un departamento en Cancún y dos más en Culiacán".

En relación con el dinero de Amado Carrillo, señaló: "Se llegó a encontrar, dentro de las cajas fuertes que tenía escondidas, más de siete millones de dólares en efectivo, los cuales nos repartimos en partes iguales entre todos los hermanos, mi mamá y yo, tocándome a mí poco más de un millón de dólares".

Tiempo después hizo contacto con su tío Vicente, al que le preguntó por los bienes de su padre. El Viceroy contestó que "No había bienes de la organización", pues algunos estaban incautados y otros se habían vendido para subsanar deudas, "dándome a entender que no había nada qué reclamar", puntualizó Carrillo Leyva. La mayoría de los deudores y testaferros de Carrillo Fuentes tampoco respondieron. Por ejemplo, por medio de Alcides Ramón Magaña, el Metro, Carrillo Leyva se enteró, según su testimonio, de que un colombiano apodado el Carnitas o el Fritangas le debía a su padre 10 millones de dólares. "Lo tratamos de localizar y nos dijeron que lo había secuestrado la guerrilla colombiana. Dos años después lo ubicaron, reconoció el adeudo y pidió tiempo para pagarlo, pero hasta la fecha no hemos recibido dinero alguno".

En su testimonio, Carrillo Leyva mencionó también al comandante de la Policía Federal de Caminos Alejandro Rostro Almaguer, afincado a principios de los noventa en Morelos, quien le dijo a Amado Carrillo por el año de 1993 que ya se iba a retirar y que deseaba poner un negocio de uniformes para venderlos a la corporación.

"El comandante Almaguer le propuso a mi padre asociarse en dicha empresa, en partes iguales, diciéndome mi padre que ese negocio era mío y también las ganancias que salieran, aunque nunca me especificó la cantidad que se invirtió. Cuando falleció mi papá le mandé a pedir cuentas al comandante, por medio del licenciado López, respecto de la fábrica de los uniformes, respondiendo él que no había nada qué aclarar ya que en su momento le pagó el préstamo de la inversión a mi papá". Carrillo Leyva dijo que posteriormente, y por medio de otro policía de Caminos, se enteró de que Rostro Almaguer seguía surtiendo uniformes a la corporación federal.

Vicente Carrillo se refirió a otro negocio realizado por su padre con Juan Alberto Zepeda Méndez para adquirir acciones de la Bolsa Mexicana de Valores, lo cual no se hizo, dijo, porque Zepeda le ofreció comprar acciones en el Banco Anáhuac, negocio en el que implicó a Luis Sánchez Pizzini, un empresario relacionado con Carlos Cabal Peniche.

Tiempo después, el Banco Anáhuac fue intervenido por la Comisión Nacional Bancaria, entonces encabezada por Eduardo Fernández, al revelarse que el cártel de Juárez había comprado la mitad de las acciones del banco. Tras un largo litigio —en el que, según Carrillo Leyva, encabezó la defensa de los accionistas el connotado panista Diego Fernández de Cevallos— el declarante se dirigió a Juan Alberto Zepeda Méndez y Jorge Hurtado Horcasitas.

"Me entero por estas personas que el banco tenía problemas de malos manejos desde antes de que nosotros empezáramos la negociación de la compraventa de las acciones, por lo cual es intervenido el banco por la Comisión Nacional Bancaria, representada por Eduardo Fernández, quien tenía problemas personales, al parecer de dinero, con Juan Alberto Zepeda, Jorge Hurtado y José Luis Sánchez Pizzini.

"Eduardo Fernández se tomó atribuciones que no le correspondían para afectar directamente al Banco Anáhuac, con lo que nos pasa a afectar a nosotros, por lo que se inició una auditoría, fungiendo como abogado Diego Fernández de Cevallos. Luego supe, por otras personas, que el fallo judicial salió favorable al banco, lo cual tanto Juan Alberto Zepeda Méndez —a quien Carrillo Leyva relacionó sentimentalmente con la actriz Ninel Conde— como Jorge Hurtado han negado".

Respecto del historial de Zepeda Méndez, Carrillo Leyva aseguró: "En el mes de julio de 2008 me encontré en un café de la Zona Rosa a Alberto Gallardo Islas, a quien conozco desde hace seis años, y me dijo que Juan Zepeda andaba haciendo gestiones para recuperar un cargamento de efedrina de una gente del cártel de Sinaloa. Me dijo que andaba gastando mucho dinero inexplicablemente. […] Sé que Juan Zepeda Méndez hace ejercicio todos los días en el *Sport City* en Santa Fe en compañía de su esposa Ninel Conde, de quien es representante artístico, y cada vez que va a plazas o a provincia con el pretexto de acompañar a su esposa, aprovecha para hacer negocios con gente relacionada con el narcotráfico".

El violento retador del Chapo

♦

Ricardo Ravelo

E n septiembre de 2004, en la plaza Cinépolis de Culiacán fue asesinado Rodolfo Carrillo Fuentes, el Niño de Oro, ejecución que se atribuyó a sicarios de Joaquín Guzmán Loera, el Chapo, líder del cártel de Sinaloa. Aún velaban el cuerpo de Rodolfo Carrillo cuando su hermano Vicente, el Viceroy, telefoneó a Ismael *el Mayo* Zambada, señalado entonces como protector del Chapo.

—Te llamo para preguntarte si estás conmigo o contra mí —soltó Vicente Carrillo con su característico tono golpeado.

—Yo estoy contigo, compadre… —habría respondido Zambada García.

—Si es así, quiero que me entregues la cabeza de ese hijo de la chingada —exigió Carrillo en referencia a Guzmán Loera (*Proceso* 1455).

La respuesta nunca llegó y así comenzó la guerra entre los cárteles de Sinaloa y de Juárez, la que mantiene a Chihuahua en una psicosis permanente, particularmente a Ciudad Juárez. Vicente Carrillo, también conocido como el *Coronel*, asumió el mando del cártel de Juárez en 1997, a raíz de la muerte de Amado Carrillo. Pero su ascenso en el mundo del narco no fue rápido ni fácil; se le criticaban la falta de liderazgo y una personalidad extremadamente violenta y sanguinaria, según consta en un perfil elaborado por la Drug Enforcement Administration (DEA), la agencia antidrogas estadunidense.

Su carácter determinó que los principales socios de Amado Carrillo —Ismael Zambada García, el Mayo, y Juan José Esparragoza Moreno, el Azul, entre otros— se separaran del cártel de Juárez y comenzaran a operar por su cuenta en el Pacífico. Fue evidente que no quisieron arriesgar su seguridad al lado de un personaje que solía actuar por impulsos. Vicente Carrillo —con hegemonía entonces en Chihuahua, Durango, Sinaloa, Coahuila, Sonora y Quintana Roo— no vaciló en tomar las riendas del cártel que en los setenta fundó Pablo Acosta Villarreal, el Zorro del Desierto.

Acosta fue maestro de los hermanos Amado, Cipriano y Rodolfo. El que los presentó fue Ernesto Fonseca Carrillo, *don Neto*, de quien se afirma que es tío de los Carrillo, aunque en diversas ocasiones él lo ha negado.

Sin duda el más aventajado de los tres fue Amado, quien murió, según la versión oficial, tras someterse a una cirugía plástica con liposucción en julio de 1997. Cipriano falleció por causas naturales. Rodolfo fue asesinado. El que sobrevivió a todos los embates fue el cuarto hermano, Vicente, pero no le fue tan bien.

Sin el apoyo de sus principales socios, el Viceroy se hizo de los servicios de un grupo de sicarios tan violentos como él, encabezados por Arturo González Hernández, el Chaky. Este sujeto pronto cobró una fama terrible porque solía quemar a sus víctimas o incluso sepultarlas en vida. Fue detenido en abril de 2003 en el estado de Durango. El otro brazo importante de Vicente fue su sobrino Vicente Carrillo Leyva, hijo de Amado, capturado a finales de febrero de 2009 bajo el cargo de lavado de dinero.

Vicente Carrillo parecía quedarse solo. El peor momento para él llegó poco después de que el Chapo se fugó del penal de Puente Grande, Jalisco. La hegemonía de la familia Carrillo en el negocio de las drogas se puso en riesgo y varios capos emblemáticos, entre ellos el Mayo, planearon desplazarla de los territorios bajo su dominio. Así quedó establecido en una carta fechada el 13 de octubre de 2004 firmada por un sicario al servicio de los hermanos Beltrán Leyva: Rodolfo Huerta.

El gatillero entregó la misiva a la Presidencia de la República el 15 del mismo mes, días después de haber escuchado una conversación entre los altos mandos del narcotráfico, quienes, desde una suite de un hotel en Monterrey, planearon varias ejecuciones y la consolidación de Sinaloa como un cártel más poderoso. Todo ello, según se asienta en la carta, se logró con el apoyo del poder político en turno.

Dirigida al entonces presidente Vicente Fox, la carta del sicario dice: "[…] Se solicita que el presente relato se divulgue y se haga llegar a las diversas dependencias de gobierno para que las mismas robustezcan y confirmen lo expresado en la presente y por lo tanto se inicien las investigaciones correspondientes con autoridades que no estén coludidas con hechos y personajes que a continuación se relatarán.

"Hace aproximadamente tres meses en la ciudad de Monterrey, Nuevo León, se realizó una junta entre diversos personajes, los cuales tienen relación con la delincuencia organizada y entre los que participaron en la misma destacan por su importancia Ismael *el Mayo* Zambada, Joaquín *el Chapo* Guzmán, Juan José Esparragoza Moreno, alias el Azul, Arturo Beltrán, entre otros".

El objetivo del cónclave de capos, según escuchó Rodolfo Huerta, quien estuvo presente en la reunión, era "planear el crimen de Rodolfo Carrillo y una vez ejecutado éste tratar de incriminar […] al grupo los Zetas, teniendo como objetivo estas acciones por una parte terminar con la hegemonía que la familia Carrillo Fuentes tenía sobre este cártel, puesto que cuando Amado Carrillo vivía los titulares del cártel de Sinaloa [Zambada, Esparragoza y Arturo Beltrán] eran subordinados de él, manifestando dichos integrantes del cártel de Sinaloa que únicamente le debían lealtad a Amado Carrillo y no a los otros miembros de la familia".

Según el sicario, "ése era el motivo por el cual Vicente Carrillo no había podido ocupar el mando de dicho cártel, puesto que lo han minado últimamente personas de su confianza y más recientemente a su hermano Rodolfo Carrillo Fuentes, usando el cártel de Sinaloa a la Policía Ministerial de Sinaloa para estos fines". De acuerdo con el pistolero, otro punto medular tratado en la cumbre de capos era exterminar a la organización de los Zetas. Los jefes del cártel de Sinaloa llevarían a cabo ese plan aprovechando el poder de su personal, el económico y el de varios funcionarios federales del más alto nivel que despachaban en la SIEDO.

Estos objetivos, dice la carta, tenían una finalidad: que el Mayo Zambada, el Azul Esparragoza y el Chapo Guzmán monopolizaran el narcotráfico y que ellos se consolidaran como cabezas de la organización criminal de Sinaloa, no sin exterminar a los jefes del cártel de Tijuana, otro de sus grupos rivales.

Ascenso

De acuerdo con las fichas criminales con las que cuentan la Procuraduría General de la República (PGR) y la Secretaría de la Defensa Nacional (Sedena), los hermanos Carrillo Fuentes se iniciaron en el negocio del narcotráfico gracias a las enseñanzas del decano de los capos mexicanos Ernesto Fonseca Carrillo, preso en el penal del Altiplano sólo por el delito de homicidio: se le acusa de haber participado, durante la década de los ochenta, en la tortura y asesinato del agente de la DEA Enrique Camarena Salazar, el Kiki.

Después de cuatro años de esplendor —fue jefe del cártel de Juárez de 1993 a 1997—, Amado Carrillo Fuentes se sintió acorralado y emprendió su huida hacia Sudamérica: se afincó en Chile, Argentina y, según la PGR, también se escondió en Cuba. Su muerte fue sorpresiva; tanto que aún circulan versiones de que está vivo y tales dichos se refuerzan por el hecho de que poco antes de que fuera declarado muerto su publirrelacionista, Eduardo González Quirarte, el Flaco, tuvo varias entrevistas en la Sedena con una finalidad: que cesara la persecución contra Amado Carrillo (*Proceso* 1732).

Tan pronto fue sepultado el llamado Señor de los Cielos en la finca La Aurora, en Guamuchilito, Sinaloa, su hermano Vicente tomó las riendas del cártel de Juárez, organización que tuvo enorme influencia en las esferas política y policiaca del país cuando la comandaba Amado Carrillo. Lo primero que hizo el Viceroy como nueva cabeza del cártel de Juárez fue ubicar un sitio seguro. Escogió el municipio duranguense de Lerdo, refugio tradicional de los capos juarenses, donde tiene varias casas y donde es sabido en qué sitios se esconde.

Después se dedicó a cobrar las deudas que tanto narcos como empresarios habían contraído con su hermano Amado, según declaró Vicente Carrillo Leyva en la averiguación previa PGR /SIEDO/UEIDCS/097/2004; entre ellos están Juan Zepeda Novelo Méndez y José Luis Sánchez Pizzini, a quienes el Señor de los Cielos, según el declarante, les entregó 30 millones de dólares para comprar acciones del Banco Anáhuac, con el que diversos políticos, narcos y empresarios hacían negocios.

Tras el escándalo suscitado por la presunta inversión del cártel de Juárez en el Banco Anáhuac salieron a relucir las relaciones de ese grupo criminal con políticos prominentes. Por ejemplo, Diego Fernández de Cevallos, secuestrado en mayo de 2010, fue defensor de algunos personajes presuntamente ligados al narcotráfico que aparecieron como testaferros del cártel de Juárez.

A pesar de la separación del Mayo Zambada, el Azul y otras figuras emblemáticas del cártel de Juárez, Vicente Carrillo supo colarse muy bien en la estructura política de Chihuahua. Con el gobernador Patricio Martínez, el cártel de Juárez alcanzó su mayor pujanza: controlaba a toda la policía del estado y tenía de su lado hasta al procurador estatal, Jesús Chito Solís, quien fue investigado por la SIEDO por presuntos vínculos con el narco.

El cártel de Juárez es visto por la DEA como una organización cimentada y en crecimiento desde 2002. Ese año la División de Investigación Federal de la Biblioteca del Congreso en Washington catalogó al cártel de Juárez como "la organización más poderosa de México". No es todo: le atribuyó a Vicente Carrillo, nacido en 1962, capacidad para recomponer el cártel que se vio mermado tras la muerte de su hermano, pues informó que esa organización contaba con unos 3,300 miembros distribuidos en más de 400 células que operan en 17 entidades del país.

Impune en México, el Viceroy ha acumulado varios expedientes en Estados Unidos por sus actividades criminales. Por ejemplo, la justicia estadunidense ha girado dos órdenes de aprehensión en su contra: una en 1997 y otra en 2000. Para 2010 acumulaba unos 46 cargos en cortes de Estados Unidos por narcotráfico y homicidio.

En 2005, el gobierno federal creyó haber detenido a Vicente Carrillo Fuentes cuando, presuntamente por una confusión, aprehendió al arquitecto

Joaquín Romero Aparicio, que tiene un sorprendente parecido con el capo. Entonces José Luis Santiago Vasconcelos afirmó categóricamente que le habían asestado un golpe contundente al narco con la captura de Carrillo Fuentes, pero la PGR dudó y sometió a un arraigo a Romero Aparicio, quien finalmente fue liberado por falta de pruebas: nunca se confirmó que se trataba de Vicente Carrillo y tampoco se le acreditaron nexos con el cártel de Juárez.

Un cártel poderoso

Durante el lapso que va de 2005 a 2010, el cártel de Juárez ha establecido alianzas con los Zetas y con la organización de Tijuana, gracias a lo cual ha recuperado fuerza y se ha consolidado como el grupo criminal más poderoso que desde Chihuahua controla una veintena de estados de la República Mexicana. También ha fortalecido sus bases de sicariato con el surgimiento de al menos tres grupos de choque: la Línea, los Aztecas y los Mexicas, quienes han sembrado el terror con matanzas y levantones. Con el liderazgo de Vicente Carrillo, este cártel mantiene bajo su férreo control a Ciudad Juárez —el punto fronterizo más importante del país—, pero para lograrlo sostiene una sangrienta disputa con el de Sinaloa, que pretende ocupar esa plaza.

Joaquín *el Chapo* Guzmán

De cuando dijo adiós

♦

Felipe Cobián

Por denuncias de custodios hechas en enero de 2000, que constan en actas de la Comisión Estatal de Derechos Humanos de Jalisco (CEDHJ), enviadas luego a la Comisión Nacional (CNDII), y por las grabaciones que desde entonces realiza el Centro de Investigación y Seguridad Nacional (Cisen), las máximas autoridades penitenciarias y policiacas estaban enteradas del alto grado de indisciplina y de corrupción reinantes en el penal de máxima seguridad de Puente Grande, y no hicieron nada. Fue necesaria la fuga de Joaquín *el Chapo* Guzmán para que reaccionaran. Y aunque el subsecretario de Seguridad Pública en turno, Jorge Tello Peón, declaró que "no se escapó, lo sacaron", otras versiones señalan que, en una de sus habituales salidas del penal, Guzmán decidió no regresar porque le avisaron que podría haber cambios drásticos en Puente Grande.

Oficiales de prevención, como se llama formalmente a los custodios, investigadores policiacos y empleados de la CEDHJ no se explican de otra manera cómo no se fugaron Héctor *el Güero* Palma y Arturo Martínez Herrera, el Texano —considerados también jefes del cártel de Sinaloa—, que al lado de Guzmán estaban siempre de acuerdo en todo y obraban de la misma manera.

En enero de 2000 una decena de custodios se quejó ante la CEDHJ en el sentido de que recibían presiones que violaban sus derechos humanos y laborales, porque no se prestaban a la corrupción existente en el penal; la queja se envió a la CNDH, por tratarse de un reclusorio federal. Por comunicaciones enviadas directamente a los inconformes, la comisión estatal se enteró de que el asunto iba a ser archivado como cuestión laboral y no como violatorio de los derechos humanos, recuerda la presidenta del organismo, Guadalupe Morfín Otero.

Pese a lo anterior, se enviaron a la CNDH más actas circunstanciadas y de comparecencia, además de quejas. Así transcurrió todo el 2000. La CEDHJ solicitó que se guardaran en secreto los nombres de los denunciantes para que no corrieran riesgos. El 4 de diciembre, el tercer visitador de la CNDH, José Antonio Bernal Guerrero, envió un oficio a uno de los denunciantes

—no a la comisión estatal— para informarle que no se podía garantizar su integridad física porque la comisión no cuenta con medios humanos ni físicos para hacerlo, pero que seguirían investigando y que, "de ser el caso, en el momento oportuno se estará en posibilidades de que se realice un pronunciamiento respecto de los actos de corrupción".

El 15 de enero de 2001 llegaron a Guadalajara dos visitadores de la CNDH, uno de ellos Joel García. Citaron al denunciante en el hotel Laffayette para que los llevara ante el resto de los denunciantes, a quienes presionaron para que se desistieran de sus quejas; algunos lo hicieron. Al día siguiente, quienes se negaron a firmar el desistimiento fueron aislados, incomunicados y torturados psicológicamente en Puente Grande; más tarde, ya de madrugada —dijeron los afectados—, los carearon con el director Leonardo Beltrán Santana, con el subdirector jurídico Dorantes Paz y con el director de Prevención de la Secretaría de Seguridad Pública, Enrique Pérez.

Morfín Otero trató de comunicarse en varias ocasiones con el presidente de la CNDH, José Luis Soberanes, para informarle sobre lo que estaba pasando, pero nunca lo encontró ni obtuvo respuesta. Entonces buscó telefónicamente al secretario de Seguridad Pública, Alejandro Gertz Manero. No lo encontró, pero le dejó toda la información. Al día siguiente, el mencionado secretario envió a Guadalajara a Jorge Tello Peón, subsecretario de Seguridad Pública y, como tal, con el Cisen a su cargo. Estaba prevista una reunión con la presidenta de la CEDHJ, pero se suspendió, según Tello, por cuestiones domésticas de Morfín Otero; ella, sin embargo, lo desmiente:

"Tello me habló desde un celular mientras iba hacia Puente Grande y le manifesté mi intención de recibirlo de inmediato; me di cuenta de que estaba con el director del penal; entonces consideré que no había las condiciones de seguridad para que nos reuniéramos. Me dijo que esa persona no subiría a mis oficinas, lo que me pareció una torpeza gravísima. Le dije que no lo recibiría".

El comienzo

El 25 de febrero de 1999 llegaron a Puente Grande, procedentes de Sinaloa, entre otros, Dámaso López Núñez, Carlos Fernando Ochoa López, Luis Francisco Fernández Ruiz y Jesús Vizcaíno Medina, quienes fueron nombrados comandantes de los custodios. A partir de entonces comenzaron la indisciplina y la corrupción. Según las denuncias de los custodios —consultadas por el reportero—, los presos privilegiados podían introducir la mejor comida y "luego se vio correr el licor y la droga en abundancia, de mariguana hasta cocaína; entraban y salían dólares y también mujeres a toda hora".

Varios de los comandantes trataron de obligarlos a involucrarse en la corrupción y les querían presentar "a los jefes, que son los internos Jesús Héctor Palma Salazar, Joaquín Guzmán Loera y Arturo Martínez Herrera". Recibirían entre 1,000 y 2,500 pesos al presentarse, más 250 pesos por turno que tuviera cada uno de ellos, mientras que uno de sus comandantes, Luis Francisco Fernández Ruiz, recibía mensualmente 10 mil dólares, según las denuncias. Además —agrega—, el Chapo, en una microcomputadora, tenía todos los datos de los custodios, como domicilio, teléfono, nombres de familiares... Y señalan que pidieron la protección de la CEDHJ porque varios fueron golpeados y amenazados por no subordinarse.

El personal de vigilancia introducía desde alimentos y bebidas hasta mujeres. Por otra parte, el 3 de diciembre de 2000 fue asesinado Juan Castillo Alonso, ex subdirector de Seguridad Interna del penal de máxima seguridad de Almoloya, a quien, según los denunciantes, Guzmán y sus compañeros veían como un posible candidato a ocupar un alto cargo en Puente Grande. Castillo trabajó al lado de Juan Pablo de Tavira, asesinado en Pachuca el 21 de noviembre de 2000.

La fuga

La fuga del Chapo Guzmán trascendió en la mañana del 20 de enero de 2001, aunque pudo haber ocurrido casi 24 horas antes, tal vez mientras en el mismo penal se realizaba una reunión conjunta de funcionarios responsables de seguridad nacional, encabezados por Tello Peón, a la que asistían visitadores de la CNDH para discutir, en parte, el caso de los custodios y la alteración general de la disciplina interna. Presuntamente a las 21:15 horas del día 19, el Chapo todavía se encontraba en su celda, según reportó uno de los vigilantes, pero a las 22:35 horas el director, Beltrán Santana, se dio cuenta de que no estaba ahí.

Primero se informó que Guzmán se había ocultado en el carrito que se emplea para sacar la basura y la ropa sucia, pasando por varios retenes, custodiado siempre por al menos un vigilante. También se dijo que estaba descompuesto el sistema de circuito cerrado de TV y que eso facilitó la huida. Sin embargo, los custodios dicen que las cámaras funcionan todo el tiempo, menos en las celdas de Guzmán y de otros narcos. Y agregan que lo más seguro es que ya no haya regresado a Puente Grande después de una de sus frecuentes salidas. A principios de enero de 2001, la Suprema Corte de Justicia de la Nación había aprobado la extradición de mexicanos a Estados Unidos, y entre ellos estaría Guzmán Loera, por lo que, aunque sólo le faltaban unos tres años para quedar libre, prefirió fugarse.

Reforma total

Lo sucedido en Puente Grande, declaró la licenciada Morfín Otero, tuvo que haberse investigado desde el gobierno federal anterior, cuando dependía directamente de la Secretaría de Gobernación, "puesto que los custodios quejosos nos reportaron que las presiones para corromperse comenzaron el 25 de febrero de 1999".

—¿Solapó la situación la CNDH?

—Llama mucho la atención, y a mí me lastimó mucho enterarme de que visitadores adjuntos de la Comisión Nacional habían presionado a nuestros quejosos, y lo he corroborado con sus familiares, para que se desistieran, y esto no es explicable, porque estamos facultados y obligados a continuar las quejas, incluso de oficio, aun habiendo desistimiento, porque la vulnerabilidad en que están colocados los denunciantes los hace muy susceptibles a chantajes, amenazas e intimidaciones.

"Entonces hay una actuación probablemente indebida y he estado solicitando al contralor interno de la CNDH que intervenga, y me dijo que tenía que ratificar mi denuncia, no obstante que lo solicité en actas circunstanciadas el 17 y el 18 de enero, y acabo de recibir otra que dice que es inevitable la ratificación en persona. No sé por qué no se utiliza la suplencia en las actuaciones internas de esa comisión, que es el principio general del *ombudsman*, actuar en suplencia de la queja o bajo el principio de la inmediatez".

—¿Hay o habría complicidades entonces?

—Esto no lo quiero decir yo. Lo que quiero decir es que no hubo una respuesta rápida y que se tiene que investigar a fondo la responsabilidad administrativa u otro tipo de responsabilidad en que pudieran haber incurrido, porque tienen que decir por qué no se cubrió la confidencialidad de los quejosos, por qué se retrasó tanto su asunto, por qué no hubo un pronunciamiento enérgico, por qué no hubo una recomendación. Hubo visitas y se hicieron cambios, pero meramente cosméticos; los mismos comandantes que se habían cambiado volvían al mismo lugar y se agravaban las cosas.

—¿Responsabilidad directa de la CNDH?

—Hay muchas cosas que la Comisión Nacional tiene que explicar. ¿Por qué nunca contesta a mis oficios? ¿Por qué Soberanes no responde a mis telefonemas? ¿Por qué nos tenemos que ir enterando a través de los oficios que ellos envían directamente a los quejosos sin darnos la menor información, mientras aquí vivimos conmovidos por esta prolongada y cotidiana tragedia de servidores públicos que nos pidieron ayuda para mantenerse íntegros?

"Además, hemos estado insistiendo ante la Tercera Visitaduría de la CNDH para que acudan visitadores como observadores locales, para que quienes tengan que rendir declaración puedan hacerlo en condiciones de total libertad y sin ser sometidos a ningún tipo de amenaza ni presión psicológica ni coacción de nadie, ni de Seguridad Pública ni de la PGR ni de alguna otra autoridad".

Acerca de la situación en Puente Grande, dice que se tiene que establecer una "nueva cadena de mando", que garantice la seguridad del penal "en términos de que no habrá fugas, que habrá un trato equitativo para todos, que se tomarán todas las medidas que garanticen a la sociedad el manejo de este centro de alta seguridad". Aclara, empero, que lo anterior no debe estar reñido con el respeto a la dignidad de las personas, "y que no suceda lo que ahora, que duermen con luz y en una misma posición todo el tiempo o les están tocando cada media hora para que no concilien el sueño profundo".

El casorio con Emma I

◆

Patricia Dávila

E|n pleno corazón del Triángulo Dorado del narcotráfico —como se conoce a la zona donde confluyen los estados de Sinaloa, Chihuahua y Durango—, Joaquín *el Chapo* Guzmán Loera contrajo matrimonio el 2 de julio de 2007. La Angostura, localidad del municipio de Canelas, Durango, es un lugar donde los fuereños sólo llegan por caminos accidentados. Con todo y eso, además de autoridades locales, asistieron a la boda ex funcionarios del gobierno de Sinaloa, tierra natal de Guzmán Loera.

Su esposa, que entonces tenía 18 años de edad, se llama Emma Coronel Aispuro. Previamente, para halagarla, el narcotraficante más buscado del país, por quien la DEA ya ofrecía 5 millones de dólares, secuestró prácticamente la cabecera municipal durante todo el 6 de enero de 2007, para ofrecer un baile en la plaza municipal en honor a Emma.

Localizado en la Sierra Madre Occidental, Canelas —cabecera del municipio del mismo nombre— tiene 2 mil habitantes. La PGR lo considera uno de los lugares del país donde más se cultivan y trafican la mariguana y la amapola. La gente misma reconoce que ahí se siembra 80% de esos enervantes y 20% de maíz o de frijol. Igual que los municipios de Tamazula y San Dimas, esta región atrae a los capos del narcotráfico que la hicieron parte de su Triángulo Dorado. Dentro de todo, La Angostura es una de las localidades más alejadas de Canelas, la cabecera, ya que en época de lluvias sólo se llega después de tres horas y media en motoneta; la otra opción es en helicóptero. Pero aunque apenas hay diez casas, su ubicación es lo importante: colinda con Tamazula, Durango, y con Culiacán, Sinaloa.

Prófugo desde el 19 de enero de 2001, cuando escapó del penal federal de Puente Grande, el Chapo Guzmán se estableció en La Angostura a finales de 2006. Luego conoció a Emma, de cuerpo bien torneado, larga cabellera, tez blanca y 1.70 de estatura.

Una fiesta segura

En su parte pública, la peculiar historia de amor comenzó el 20 de noviembre de 2006: ese día el ayuntamiento convocó a todas las jovencitas al concurso para elegir a la reina de la Gran Feria del Café y la Guayaba 2007. Una de las postulaciones provocó sorpresa: Emma, una muchacha del lejano caserío de La Angostura, competiría contra Baudelia Ayala Coronel, de El Ranchito; Rosa Sandoval Avitia, de la cabecera; Alma Díaz Rodríguez, de Zapotes, y Nancy Herrera Vizcarra, de Mesa de Guadalupe.

A partir de entonces las cinco candidatas organizaron actividades para ganar simpatizantes. Emma invitó a cuanta gente pudo al gran baile que haría el 6 de enero. Sobre este acontecimiento, el periódico local *El Correo de la Montaña* dijo que Emma gozaba de una "morbo-popularidad", una fama basada en las expectativas de que el Chapo estaría presente. Ya corrían rumores —que luego resultaron ser noticias— sobre la boda. Cuando llegó el Día de Reyes, a las 11 de la mañana unas 200 motonetas con asientos para dos personas arribaron a Canelas. A bordo de ellas, hombres con vestimenta y pasamontañas negros, con metralletas colgadas del hombro y pistolas en los cinturones. Poco a poco se distribuyeron en las diez entradas del pueblo, incluyendo las de herradura (por donde pasan los caballos). Se apostaron en todas las calles.

Luego llegaron a la pista de aterrizaje, en avionetas de cinco plazas, los integrantes del grupo musical Los Canelos de Durango, con la misión de amenizar el baile. Pero también iban armados: presumían sus pistolas con cachas de oro. A las 16:30 horas llegaron seis avionetas de ala fija. El Chapo bajó de una de ellas. Vestía pantalón de mezclilla, chamarra, cachucha y tenis de piel negra con una raya blanca. Como si fuera parte de su vestuario, en el pecho llevaba cruzado un fusil de asalto AK-47 cuerno de chivo y en la cintura una pistola que combinaba con su ropa. Después de él, bajó de la misma aeronave su brazo derecho, Nacho Coronel, originario de Canelas.

Enseguida se desplegó el resto del cuerpo de seguridad del narcotraficante, quien se supone es el más buscado del país. De otras tres avionetas bajaron hombres vestidos con uniforme verde, semejante al de los militares; portaban chalecos y radios fijos en el pecho. El operativo fue más ostentoso que el desplegado en las giras presidenciales. En las otras dos avionetas iba el armamento: granadas, cuernos de chivo, metralletas y pistolas. También incontables cajas de whisky.

Dos helicópteros comenzaron a sobrevolar la zona; el operativo estaba completo. En la plaza central, Los Canelos abrieron el baile con *Cruzando cerros y arroyos*, canción con la que el Chapo enamoró a Emma: "*Cruzando cerros y arroyos/he venido para verte...*" Y en otra estrofa: "*Eres flor, eres hermosa,/eres perfumada rosa/que ha nacido para mí./Acerca tu pecho al mío/y abrázame, que hace frío,/y así seré más feliz*".

La orgullosa joven de La Angostura paseaba por la plaza mezclándose con la gente pero debidamente cuidada. Los hombres de su galán le abrían paso cuando éste quería bailar. La pareja, como dice su canción, se veía feliz. Con tanta vigilancia, la fiesta debía tener éxito. De pronto, en un extremo de la plaza, un hombre disparó un tiro, pero los guardias del Chapo nada más lo aplacaron. Ningún altercado, era la consigna. Al ingenuo que intentó tomar una foto le quitaron la cámara. Después sólo se oyó la música y la algarabía normal de un gran baile de pueblo.

Ahí estaban, por supuesto, los padres de Emma: Blanca Estela Aispuro Aispuro e Inés Coronel Barrera. En La Angostura, Inés se dedica oficialmente a la ganadería, aunque quienes lo conocen saben que realmente su fuerte es la siembra de mariguana y amapola. Emma anunció ese día su matrimonio y, durante el bailongo, Coronel Barrera no disimuló su alegría por emparentar con un jefe tan poderoso.

Había pocas pero notorias personas. Algunos asistentes dicen haber reconocido al ex subprocurador de Justicia de Sinaloa, Alfredo Higuera Bernal, y al presidente municipal de Canelas, Francisco Cárdenas Gamboa, de extracción panista, quien concluyó su cargo el 31 de agosto de 2007 y cuya presencia generó dos versiones: que fue forzado a asistir, o bien, que es un integrante más de la organización del Chapo.

En el reino del capo

Los objetivos del baile se cumplieron: Emma quedó a la cabeza del concurso para reina de la Feria del Café y la Guayaba 2007, y Joaquín Guzmán afianzó su relación con ella. De paso demostró su poder al aparecer en público desafiando a policías y militares. Además de en Canelas, en 2007 fue visto en los concurridos restaurantes El Mirador, de Monterrey, y La Garufa, de Torreón.

A las 11 de la mañana del día siguiente despegaron los aviones del capo. Aparte de los recuerdos de una fiesta fenomenal, a los habitantes de Canelas les quedó la certeza de que pronto habría boda. Aunque con mucha reserva, los propios vecinos recuerdan que dos días después, el 8 de enero, llegaron al municipio 150 militares del 72 Batallón de Infantería, destacado en Santiago Papasquiaro, Durango. Acamparon frente a la pista de aterrizaje, en la Cañada del Macho y Ojito de Camellones, e instalaron un retén en la carretera. Se quedaron ahí 44 días.

El 14 de febrero se contaron los votos del concurso: de 800 votos, 400 los ganó Emma Coronel; en segundo lugar quedó Alma Díaz Rodríguez y el tercer puesto fue para Baudelia Ayala. Ese día regresó la música con los grupos Alegres del Barranco, la Banda Tierra Blanca y nuevamente Los Canelos. Cada uno abrió con el corrido *Cruzando cerros y arroyos*, dedicado a Emma I.

La coronación se consumó el 23 de febrero de 2007, día de la inauguración de la feria. Varios canelenses dicen que el Chapo estaba presente mientras Emma recorría las calles del pueblo. Casualmente dos días antes, el 21 de febrero, se había retirado el destacamento del Ejército. El periódico de la comunidad, *El Correo de la Montaña*, reseña en su boletín número 23:

"En la edición de este 23 de febrero de 2007, en punto de las 11 horas aproximadamente, previo desfile por el encementado de la cancha deportiva habilitada para el magno evento de coronación de Sus Majestades —como dijera el conductor del programa al referirse al cortejo saliente y al entrante—, la autoridad municipal presidida por el C. Francisco Cárdenas Gamboa, sin más preámbulo, procedió a colocar la corona en las sienes de Emma I; a la vez que el Sr. Rodolfo Dorador, senador [del PAN] de la República, hacía lo mismo con Alma, elegida —al igual que la reina— democráticamente Princesa".

Continúa el periódico: "Emma I llega al reinado precedida de gran morbo-popularidad, que se genera a partir del día 6 de enero, en el cual presidió un comentadísimo y lucido baile en la cabecera municipal. A partir de ahí y sumado a ello la sencillez y simpatía que la caracterizan, así como sus ganas de triunfar, le hicieron merecer el que la mayoría de los votantes la prefirieran como Reina de Canelas, edición 2007 [...]." El de Emma I fue el reinado más corto en la historia de la feria. Por tradición, si la reina contrae matrimonio, es sustituida por la princesa. Pero ésta se casó también en julio. Para el último informe del alcalde Cárdenas Gamboa, el 30 de agosto de 2007 —acto al que debe asistir la soberana—, el maestro de ceremonias presentó como nueva reina de Canelas a la hasta entonces "embajadora" Baudelia Ayala.

Tercera luna de miel

Junto con Héctor *el Güero* Palma Salazar, hasta 1989 Joaquín Guzmán Loera fue lugarteniente del "capo de capos" Miguel Ángel Félix Gallardo, que en abril de ese año fue detenido por Guillermo González Calderoni, comandante de la Policía Judicial Federal en el sexenio de Carlos Salinas de Gortari. Ya en prisión, Félix Gallardo decidió repartir su territorio. De acuerdo con datos de la PGR, el Chapo Guzmán recibió Mexicali y San Luis Río Colorado; Rafael Aguilar Guajardo, Ciudad Juárez, Chihuahua y Nuevo Laredo; Héctor Palma, Nogales y Hermosillo; Jesús Labra, tío e impulsor de los Arellano Félix, Tijuana; e Ismael *el Mayo* Zambada, Sinaloa.

En su libro *Los capos*, el periodista Ricardo Ravelo narra cómo Ramón, Benjamín y Francisco Rafael Arellano Félix impusieron su poder en toda Baja California, rompiendo el acuerdo con el Chapo, a quien echaron de su territorio. Incluso invadieron Sinaloa y Durango. En 1993 la detención de Francisco Rafael cimbró la estructura de los Arellano Félix, pero eso no detuvo su guerra a muerte contra el Chapo, quien se asoció con el Güero Palma hasta que éste fue detenido y llevado al penal de máxima seguridad de Puente Grande, Jalisco. Más tarde, ambos se aliaron con el Mayo Zambada.

El 23 de mayo de 1993, en un enfrentamiento entre la banda de los Arellano Félix y la del Chapo en el Aeropuerto Internacional de Guadalajara —que quedó sin aclararse—, fue asesinado el cardenal Jesús Posadas Ocampo. En consecuencia, el gobierno federal desató una persecución que culminó ese mismo año con la detención de Joaquín Guzmán en Guatemala. Durante siete años Guzmán gozó de un poder absoluto dentro del reclusorio federal de Puente Grande. En complicidad con el Güero Palma y Arturo Martínez Herrera, el Texas, y con varios custodios a su servicio, preparó su fuga durante dos años y la llevó a cabo el 19 de enero de 2001.

Fue en ese penal donde el Chapo sostuvo la última relación sentimental de que se había tenido noticia hasta ahora. Se trató de Zulema Hernández, quien se convirtió en su amante en prisión. Julio Scherer García, en su libro *Máxima seguridad*, publicado en noviembre de 2001, reproduce la entrevista que le hizo en prisión a la amante del Chapo.

En Puente Grande el capo atendía a Zulema Hernández y a su segunda esposa, Laura Álvarez Beltrán. Su primera esposa fue Alejandrina María Salazar Hernández, con quien se casó en 1977 y procreó cuatro hijos. El mayor de ellos, Archivaldo Iván Guzmán Salazar, conocido como el Chapito, fue detenido el 9 de junio de 2005, bajo los cargos de lavado de dinero y su probable participación en el asesinato de la estudiante canadiense Kristen Deyell en Guadalajara.

Con dicha boda, Emma Coronel Aispuro se convirtió en la tercera esposa del narcotraficante. Aunque inicialmente se divulgó que el enlace sería el 3 de julio, finalmente se adelantó un día para hacerlo coincidir con el cumpleaños 18 de Emma. La ceremonia se realizó en La Angostura. A diferencia del baile del Día de Reyes, el día de la boda la gente de Guzmán Loera cercó el caserío y sólo estuvieron presentes familiares de la novia y personas muy allegadas al Chapo, como Ignacio Coronel y el exsub-procurador del gobierno de Sinaloa, Alfredo Higuera Bernal. Al juez y al sacerdote los llevó Guzmán desde Sinaloa.

Lugareños que conocieron estos hechos aseguran que la boda siempre estuvo programada para el 2 de julio y que con el cambio de fecha el novio descontroló a sus enemigos. Un día después de la ceremonia, La Angostura fue cateada por soldados, pero Emma Coronel y Joaquín Guzmán ya estaban en Colombia, según una versión; otra dice que se fueron a una casa nueva en plena montaña. El Chapo también pudo despistar a sus otros enemigos. Días después de la boda, los habitantes de Canelas vieron una aeronave sobrevolar la zona. Creen que se trataba de una avioneta perteneciente a capos rivales.

El capo del panismo

◆

Ricardo Ravelo

Intocado por los gobiernos federales panistas, en particular por el de Vicente Fox, en cuya gestión incluso escapó del penal de máxima seguridad de Puente Grande, Jalisco, Joaquín Guzmán Loera, el Chapo, encabeza hoy la más poderosa organización de tráfico de drogas en México, con amplias redes en Sudamérica, Centroamérica y Estados Unidos.

En entrevista concedida al semanario *Proceso* en febrero de 2005, el entonces presidente de la Comisión Nacional de Seguridad Pública de la Confederación Patronal de la República Mexicana, José Antonio Ortega Sánchez, lo calificó como "el narcotraficante del sexenio" pues, afirmó, "es evidente que hay una protección [al capo] porque la PGR siempre llega tarde cuando tiene información de dónde se encuentra. Pareciera que es el narcotraficante protegido por las autoridades que tienen la obligación de detenerlo" (*Proceso* 1476).

En marzo de 2009, el reporte de la revista *Forbes* agregó al capo mexicano en su lista de las personas más adineradas del mundo, con una fortuna de mil millones de dólares. No es la primera vez, sin embargo, que un narcotraficante aparece en la célebre lista. En 1989 esa publicación estadunidense incluyó al narco colombiano Pablo Escobar Gaviria. Para Edgardo Buscaglia, profesor de derecho y economía en la Universidad de Columbia e investigador del Instituto Tecnológico Autónomo de México (ITAM), el reporte de *Forbes* sobre la fortuna del Chapo no tiene una metodología confiable.

—Según su percepción, ¿cuál es el sentido de incluir a un capo de la droga en la lista de los hombres más ricos del mundo? —se le pregunta al también consejero del Instituto de Investigación y Formación de las Naciones Unidas.

—La publicación de *Forbes* es relevante como golpe mediático, pero pienso que las agencias de inteligencia de Estados Unidos están enviando señales muy claras al presidente Felipe Calderón de que debe emprender una investigación seria contra el cártel de Sinaloa y desmantelar la red de testaferros que están detrás del capital que mueve este grupo criminal. Los estadunidenses quieren que se canalicen las investigaciones patrimoniales en ambos lados de la frontera.

El investigador señaló que la percepción en Estados Unidos sobre México es "grave y preocupante", pues el dinero del narco está vinculado a 78% de las actividades legales mexicanas; además "el cártel de Sinaloa no sólo está afianzado en México, sino que ya se tienen registros serios de que está presente en 38 países. Por eso a México se le ve como un peligroso exportador de violencia e ingobernabilidad". Y agregó:

"El Chapo Guzmán puede tener mil millones de dólares o mucho más, pero es complejo confirmarlo. No pude evitar la sorpresa ante la falta de soporte del informe de *Forbes*, pero insisto: se trata de un golpe mediático. Existen estimaciones sobre los montos que lava el narcotráfico, pero hasta ahora no se ha podido acreditar a cuánto ascienden realmente esas ganancias. Para calcular esos valores, necesitamos una investigación del mapa patrimonial y criminal en los sectores económicos de esos 38 países, algo que no se ha hecho de manera integral", afirmó.

—Entonces, ¿el fondo de la publicación de *Forbes* es un mensaje con presión política?

—El mensaje es claro: El gobierno mexicano debe destruir toda la red protectora que seguramente maneja el dinero del cártel de Sinaloa, en la que puede haber políticos y empresarios; deben romperse esas redes patrimoniales intocadas por las buenas o por las malas, porque, de no hacerse, podría sobrevenir un golpe político brutal para Calderón si fuera de México se hacen públicos los nombres de las empresas y de los personajes ligados al cártel de Sinaloa.

Buscaglia sostuvo que el reporte de *Forbes* carece de veracidad porque al Chapo Guzmán únicamente se le están cuantificando las supuestas ganancias por el tráfico de drogas y no lo que presuntamente obtiene de ingresos por las 25 actividades delictivas que realizan los cárteles de la droga: tráfico de personas, piratería, trata de blancas, extorsión y secuestro, entre otras.

De lo que no duda es de que en México el cártel de Sinaloa y el Chapo han vivido en la más plena de las impunidades, pues no se sienten acosados ni mucho menos perturbados por las acciones del gobierno mexicano; de ahí que toda la red patrimonial de Guzmán Loera, así como la impunidad de la que goza, sean el principal soporte de su fortaleza y de su poder. Los señalamientos de Buscaglia, quien ha estudiado el comportamiento de la delincuencia organizada en 84 países, entre ellos Afganistán, Kosovo, Colombia y Guatemala, encuentran eco en la realidad: desde que se fugó del penal de Puente Grande, Jalisco, el 19 de enero de 2001, Joaquín Guzmán

Loera ha consolidado una de las empresas criminales más sólidas. El investigador calculó que su presencia podría abarcar hasta 50 países.

Durante los años de regímenes panistas en México —de diciembre de 2001 a diciembre de 2009— Guzmán Loera, quien es considerado tanto por la Procuraduría General de la República (PGR) como por la Secretaría de Seguridad Pública federal (SSP) como el capo más poderoso del país, tuvo un enorme éxito tanto desde el punto de vista criminal como financiero.

Ascenso al poder

Tan pronto se sintió libre la tarde del 19 de enero de 2001, el Chapo Guzmán se refugió con los hermanos Beltrán Leyva —actualmente sus acérrimos rivales— y recibió el respaldo de otra figura emblemática del narcotráfico: Ismael *el Mayo* Zambada. Meses después de su fuga, Guzmán Loera fraguó uno de sus planes más ambiciosos para consolidar su proyecto narcoempresarial, el cual no estuvo exento de traiciones y muertes. Para lograrlo, el capo tuvo que romper sus viejos vínculos con el cártel de Juárez y con Vicente Carrillo Fuentes, jefe de esa organización con sede en Ciudad Juárez.

Dicho plan se consolidó en la ciudad de Monterrey, según se asienta en una carta firmada por un lugarteniente de los hermanos Beltrán Leyva, la cual fue anexada a la averiguación previa PGR/SIEDO/UEIDCS/013/2005 y enviada a la Presidencia de la República en octubre de 2004. En ese documento se revela que el Chapo Guzmán convocó a sus socios a una reunión de negocios en Monterrey, Nuevo León. Al encuentro acudieron Ismael Zambada García, el Mayo; Juan José Esparragoza Moreno, el Azul, así como Arturo Beltrán Leyva, el Barbas.

En una de sus partes medulares, la carta asienta: "Hace aproximadamente tres meses, en la ciudad de Monterrey, Nuevo León, se realizó una junta entre diversos personajes, los cuales tienen relación con la delincuencia organizada [...] siendo el motivo de la señalada junta planear el crimen de Rodolfo Carrillo Fuentes [perpetrado en septiembre de 2004] y, una vez ejecutado éste, tratar de incriminar por ese homicidio a otro grupo contrario, el cual sería el grupo de los Zetas, teniendo como objetivo estas acciones por una parte terminar con la hegemonía de la familia Carrillo Fuentes sobre este cártel u organización [...]".

Otros planes de Guzmán Loera consistían en exterminar a los Zetas y declararle la guerra al cártel de Tijuana. Todo ello se cumplió: fue ejecutado, en efecto, Rodolfo Carrillo, el Niño de Oro; emprendieron fuertes acometidas contra los Zetas, y, según fuentes de inteligencia consultadas, la información que brindó el Chapo Guzmán a las autoridades federales "resultó clave" para detener a Benjamín Arellano Félix y así "descabezar" al grupo criminal más temible de la época.

Desde 2001 el Chapo Guzmán no sólo ha consolidado al cártel de Sinaloa como el más boyante del país, sino que no se le ha podido detener a pesar de que en 2009 el titular en turno de la Procuraduría General de la República (PGR), Eduardo Medina Mora, y el de la Secretaría de Seguridad Pública federal, Genaro García Luna, dijeron que no se había dejado de perseguir al capo sinaloense.

Pese a tal persecución, el Chapo Guzmán se pasea públicamente; más aún, desde finales del sexenio de Vicente Fox, existen referencias públicas de que suele acudir a restaurantes de lujo en Jalisco, Sinaloa, Coahuila y Chihuahua, donde al hacer acto de presencia los otros comensales son despojados de sus celulares para evitar que den aviso a la policía.

Por ejemplo, a mediados de 2006, las cámaras del sistema de seguridad de la ciudad de Durango detectaron al Chapo Guzmán cuando conducía una cuatrimoto. Según el parte informativo de las autoridades municipales, el capo vestía ropa deportiva. En aquella ocasión se inició una persecución supuestamente para detenerlo, pero el narco se perdió entre el caos automovilístico. Con todo, las imágenes obtenidas permitieron entonces a la PGR conocer el nuevo rostro del jefe del cártel de Sinaloa, pues se confirmó que se sometió a una cirugía plástica, la cual modificó su fisonomía: le recortaron las mejillas, le estiraron la piel y le desaparecieron las arrugas de los párpados.

La red sin fronteras

Aunque ni las autoridades mexicanas ni las estadunidenses han podido cuantificar las ganancias reales que obtienen los cárteles mexicanos, sí identificaron parte de la estructura financiera que de 2000 a 2009 sirvió a los intereses del narcotráfico a través de presuntas operaciones de lavado de dinero. Durante ese lapso, el Departamento del Tesoro de Estados Unidos, por ejemplo, emitió varias alertas sobre poco más de mil personas que, según sus informes, radican en México y tienen vínculos con el narcotráfico.

Los informes del Departamento del Tesoro asientan igualmente que hay empresas, como Nueva Industria de Ganaderos de Culiacán SA de CV, propiedad de Ismael *el Mayo* Zambada —el principal socio del Chapo Guzmán—, que son promovidas por el gobierno federal y que durante el sexenio de Vicente Fox recibieron apoyo de la Secretaría de Economía a través del Programa de Fondo de Pequeñas y Medianas Empresas.

De acuerdo con el reporte de la Oficina de Control de Bienes Extranjeros (OFAC, por sus siglas en inglés) del Departamento del Tesoro estadunidense, desde 2000 hasta mediados de 2008, fecha en la cual fue emitido el reporte, el gobierno de ese país registró 121 empresas "que han servido de fachada para el lavado de dinero del narcotráfico".

El gobierno mexicano ha reiterado que esas versiones carecen de veracidad, pues no existen evidencias de que las empresas señaladas como parte de los "engranajes del lavado de dinero" estén implicadas en actividades ilícitas. Según el informe de la OFAC, dichas compañías se dedican principalmente a la importación, exportación, consultoría, compra-venta de divisas, servicios, minería y transporte, así como a los giros farmacéutico, inmobiliario y alimentario. Datos consultados en la PGR sostienen que, de las 121 empresas así boletinadas, 48 pertenecen al cártel de Tijuana y 34 a la familia Arriola Márquez (afincada en Chihuahua y socia del cártel de Juárez), mientras que 25 más están relacionadas con el Mayo Zambada y familiares.

Mientras en México los golpes a la estructura financiera del cártel de Sinaloa no han sido contundentes, desde 2007 Estados Unidos puso el reflector sobre el principal socio de Joaquín Guzmán: Ismael Zambada García. En ese año, y como producto de una investigación de 20 meses realizada por la DEA, el Departamento del Tesoro relacionó a seis empresas con las actividades de lavado de dinero de Zambada. Ellas son: Establo Puerto Rico, Jamaro Constructores, Multiservicios Jeviz, Estancia Infantil Niño Feliz, Rosario Niebla Cardosa y Nueva Industria Ganadera de Culiacán.

La misma dependencia estadunidense identificó a la mexicana Margarita Cázares Salazar, la Emperatriz, como una de las piezas del cártel de Sinaloa dedicada al lavado de dinero. Más tarde tuvo que hacer lo propio la PGR. Las investigaciones en Estados Unidos sobre este grupo criminal y su jefe, el Chapo, comenzaron a arrojar resultados y posteriormente aparecieron nombres de personajes que forman parte de una compleja red financiera que opera en los dos países.

Con su poderío e influencia, Guzmán Loera vulneró los sistemas de control a través de una intrincada red de operaciones en casas de cambio e instituciones bancarias que le permitió adquirir 13 aviones para ponerlos al servicio de su organización en el tráfico de cocaína entre Colombia, Venezuela, Centroamérica, México y Estados Unidos. Después de que el Departamento del Tesoro acreditó tales operaciones, a mediados de 2007 la PGR integró el expediente PGR/SIEDO/UEIORP/FAM/119/2007, en el que se reveló que el cártel de Sinaloa compró los aviones a través de la Casa de Cambio Puebla.

De acuerdo con la indagatoria, esa institución financiera se valió de la triangulación de operaciones en la que participaron más de 70 particulares y empresas. Así, se hicieron transferencias por 12'951,785 dólares a 14 compañías estadunidenses que se dedican a la adquisición y aseguramiento de aeronaves.

Según la averiguación, el artífice de las triangulaciones fue Pedro Alfonso Alatorre Damy, el Piri —también conocido como Pedro Barraza Urtusiástegui o Pedro Alatriste Dávalos—, encarcelado por lavado de dinero en 1998 gracias a la Operación Milenio, que puso al descubierto el cártel que manejaban Armando y Luis Valencia. Al recuperar su libertad, el Piri regresó a sus andanzas y se involucró en las negociaciones financieras del cártel de Sinaloa.

Por otra parte, el costo de la droga varía por su calidad y, lo más importante, por su transporte. Si es colocado un cargamento cerca de la frontera, tiene un costo más elevado que si se desembarca en un territorio diferente. Según los datos del libro *El negocio: la economía de México atrapada por el narcotráfico*, del periodista Carlos Loret de Mola (Grijalbo, 2001), un kilo de cocaína puesto en el mercado mayorista cuesta mil dólares.

Sin embargo, Loret estima en su investigación "que la cotización puede alcanzar hasta los 2,500 dólares entre los distribuidores mayoristas, es decir, aquellos que compran grandes cantidades para luego venderlas al menudeo en las calles y barrios de la Unión Americana.

"Las condiciones del mercado para los agricultores de hoja de coca son parecidas: en Sudamérica el kilo de coca se compra en las zonas rurales en 2,500 dólares, en tanto que entre distribuidores se comercia hasta en 45 mil. ¿Y la heroína? Un gramo de esa sustancia, con muy bajo grado de pureza, se consigue en las calles mexicanas a un precio equivalente a 10 dólares, pero con sólo cruzar la frontera puede llegar a 318 dólares".

Por su parte, Edgardo Buscaglia dice que para saber cuánto ganan las mafias en el mundo hay que tener acceso a sus mapas patrimoniales. "En México debe hacerse esa investigación. Es básica para desmantelar las redes y para acabar con las complicidades que han hecho reinar al crimen organizado".

Y la soltaron...

◆

Jorge Carrasco
Patricia Dávila

El trabajo había sido exitoso, "limpio", sin contratiempos. En menos de cinco horas estaba cumplido el objetivo: la detención de Griselda López Pérez en una zona residencial de Culiacán, Sinaloa y su traslado a la Procuraduría General de la República (PGR) en el Distrito Federal, bajo el cargo de lavado de dinero para el cártel que codirige su exesposo, el Chapo Guzmán.

En el operativo de arresto participaron 200 efectivos de unidades especiales de la Policía Federal, el Ejército y la Marina, coordinados y enviados desde la Ciudad de México. Todo un aparato táctico y logístico, un ostentoso despliegue de fuerza que, al final, sirvió de nada: de manera insólita, la PGR dio marcha atrás y dejó en libertad a la ex cónyuge de Joaquín *el Chapo* Guzmán, quien la mañana del 12 de mayo de 2010 había sido detenida en la capital del estado de Sinaloa.

Pasado el mediodía, ya en el Distrito Federal, una veintena de efectivos con armas largas irrumpió en la Unidad de Lavado de Dinero de la Subprocuraduría de Investigación Especializada en Delincuencia Organizada (SIEDO) de la PGR y entregó a Griselda López al Ministerio Público federal. La mujer iba esposada, con la cabeza cubierta, dijeron al semanario *Proceso* testigos de primera mano que pidieron el anonimato.

En esos momentos, el entonces secretario de Gobernación, Fernando Gómez Mont, estaba en Culiacán para "evaluar las estrategias de seguridad" del gobierno federal en el estado. La detención de Griselda López no trascendió sino hasta el mediodía del 13 de mayo, cuando versiones de prensa reportaban el hecho como un rumor. Pero a esa hora, la ex esposa de Guzmán Loera ya estaba libre, de regreso en su pueblo, Jesús María, a media hora de Culiacán.

No fue sino hasta la noche de ese día cuando la PGR confirmó su detención y posterior liberación bajo "las reservas de ley", no obstante que era la principal destinataria del operativo en el que se aseguraron seis casas, siete automóviles de lujo, cinco cajas fuertes con joyas y otros bienes relacionados

con el Chapo. Era la primera acción en Culiacán contra propiedades vin-
culadas con el narcotraficante.

El operativo había sido planeado especialmente para detener y mantener
a su ex esposa bajo arraigo por presuntas operaciones financieras relevantes,
cuyos montos habrían superado los ingresos que reportó a la Secretaría
de Hacienda. El objetivo no era el Chapo, sino ella. Su detención se logró
de forma exitosa. Sin un solo disparo y en sigilo. Al margen quedaron los
efectivos militares y navales que participaban en la Operación Conjunta
Culiacán-Navolato-Guamúchil-Mazatlán, incluido el general de brigada
Noé Sandoval Alcázar, comandante de la Novena Zona Militar, con sede
en la capital sinaloense.

La noche del 11 de mayo de 2010, 200 elementos del Ejército, la Marina
y la Policía Federal se movilizaron desde la Ciudad de México al servicio
del Ministerio Público federal adscrito a la Unidad de Lavado de Dinero.
Se dirigieron a Culiacán con una orden del juez Cuarto Federal Penal
Especializado en Cateos, Arraigos e Intervenciones de Comunicaciones,
incluida en el expediente 232/2010, para catear siete domicilios de cuatro
colonias de Culiacán relacionados con Joaquín Guzmán Loera. Los allana-
mientos comenzaron a las 6:30 horas del 12 de mayo. Se prolongaron poco
más de tres horas. Hacia las 10 de la mañana, un convoy de 27 vehículos
del Ejército pasó por la Carretera Internacional hacia el norte del estado.

En uno de los cateos, los militares cerraron la circulación del bulevar
El Dorado, en el fraccionamiento Las Quintas. La movilización atemorizó a
los padres de familia que a esa hora llevaban a sus hijos a las escuelas Senda
y Nueva Generación, ubicadas en la misma vialidad. El miedo a un enfrentamiento los obligó a regresar a sus casas. Desde hace años es del conocimiento público que en Las Quintas, la casa señalada con el número 1390 del
bulevar El Dorado, esquina con la avenida Sinaloa, es propiedad del Chapo.

La prensa local se concentró en esa casa para cubrir el operativo, pero
al mismo tiempo las fuerzas federales cateaban los otros seis domicilios.
En todos, bloquearon varias calles alrededor. Las casas se ubican en Cerro
de las Siete Gotas, número 752 y Cerro de la Silla 857, ambas en el fraccionamiento Colinas de San Miguel; Eustaquio Buelna 2064 y avenida Álvaro
Obregón 1865, en la colonia Tierra Blanca; avenida Presa Don Martín
número 715 y bulevar El Dorado 1390, esquina con avenida Sinaloa, estas
dos últimas en el fraccionamiento Las Quintas; y Río Elota 350-B, en la
colonia Guadalupe.

Griselda López Pérez fue detenida en la casa ubicada en Cerro de las
Siete Gotas. El mediodía del 12 de mayo, los uniformados la presentaron ante
la Unidad de Lavado de Dinero de la SIEDO, en el DF. Ahí pasó la noche. En

un boletín emitido el 13 de mayo, la PGR confirmó la detención y posterior liberación de López Pérez, a quien también identificó como Karla Pérez Rojo.

Pero nunca indicó que fue presentada ante la Unidad de Lavado de Dinero de la Subprocuraduría a cargo, para ese entonces, de Marisela Morales Ibáñez. También omitió los motivos por los cuales la exesposa del Chapo fue llevada ante el Ministerio Público federal en la Ciudad de México. Mucho menos que, para esa mera presentación, se movilizaron 200 elementos del Ejército, la Marina y la Policía Federal desde la capital del país.

La PGR justificó así su liberación: "Dentro de las acciones realizadas se presentó a Griselda López Pérez o Karla Pérez Rojo, quien después de rendir su declaración ante el Ministerio Público de la federación se retiró con las reservas de ley". Además de López Pérez fueron detenidas otras tres personas que hasta el 14 de mayo de 2010 seguían bajo arresto en la SIEDO. El semanario *Proceso* confirmó en la PGR que ninguna de ellas tiene nexos familiares con Guzmán Loera ni con su ex esposa.

De las siete viviendas cateadas, seis permanecieron aseguradas por la PGR en tanto se concluían las investigaciones. En la misma situación estaba el resto de los bienes confiscados. En su comunicado, la Procuraduría precisó que se trataba de menaje de casa, cinco cajas fuertes con diversas joyas, dos CPU de computadora, tres *laptops* y siete vehículos: un Audi convertible, un Land Rover blanco, un Mercedes Benz sedán color plata, una camioneta Cheyenne GTS blanca, una Land Rover color plata, una camioneta Cadillac Escalade, color perla y una Toyota Rav 4.

La detención de López Pérez estuvo antecedida por la insistencia de la revista *Forbes* en colocar al Chapo en un lugar prominente de la delincuencia organizada internacional. Además de incluirlo en la relación de los más ricos del mundo, esta vez lo puso en "el segundo lugar de la lista de los diez delincuentes más buscados del mundo", sólo debajo del líder de Al Qaeda, Osama Bin Laden.

Recordó que Estados Unidos ofrece 5 millones de dólares por la captura del narcotraficante y 25 millones de dólares por el responsable de los ataques terroristas del 11 de septiembre de 2001 en Nueva York. También la antecedió abundante información publicada por el periódico *Reforma* sobre la capacidad de infiltración de Guzmán Loera en las Fuerzas Federales de Apoyo de la Policía Federal, a cargo de la Secretaría de Seguridad Pública que encabeza Genaro García Luna. Además, se habló del conocimiento que tiene sobre las investigaciones de la Marina y la SIEDO.

Un día después de la liberación de Griselda López Pérez, el mismo diario publicó que en 2001, cuando aún era esposa del capo, fue quien acompañó a Guzmán en su primera etapa como fugitivo, tras escapar del penal "de alta seguridad" de Puente Grande, Jalisco, en enero de ese año. "Expedientes abiertos por la PGR hace casi una década dan cuenta de que por lo menos el primer año en que el capo del cártel de Sinaloa vivió a salto de mata, López Pérez estuvo a su lado", señaló el periódico.

Precisó que por lo menos nueve meses estuvo con él en Puebla, según declaró el ex lugarteniente del Chapo, Jesús Castro Pantoja, tras ser detenido en noviembre de 2001. El periódico informó asimismo que desde septiembre de ese año, en la PGR existía una orden de localización de la mujer retenida en la SIEDO. También citó a la PGR para decir que en 2002 López Pérez ayudó a su entonces esposo a rentar casas en el Distrito Federal, en las colonias Ampliación Jardines del Pedregal, de la delegación Álvaro Obregón, y en Santa Úrsula Xitla, en Tlalpan.

La vereda sentimental

López Pérez fue la segunda esposa de Guzmán Loera, con quien procreó cuatro hijos. Uno de ellos, Édgar Guzmán López, murió acribillado a los 22 años de edad el 8 de mayo de 2008 en un centro comercial de Culiacán. Sus asesinos utilizaron bazucas y lanzamisiles.

El ataque siguió a la detención de Alfredo Beltrán Leyva, el Mochomo, quien había sido capturado en enero de ese año por el Ejército. La organización de los hermanos Beltrán Leyva acusó al Chapo de haber entregado a los militares a quien durante años había sido su brazo derecho. La represalia fue parte de la disputa que desde 2004 mantienen el Chapo e Ismael *el Mayo* Zambada con sus antiguos aliados del cártel de Sinaloa, los hermanos Beltrán Leyva y los Carrillo Fuentes.

Griselda López ha pasado la mayor parte de su vida en Jesús María, pueblo ubicado a 30 minutos de Culiacán. De ese lugar son originarios sus padres. Incluso, el capo construyó para ella y sus hijos una residencia separada de la población sólo por la carretera. En Jesús María está también la sepultura de Édgar Guzmán: un mausoleo levantado en una superficie de 2 mil metros cuadrados que supera en tamaño a la iglesia local.

Édgar fue asesinado junto con su primo Arturo Meza, hijo de Blanca Margarita Cázares Salazar, identificada por el Departamento del Tesoro de Estados Unidos como la Emperatriz y por sus paisanos como la Chiquis. Cázares es señalada también por Estados Unidos como parte de la estructura del cártel sinaloense dedicada al blanqueo de dinero. Durante un recorrido que realizó el semanario *Proceso* por Jesús María, en marzo de 2009, los habitantes describieron cómo es la familia de Griselda López, la Karla, como la llaman varios de los entrevistados: es "sencilla" y "tranquila", no sólo toma parte de todas las festividades del poblado, sino que también los hace partícipes de sus eventos.

Édgar, el hijo mayor, era querido por los lugareños debido a su trato afable. A la ceremonia luctuosa oficiada en su honor acudió todo el pueblo. Al término de la misa, la señora Griselda, en agradecimiento por su solidaridad, ofreció a los presentes un recuerdo: un costalito que contenía un rosario de oro de 24 quilates

El síndico del pueblo, Juan León, en entrevista telefónica con *Proceso* el 14 de mayo de 2010, señaló que el Ejército continuamente entra al poblado a realizar cateos. El último fue en marzo de ese año. Sin embargo —dijo—, en ninguno de ellos se han decomisado viviendas ni ha habido detenciones.

—¿La casa de la señora Griselda López ha sido cateada?

—Ahí no sabría decirle. Ellos son una familia que ha vivido toda la vida en este pueblo, son muy tranquilos.

—¿Es común que Guzmán Loera acuda a visitarla?

—De eso no puedo yo hablarle —respondió brevemente y concluyó la entrevista.

Jesús María es un pueblo de apenas 3 mil habitantes, ubicado en las estribaciones de la Sierra Madre Occidental, donde comienzan los cultivos de mariguana y amapola en uno de los vértices del Triángulo Dorado del narcotráfico, integrado también por regiones de Durango y Chihuahua. Antes de Griselda López, el Chapo estuvo casado con Alejandrina María Salazar Hernández, con quien contrajo matrimonio en 1997 y tuvo cuatro hijos. El mayor, Archivaldo Iván Guzmán Salazar, el Chapito, estuvo preso del 9 de junio de 2005 al 11 de abril de 2008 en el penal del Altiplano bajo cargos de lavado de dinero y probable participación en el asesinato de la estudiante canadiense Kristen Deyell, en Guadalajara. Quedó en libertad por falta de elementos, según resolvió el magistrado Jesús Guadalupe Luna Altamirano, entonces titular del Tercer Tribunal Unitario del Primer Circuito.

En otro intento de la PGR por procesar a una de las parejas del narcotraficante, en junio de 2005 el juez Antonio González García, titular del Juzgado Octavo de Distrito, negó a la Procuraduría las órdenes de aprehensión por lavado de dinero contra Alejandrina María Salazar y algunos de sus familiares, entre ellos, su hermana Imelda. Ese mismo mes, la sobrina de Alejandrina, Claudia Adriana Elenes Salazar, quien estuvo presa en el penal de Santa Martha Acatitla, fue exonerada por el mismo Tercer Tribunal Unitario del cargo de lavado de dinero.

El propio magistrado Luna Altamirano determinó en esa ocasión que "la PGR no aportó elementos de prueba para considerar, ni siquiera de manera indiciaria, que una cuenta bancaria a nombre de la inculpada hubiera sido manejada con recursos de procedencia ilícita", por lo que ordenó que se revirtiera el fallo del juez de primera instancia que sometió a proceso a la mujer.

Otra pareja de Guzmán Loera fue Zulema Hernández, con quien se relacionó mientras estuvo preso en el penal de Puente Grande. Con ella no tuvo descendencia, pero sí una fuerte relación sentimental que ella misma narró a Julio Scherer García en una entrevista publicada por el fundador de *Proceso* en su libro *Máxima seguridad. Almoloya y Puente Grande.* Las siguientes son sólo dos líneas de una infinidad de cartas que le escribió el capo: "Cariño, en estos días mi único consuelo es pensar y pensar mucho en ti y en lo que un día espero sea mi vida a tu lado. JGL". Zulema quedó en libertad el 6 de junio de 2006, pero el 27 de diciembre de 2008 fue encontrada sin vida en la cajuela de un automóvil abandonado en Ecatepec, Estado de México. Su cuerpo estaba marcado con la letra z.

En julio de 2007 el Chapo se casó con Emma Coronel Aispuro en La Angostura, localidad del municipio de Canelas, Durango, donde habitan Blanca Estela Aispuro Aispuro e Inés Coronel Barrera, padres de Emma. Dos días después de la boda el Ejército cateó varias casas de la comunidad, pero no hubo decomisos ni detenidos (*Proceso* 1609). Los militares no regresaron más al lugar.

Ismael *el Mayo* Zambada

Su historia, su clan

◆

Ricardo Ravelo

En medio de las presiones provenientes de Estados Unidos por la presunta protección que se brinda en México al cártel de Sinaloa, el gobierno de Felipe Calderón respondió con un golpe mediático al detener a Vicente Zambada Niebla, el Vicentillo; sin embargo, aún sigue intocada tanto la estructura criminal como la red financiera de su padre, Ismael Zambada García, el Mayo, considerado dentro y fuera de México uno de los capos más poderosos del país.

El 19 de marzo de 2009 la Secretaría de la Defensa Nacional (Sedena) y la Procuraduría General de la República (PGR) dieron a conocer la captura del hijo de Ismael Zambada García, el Mayo, mientras el entonces secretario de Gobernación, Fernando Gómez Mont, afinaba en Washington la agenda y los pormenores de la visita de la secretaria de Estado, Hillary Clinton, a México, programada para el día 25 de ese mismo mes, así como la del propio mandatario de ese país, Barack Obama, a mediados de abril.

En su boletín 309/09, emitido el 20 de marzo, la PGR informó que el arresto del Vicentillo se realizó para "cumplimentar la orden de detención provisional con fines de extradición internacional, librada por el Juzgado Tercero de Procesos Penales Federales en el Distrito Federal, derivada de una orden de captura emitida por la Corte de Distrito de Columbia en Estados Unidos, por los delitos de asociación delictuosa y distribución de cocaína para ser importada a Estados Unidos".

En México, según la Sedena, el detenido no tiene ninguna averiguación abierta, aunque en el momento de su detención —dijo el portavoz de la dependencia— llevaba armas de uso exclusivo de las Fuerzas Armadas. La captura de Zambada Niebla, a quien la Sedena compara con Joaquín Guzmán Loera, el Chapo, por su poder y capacidad operativa, ocurrió luego de que la revista *Forbes* publicó que el llamado "capo del panismo" posee una fortuna de mil millones de dólares. Esta información provocó airadas reacciones en las clases política y empresarial y hasta entre académicos especializados en el tema de la delincuencia organizada.

El investigador del Instituto Tecnológico Autónomo de México (ITAM), Edgardo Buscaglia, por ejemplo, interpretó la inclusión del Chapo en la lista de *Forbes* como "un claro mensaje" del gobierno estadunidense para que el presidente Calderón desmantele al cártel [de Sinaloa] cuya rentabilidad criminal ha sido tan evidente como descomunal en los años que el PAN lleva gobernando al país (*Proceso* 1689).

Desde que ese partido ganó la Presidencia de la República en 2000, no sólo el Chapo Guzmán se fugó del penal de Puente Grande, Jalisco, sino que únicamente tres personajes emblemáticos del cártel de Sinaloa han sido capturados: Javier Torres Félix, el JT —exjefe de gatilleros del Mayo Zambada—, Jesús Rey Zambada García y ahora Vicente Zambada Niebla, el Vicentillo. Hasta 2005 Zambada Niebla era considerado sólo un narcojúnior dedicado a las correrías de juventud al lado de Vicente Carrillo Leyva (vástago de Amado Carrillo) y Nadia Patricia y Brenda Esparragoza Gastélum, hijas del capo Juan José Esparragoza Moreno, el Azul, de quien no se habla.

Sin embargo, el resto de la estructura criminal, representada en buena medida por el Mayo no sólo permanece en funcionamiento, sino que se extiende por más de 30 países del mundo, hasta donde han ido a parar las multimillonarias ganancias provenientes del tráfico de drogas y de una veintena de actividades delictivas manejadas por dicho cártel.

El reino del capo

Si Joaquín Guzmán Loera se convirtió desde enero de 2001 en una pesadilla para los gobiernos de Vicente Fox y Felipe Calderón, el Mayo Zambada mantiene un comportamiento de "bajo perfil" que ha resultado clave para sobrevivir más de 30 años en el negocio de las drogas sin ser perturbado. Los problemas que enfrentó en la década de 2000 a 2010, por ejemplo, se derivaron de diferencias entre socios y rivales, como la ocurrida en septiembre de 2004, cuando fue asesinado Rodolfo Carrillo Fuentes. En aquella ocasión (*Proceso* 1455) Vicente Carrillo, actual jefe del cártel de Juárez, telefoneó al *Mayo* Zambada para reclamarle la muerte de su hermano:

—Compadre, sólo quiero saber si estás conmigo o contra mí —le espetó.

—Estoy contigo, compadre.

—Entonces demuéstramelo entregándome la cabeza de ese hijo de la chingada.

Vicente Carrillo se refería al Chapo Guzmán, a quien le atribuyeron la muerte de Rodolfo Carrillo, el Niño de Oro. Fuera de esas diferencias, superadas por la salvaguarda del negocio, el Mayo Zambada al parecer no ha visto perturbadas sus actividades criminales.

En 1992, cuando comenzó el declive que liquidó la unión de los capos en el negocio de las drogas como una sola familia criminal, el cártel de Tijuana ofreció 3 millones de dólares a quien asesinara al Mayo Zambada. El plan resultó un fracaso. La DEA, por su parte, ofrece una recompensa de 5 millones de dólares a quien aporte información para detener al Mayo, considerado uno de los narcotraficantes más poderosos del país.

A lo largo de tres décadas el llamado clan del Mayo Zambada ha sufrido rasguños y bajas importantes, sobre todo desde el punto de vista sentimental, como las detenciones de su hermano Jesús Reynaldo Zambada, el Rey, y la de su hijo Vicente, pero él mantiene boyante su red patrimonial y financiera a pesar de los cuantiosos decomisos de dinero y de droga efectuados por la PGR a miembros de su organización.

Zambada García es, junto con Esparragoza Moreno, uno de los capos más viejos en el negocio del narcotráfico. Él ha sabido sortear los embates de sus rivales y los del gobierno mediante "cañonazos" de dólares; además, sabe manejarse con discreción. Esa habilidad se la reconocen incluso las autoridades. Zambada García no sólo se mueve con cautela para evadir al Ejército y a los agentes federales, algunos de los cuales son sus cómplices, sino que cuenta con una base de aceptación social. Es muy popular en Sinaloa, su entidad natal, donde prácticamente ha sido inmortalizado en corridos en los que se alude a él como el Rey, el Grande, el MZ, el Jefe, el Padrino, e Señor o el Patrón.

Considerado dentro y fuera de esa entidad como "el último reducto de la generosidad", Zambada García incursionó en el negocio de las drogas a finales de los setenta, cuando el narcotráfico era manejado en el Pacífico mexicano, entre otros, por personajes como Pablo Acosta Villarreal, cacique de Ojinaga, Chihuahua; Rafael Caro Quintero y Miguel Ángel Félix Gallardo.

Existe una etapa de la juventud de Zambada García poco conocida. A finales de los setenta trabajaba como empleado en la Mueblería del Parque, en Culiacán, donde se desempeñaba como chofer y se encargaba de repartir entre los clientes muebles y aparatos de línea blanca. En ese empleo Zambada García conoció a Rosario Niebla, quien trabajaba como secretaria. Se casó con ella y procrearon a Vicente Zambada Niebla, quien nació en 1975 y fue detenido el 18 de marzo de 2009 en la Ciudad de México tras un operativo efectuado por militares y agentes de la Agencia Federal de Investigación (AFI).

Zambada García no duró mucho en ese empleo. Según refieren fuentes policiacas y personas que lo conocieron en esa época, quienes pidieron el anonimato, el Mayo siempre tuvo inclinaciones por las actividades delictivas. Esa proclividad lo llevó, tiempo después, a trabar relaciones con un grupo de colombianos allegados a su familia, quienes lo invitaron al negocio de las drogas... y ya no pudo dejarlo. Desde principios de los ochenta su carrera delictiva ha sido vertiginosa y fulgurante. En 1993, tras el asesinato de Rafael Aguilar Guajardo, Zambada García se alió con Amado Carrillo Fuentes, el Señor de los Cielos, máximo jefe del cártel de Juárez en aquella época.

Se asoció con, entre otros personajes, Eduardo González Quirarte, el Flaco, publirrelacionista del cártel; con los hermanos Vicente y Rodolfo Carrillo; con Carlos Colín Padilla, cerebro financiero de la organización, con los hermanos Beltrán Leyva, con Albino Quintero Meraz, don Beto, y con Juan José Esparragoza Moreno, el Azul, considerado el decano de los capos mexicanos y el más hábil negociador entre grupos antagónicos.

En mayo de 2003, durante un cateo realizado a una de las residencias del Azul en Cuernavaca, Morelos, agentes de la PGR encontraron la agenda de su hija Nadia Patricia Esparragoza, a quien se relacionó sentimentalmente con el entonces gobernador de la entidad, el panista Sergio Estrada Cajigal (*Proceso* 1492).

En aquella época el mandatario morelense era investigado por la PGR por sus presuntos vínculos con el narcotráfico y en particular con Esparragoza Moreno, que vivía cómodamente en esa entidad e incluso utilizaba el aeropuerto local para recibir cargamentos de droga que luego transportaba en vehículos de la policía local, a cargo del comandante Agustín Montiel, preso en el penal del Altiplano.

Las alianzas

Bajo el liderazgo de Carrillo Fuentes, Zambada García se mantuvo firme en el cártel de Juárez. Pero hubo fracturas a raíz de la muerte de Carrillo, por lo que decidió separarse de ese grupo criminal poco después de la fuga del Chapo Guzmán, en enero de 2001. Fueron él y los hermanos Beltrán Leyva quienes le brindaron protección al evadido.

Desde entonces Zambada García ha sobrevivido a las fracturas sufridas por el cártel de Sinaloa, incluso la de enero de 2008, provocada por la captura de Alfredo Beltrán, el Mochomo. A pesar de las pugnas internas y los embates del cártel del Golfo —su más acérrimo rival— y del gobierno federal, el Mayo se ha mantenido prácticamente intocable. No sólo eso: ha incrementado su fortuna. En poblaciones de Sonora, Sinaloa y Nayarit incluso lo consideran benefactor, al grado de que los lugareños se refieren a él como el Señor.

Los socios de las empresas Leche Santa Mónica, Multiservicios Jeviz y Jamaro Constructores, asentadas en esas entidades y consideradas por el Departamento del Tesoro de Estados Unidos como empresas fachada del cártel de Sinaloa, se jactaban de contribuir al desarrollo económico de la región. Hasta el 18 de mayo de 2007 todo era bonanza para quienes manejaban esos corporativos. Pero sobrevino el derrumbe. Luego de cinco años de investigación, ese día el Departamento del Tesoro acreditó que las empresas, propiedad de Rosario Niebla, exesposa del Mayo, y de sus hijas son producto del dinero obtenido por el tráfico de drogas. Al darse a conocer ese informe, la Secretaría de Hacienda determinó que en México no existen datos ni evidencias sobre actividades ilícitas de esos consorcios.

Asimismo, un día después de hacerse público el informe del Departamento del Tesoro, la familia Zambada Niebla publicó un desplegado en diarios sinaloenses para rechazar las acusaciones. Señalaron que las empresas fueron creadas conforme a derecho, y que "los accionistas y sus representantes legales son personas que pueden demostrar su calidad moral [...] y solvencia necesaria para el desarrollo de sus actividades como empresarios".

Así, el capo nacido en 1948 se ha mantenido impune y desde hace varios años está bien conectado con las instituciones responsables de combatir al narcotráfico. En noviembre de 2002, por ejemplo, el Centro de Inteligencia Antinarcóticos (Cian), cuerpo de élite del Ejército que depende directamente del secretario de la Defensa Nacional, fue infiltrado por las redes del Mayo Zambada y el Chapo Guzmán.

La extinta Unidad Especializada en Delincuencia Organizada (UEDO) documentó que una de las piezas que servían de enlace entre el Cian y los capos citados era el sargento Marcelino Alejo Arroyo López. No es todo: la investigación 124/2002-v también detectó que las fugas de información para favorecer a Zambada y a sus socios (entonces aglutinados bajo el liderazgo de Amado Carrillo) se venían dando desde 1995.

En la red de vínculos que servían a Zambada García, de acuerdo con la Sedena, había más nombres: Francisco Tornez Castro, el Capitán Tornez, quien había formado parte de diversas corporaciones policiacas; Salvador Ortega Becerra, ex funcionario de la desaparecida Fiscalía Especializada para la Atención de Delitos contra la Salud (FEADS); Elvia Ramírez García y Rubén Escalante, este último se desempeñaba como subdirector de la Unidad de Apoyo Táctico de las Fuerzas de Apoyo de la Policía Federal Preventiva (PFP).

En octubre de 2008 el Ejército asestó un fuerte golpe al círculo familiar y empresarial del Mayo al detener a su hermano, Jesús Zambada García, el Rey, y a 15 sicarios, quienes eran protegidos por agentes de la PFP. El Rey tenía su centro de operaciones en el Distrito Federal y en el Valle de

México, pues con la protección de agentes federales mantenía un férreo control en el Aeropuerto Internacional de la Ciudad de México, en donde recibía cargamentos de cocaína y de precursores químicos para elaborar drogas sintéticas.

Otro golpe que asestó el gobierno, esta vez a una parte de la estructura financiera del Mayo, ocurrió el 14 de septiembre de 2008, cuando efectivos del Ejército aseguraron 26 millones de dólares cuya propiedad las autoridades federales atribuyeron a Zambada García. Según la indagatoria PGR/SIEDO/UEIORPFAM/171/2008, el dinero estaba empaquetado en cajas de huevo y presuntamente formaba parte de las ganancias del cártel de Sinaloa.

Pese a esos golpes, Ismael Zambada García mantiene casi intacto el poder acumulado desde que inició su carrera criminal. En El Álamo, Sinaloa, su pueblo natal, se le recuerda gratamente porque —según fuentes policiacas consultadas por *Proceso*— cada Navidad visita a familiares y viejos conocidos, a quienes suele repartir cervezas y dinero en efectivo.

En diciembre de 2006, cuando celebraba una posada en el rancho Los Mezquites, localizado a un kilómetro de la comunidad El Carrizal, cerca de Culiacán, estuvo a punto de ser detenido. Ese día se montó un operativo policiaco y militar para catear el rancho. El Ejército tenía información de que Zambada García estaría en la fiesta. Los datos eran ciertos. Ese día el capo acudió a la posada, incluso brindó con los asistentes y bailó algunas piezas. Cuando el comando arribó al rancho para capturarlo, al filo de la medianoche, el viejo capo ya se había ido, informó el periódico *El Noroeste*.

Los vínculos con García Luna

◆

Ricardo Ravelo

Con sus poderosos tentáculos y su habilidad para corromper policías e infiltrarse en las instituciones responsables de combatir el narcotráfico —incluida la Secretaría de la Defensa Nacional—, Ismael Zambada García, el Mayo, cuenta con amplios controles dentro de la Secretaría de Seguridad Pública (SSP) que encabeza Genaro García Luna, cuyos principales colaboradores —algunos de ellos en prisión— son acusados de hallarse al servicio del personaje a quien se le considera jefe máximo del cártel de Sinaloa.

Dueño de fincas y haciendas, intocable en Sinaloa —su feudo—, Zambada García dispone de amplias redes de complicidades en las áreas más importantes de la PGR, como la SIEDO, y en la SSP, donde varios funcionarios de primer nivel son investigados por servir al capo que, siguiendo el ejemplo de Amado Carrillo —del que por varios años fue socio—, transformó su rostro con una cirugía plástica.

También intocable y considerado "el funcionario consentido" del presidente Felipe Calderón, García Luna no parece escapar de las redes tendidas en la SSP tanto por Zambada García como por los hermanos Beltrán Leyva, estos últimos separados del cártel de Sinaloa tras la ruptura derivada de la aprehensión de Alfredo Beltrán, el Mochomo, en enero de 2008. Así lo establece una investigación sobre los presuntos vínculos entre García Luna y las células de Zambada García y Arturo Beltrán Leyva, el Barbas, realizada por policías inconformes con el proyecto de unificación de las corporaciones federales.

En una indagación de campo, reforzada con antecedentes y revelaciones que supuestamente hizo la propia escolta de García Luna, los agentes policiacos reconstruyeron un episodio ocurrido el 19 de octubre de 2008 en el estado de Morelos, el cual narran en una carta enviada a las cámaras de Diputados y de Senadores con el fin de exhibir, según dicen, lo peligroso que significa otorgarle mayor poder a la SSP, pues buena parte de sus altos mandos policiacos, afirman, están al servicio del narcotráfico.

El documento detalla: "[…] El pasado 19 de octubre del año en curso [2008], el actual secretario de Seguridad Pública Federal, Genaro García Luna, y su escolta, integrada por aproximadamente 27 elementos […] en la carretera Cuernavaca a Tepoztlán fue interceptado o citado por alto capo de las drogas que se acompañaba de un indeterminado número de pistoleros o sicarios en aproximadamente diez vehículos Suburban blindados, sin que la escolta del funcionario en mención hiciera nada por protegerlo, al parecer por una orden verbal de éste [García Luna]".

La misiva que llegó a manos de los legisladores —y una copia de la cual fue entregada a *Proceso*— agrega que los miembros de la escolta de García Luna, por órdenes "del alto capo de las drogas", fueron despojados de sus armas y permanecieron con los ojos vendados durante "aproximadamente cuatro horas". Los agentes que conocieron el hecho, y cuyos nombres se omiten por temor a represalias, sostienen en el documento que aquella voz "del alto capo" le dijo a García Luna: "Éste es el primero y último aviso para que sepas que sí podemos llegar a ti si no cumples con lo pactado".

Asegura el escrito que después de esas palabras del capo, García Luna se retiró "abandonando a sus escoltas a su suerte, sin saber la dirección que tomó y lo que hizo durante esas cuatro largas horas, tiempo en que pudo entrevistarse en un lugar más cómodo y distinto al de los supuestos hechos". Y, en otro punto, la carta señala: "No debe pasar inadvertido que el secretario funcionario en cuestión es un experto actor del engaño, pues debe recordarse que en fechas pasadas elaboró un circo en torno a un se-cuestro en el que estuvo supuestamente involucrada una mujer francesa en el poblado del Ajusco, DF, donde citó a un medio televisivo de comuni-cación masiva y […] pudo manipular a toda su escolta haciéndoles creer que lo sucedido fue un amedrentamiento [levantón] por parte de algún capo de la droga, y lo que en realidad sucedió fue una cita concertada con ese supuesto capo".

De acuerdo con las investigaciones que realiza la Subprocuraduría de Investigación Especializada en Delincuencia Organizada (SIEDO), buena parte de los funcionarios más cercanos a García Luna parecen contaminados por el narcotráfico, pues desde el sexenio de Vicente Fox, y de manera más acusada en la administración de Calderón, han surgido evidencias de que la SSP es una de las instituciones más infiltradas por el cártel de Sinaloa y otras bandas delictivas.

Por ejemplo, Édgar Enrique Bayardo del Villar, ex inspector adscrito a la Sección de Operaciones de la PFP, fue puesto a disposición de la SIEDO por servir, presuntamente, a Zambada García. Cercano a García Luna, con un sueldo no mayor a 26 mil pesos mensuales, Enrique Bayardo pasó de la pobreza a una prosperidad fulgurante. Conforme a la investigación de los hechos, donde también aparecen implicados los agentes de la PFP Jorge Cruz Méndez y Fidel Hernández, Bayardo del Villar posee hoy dos residencias con un valor conjunto cercano a los 9 millones de pesos. De un día para otro, rompió la estrechez de sus limitaciones económicas y se compró automóviles BMW, Mercedes Benz y una Cherokee blindada. Gastó 12 millones de pesos en estas adquisiciones y, al igual que sus residencias, las pagó al contado.

Otra pieza de esta red que presuntamente se hallaba al servicio de los hermanos Jesús e Ismael Zambada —dentro del primer círculo de confianza de Genaro García Luna— era Gerardo Garay Cadena, ex comisionado de la PFP, quien el 1 de noviembre de 2008 renunció a su cargo para ponerse voluntariamente "a disposición de las autoridades", aunque de inmediato fue arraigado por la SIEDO.

Dentro de las pesquisas, los reflectores se enderezan también hacia otros funcionarios ligados a Garay Cadena. Uno de ellos es Francisco Navarro, jefe de Operaciones Especiales de la SSP, con amplios controles en el Aeropuerto Internacional de la Ciudad de México, uno de los mayores centros de operaciones de entrada de droga y salida de dinero del narcotráfico. Dentro de este grupo que, según la PGR, brindaba protección al *Mayo* Zambada, aparece igualmente Luis Cárdenas Palomino, "el brazo derecho" de García Luna, quien no fue arraigado pero siguió yendo a declarar a la SIEDO. Otros altos mandos de la SSP y de la PFP bajo arraigo son los agentes Jorge Cruz Méndez y Fidel Hernández García.

En la denuncia entregada al Congreso de la Unión, en particular a las comisiones de Seguridad y Justicia, los agentes de la AFI aseguraron que García Luna estaba incorporando a la PFP y a la SSP personal con antecedentes penales y vínculos con el crimen organizado. En la mayoría de los casos, aseguraron, se advierte inexperiencia e improvisación en tareas de investigación sobre las actividades del crimen organizado que, de acuerdo con Edgardo Buscaglia, investigador del Instituto Tecnológico Autónomo de México (ITAM), abarca 25 tipos de delitos, como el narcotráfico, el contrabando, el secuestro y la trata de personas.

En su denuncia, los agentes abordaron también la corrupción y el desorden que privan en la dependencia que controla García Luna. Indicaron que el personal convocado para abandonar la AFI e incorporarse a la Policía Federal no había cumplido cuatro años en sus cargos policiacos y que se dio prioridad a recomendados e incondicionales, así como a "amistades y amantes de altos funcionarios".

Varias de las denuncias y advertencias hechas por los agentes pueden confirmarse inclusive en acontecimientos de hace pocos años. Por ejemplo, dos días después de la renuncia de Gerardo Garay, el 3 de noviembre de 2008, García Luna nombró como comisionado interino de la PFP a Rodrigo Esparza Cisterna, cuya historia es tan larga como turbia. En 1993, cuando Rodrigo Esparza era delegado de la PGR en Sinaloa, brotaron los primeros rebullicios por su presunta relación con Joaquín Guzmán Loera, el Chapo, entonces acérrimo rival de los hermanos Arellano Félix, jefes del cártel de Tijuana.

De acuerdo con el oficio DGPDSC/UEA/1938/2 005, fechado el 12 de agosto de 2005, obtenido mediante una solicitud informativa al Instituto Federal de Acceso a la Información (folio 0001700181305), Esparza fue acusado de actuar contra la administración de la justicia. Dicha imputación quedó registrada en el proceso penal 159/93, derivado de la averiguación previa 3423/93. El 28 de junio de 1993 fue aceptada la competencia planteada por el juez tercero de Distrito del Ramo Penal del Distrito Federal, y luego se le dictó auto de formal prisión.

Mediante añagazas jurídicas, el auto de formal prisión fue revocado el 23 de agosto de 1993, de modo que, en menos de tres meses, Esparza vio sepultado su expediente con el sobreseimiento de su caso. No obstante estos antecedentes, Rodrigo Esparza se convirtió en el brazo derecho de García Luna en la PFP.

Un retrato del poder

El Mayo Zambada era regordete y mofletudo, pero un día Vicente y Amado Carrillo, quienes se sometieron a cirugías plásticas en la clínica Santa Mónica de la Ciudad de México —el nosocomio donde falleció Amado Carrillo en 1997—, le sugirieron cambiar su fisonomía, y aceptó. Zambada bajó entonces de peso y se redujo las mejillas, con lo que su rostro se volvió rígido y un poco alargado por el estiramiento facial. Cuando José Luis Santiago Vasconcelos era titular de la SIEDO, agentes federales tuvieron acceso, durante un cateo en una de sus múltiples propiedades, a una fotografía donde Zambada García se ve rejuvenecido y esbelto. La foto se guardó en los archivos relacionados con el cártel de Juárez, organización a la que pertenecía el Mayo.

Intocable durante décadas, Ismael Zambada ha mostrado su poderío y su capacidad de infiltrarse crecientemente en las instituciones durante los sexenios de Ernesto Zedillo, Vicente Fox y Felipe Calderón: más de 35 agentes del Ministerio Público Federal adscritos a la SIEDO eran sus empleados, y cada uno recibía entre 350 y 400 mil dólares mensuales por filtrarle información sobre expedientes consignados y averiguaciones previas en curso contra miembros de su organización.

Ya en el gobierno de Vicente Fox, el cártel de Sinaloa llegó hasta la Secretaría de la Defensa Nacional (Sedena), donde a través de Arturo González Hernández, el Chaky, fueron cooptados varios altos mandos del Ejército que operaban los sistemas de telecomunicaciones y le avisaban con antelación qué días y horas se realizarían operativos militares.

Además, el Mayo Zambada tenía el control de la policía de Sinaloa, y altos jefes militares cuidaban su integridad física y sus negocios. La impunidad y su poder eran de tal magnitud que en diciembre de 2005, en el rancho El Mezquite, se organizó una posada amenizada por la banda Ilusión. A la fiesta llegó Zambada García. Corrieron ríos de alcohol, se distribuyeron fuertes dosis de cocaína y se lanzaron disparos al aire. Esto atrajo la atención de un sector del Ejército Mexicano afincado en Sinaloa que solicitó una orden de cateo para entrar al rancho. Debido a que, inusualmente, esa orden tardó horas en obsequiarse, Zambada García tuvo tiempo de abandonar el sitio protegido por policías e irse tranquilamente a su escondite, una amurallada fortaleza cuyos accesos y veredas están permanentemente vigiladas por su gente.

En mayo de 2007 la Oficina para el Control de Propiedades Extranjeras del Departamento del Tesoro de Estados Unidos informó que seis empresas y 12 personas en México son parte de la red financiera de Ismael *el Mayo* Zambada. El reporte estadunidense indica que la exesposa de Zambada, Rosario Niebla Cardoza, así como sus cuatro hijas —María Teresa, Miriam Patricia, Mónica del Rosario y Modesta Zambada Niebla—, juegan un papel clave en los negocios sucios del Mayo, pues cumplen una función "clave en la propiedad y control de las empresas" del capo.

Tras la ruptura entre los hermanos Beltrán Leyva y el Chapo Guzmán, el cártel de Sinaloa —quizá en su momento de esplendor la empresa criminal más poderosa de América Latina— sufrió una merma en su poder, pero no está abatido. Según datos de la SSP y de la PGR, los Beltrán alargaron sus tentáculos: penetraron en la SIEDO, en la PGR y en buena parte de las comandancias regionales del Ejército, además de aliarse con los Zetas y con el cártel de Juárez, cuyo jefe es Vicente Carrillo, el Viceroy.

Zambada García y Joaquín Guzmán mantienen la unidad, y a ese grupo están sumados Ignacio Nacho Coronel y los hermanos Cázares Salazar. Este clan de las drogas sufrió una baja el 17 de octubre de 2008 cuando fue detenido en la Ciudad de México Jesús Zambada García, el Rey, hermano del Mayo que tenía fama de ser discreto.

Hasta 2007 Jesús Zambada no estaba considerado un capo de estatura mayor ni por los organismos de inteligencia de Estados Unidos, pero tras su captura el procurador Eduardo Medina Mora lo calificó como una de las cabezas más importantes en la red de lavado de dinero del Mayo Zambada.

Otro hecho aludió al verdadero poder del Rey Zambada: en Culiacán, Sinaloa, fue colocada una manta cerca del Congreso estatal que derrumbó la tesis de que Jesús Zambada García era un operador menor. La leyenda decía: "Chapo Guzmán, matan a tu hijo y sigues siendo amigo de los asesinos. No tienes vergüenza, cómo te ha cambiado Nachito Coronel, te mangonea a su antojo y todo porque te mantenga. Inteligente el Rey Zambada: ustedes matando municipales, estatales y ministeriales, y él bajando efedrina y cocaína en el Aeropuerto de la Ciudad de México".

En octubre de 2008 —cuando García Luna fue supuestamente interceptado en Morelos, según la denuncia de los agentes—, arreciaron los golpes contra la estructura del Mayo Zambada. Fueron cateados por policías federales los ranchos Quinta La Paloma y Los Alpes, localizados en Acaxochitlán, Hidalgo. La propiedad de las instalaciones fue atribuida por la SIEDO al Rey Zambada.

Al Mayo Zambada le habían asestado un golpe financiero el 18 de septiembre de 2008 con el decomiso de 26 millones de dólares, dinero que tenía guardado en una casa de seguridad y perfectamente acomodado en cajas de huevo. A pesar de los golpes recibidos por el cártel de Sinaloa y no obstante la división que sufrió con la separación de los hermanos Beltrán, la organización sigue siendo próspera en el tráfico de drogas: controla puertos y aeropuertos y mantiene aliados en altos niveles de la SSP que, según la misiva enviada por los policías federales al Congreso, "están obligados a cumplir con los acuerdos pactados".

"Si me atrapan o me matan... nada cambia"

◆

Julio Scherer García

Un día de febrero de 2010 recibí en *Proceso* un mensaje que ofrecía datos claros acerca de su veracidad. Anunciaba que Ismael Zambada deseaba conversar conmigo. La nota daba cuenta del sitio, la hora y el día en que una persona me conduciría al refugio del capo. No agregaba una palabra. A partir de ese día ya no me soltó el desasosiego. Sin embargo, en momento alguno pensé en un atentado contra mi persona. Me sé vulnerable y así he vivido. No tengo chofer, rechazo la protección y generalmente viajo solo, la suerte siempre de mi lado.

La persistente inquietud tenía que ver con el trabajo periodístico. Inevitablemente debería contar las circunstancias y pormenores del viaje, pero no podría dejar indicios que llevaran a los persecutores del capo hasta su guarida. Recrearía tanto como me fuera posible la atmósfera del suceso y su verdad esencial, pero evitaría los datos que pudieran convertirme en un delator. Me hizo bien recordar a Octavio Paz, a quien alguna vez le oí decir, enfático como era: "Hasta el último latido del corazón, una vida puede rodar para siempre".

Una mañana de sol absoluto mi acompañante y yo abordamos un taxi del que no tuve ni la menor idea del sitio al que nos conduciría. Tras un recorrido breve, subimos a un segundo automóvil, luego a un tercero y finalmente a un cuarto. Caminamos en seguida un rato largo hasta detenernos ante una fachada color claro. Una señora nos abrió la puerta y no tuve manera de mirarla. Tan pronto corrió el cerrojo, desapareció.

La casa era de dos pisos, sólida. Por ahí había cinco cuadros, pájaros deformes en un cielo azuloso. En contraste, las paredes de las tres recámaras mostraban un frío abandono. En la sala habían sido acomodados sillones y sofás para unas diez personas y la mesa del comedor preveía seis comensales. Me asomé a la cocina y abrí el refrigerador, refulgente y vacío. La curiosidad me llevó a buscar algún teléfono y sólo advertí aparatos fijos para la comunicación interna. La recámara que me fue asignada tenía al centro una cama estrecha y un buró de tres cajones polvosos. El colchón, sin sábana que lo cubriera, exhibía la pobreza de un cobertor viejo. Probé el agua de la regadera, fría, y en el lavamanos vi cuatro botellas de Bonafont y un jabón usado.

Hambrientos, el mensajero y yo salimos a la calle para comer, beber lo que fuera y estirar las piernas. Caminamos sin rumbo hasta una fonda grata, la música a un razonable volumen. Hablamos sin conversar, las frases cortadas sin alusión alguna a Zambada, al narco, la inseguridad, el Ejército que patrullaba las zonas periféricas de la ciudad. Volvimos a la casa desolada ya noche. Nos levantaríamos a las 7 de la mañana. A las 8 del día siguiente desayunamos en un restaurante como hay muchos. Yo evitaba cualquier expresión que pudiera interpretarse como un signo de impaciencia o inquietud, incluso la mirada insistente a los ojos, una forma de la interrogación profunda. El tiempo se estiraba, indolente, y comíamos con lentitud.

Las horas siguientes transcurrieron entre las cuatro paredes ya conocidas. Yo llevaba conmigo un libro y me sumergí en la lectura, a medias. Mi acompañante parecía haber nacido para el aislamiento. Como si nada existiera a su alrededor, llegué a pensar que él mismo pudiera haber desaparecido sin darse cuenta, sin advertirlo. Me duele escribir que no tenía más vida que la servidumbre, la existencia sin otro horizonte que el minuto que viene. "Ya nos avisarán —me dijo sorpresivamente—. La llamada vendrá por el celular". Pasó un tiempo informe, sin manecillas. "Paciencia", me decía. Salimos al fin a la oscuridad de la noche. En unas horas se cruzarían el ocaso y el amanecer sin luz ni sombra, quieto el mundo.

Viajamos en una camioneta, seguidos de otra. La segunda desapareció de pronto y ocupó su lugar una tercera. Nos seguía, constante, a 100 metros de distancia. Yo sentía la soledad y el silencio en un paisaje de planicies y montañas. Por veredas y caminos sinuosos, ascendimos una cuesta y de un instante a otro el universo entero dio un vuelco. Sobre una superficie de tierra apisonada y bajo un techo de troncos y bejucos, habíamos llegado al refugio del capo, cotizada su cabeza en millones de dólares, famoso como el Chapo y poderoso como el colombiano Escobar, en sus días de auge, zar de la droga. Ismael Zambada me recibió con la mano dispuesta al saludo y unas palabras de bienvenida:

—Tenía mucho interés en conocerlo.

—Muchas gracias —respondí con naturalidad.

Me encontraba en una construcción rústica de dos recámaras y dos baños, según pude comprobar en los minutos que me pude apartar del capo para lavarme. Al exterior había una mesa de madera tosca para seis comensales, y bajo un árbol que parecía un bosque, tres sillas mecedoras con una pequeña mesa al centro. Me quedó claro que el cobertizo había sido levantado con el propósito de que el capo y su gente pudieran abandonarlo al primer signo de alarma. Percibí un pequeño grupo de hombres juramentados.

A corta distancia del narco, los guardaespaldas iban y venían, a veces los ojos en el jefe y a ratos en el panorama inmenso que se extendía a su alrededor. Todos cargaban su pistola y algunos, además, armas largas. Dueño de mí mismo, pero nervioso, vi en el suelo un arma negra que brillaba intensamente bajo un sol vertical. Me dije, deliberadamente forzada la imagen: podría tratarse de un animal sanguinario que dormita.

—Lo esperaba para que almorzáramos juntos —me dijo Zambada y señaló la silla que ocuparía, ambos de frente.

Observé de reojo a su emisario, las mandíbulas apretadas. Me pedía que no fuera a decir que ya habíamos desayunado. Al instante fuimos servidos con vasos de jugo de naranja y vasos de leche, carne, frijoles, tostadas, quesos que se desmoronaban entre los dedos o derretían en el paladar, café azucarado.

—Traigo conmigo una grabadora electrónica con juego para muchas horas — aventuré con el propósito de ir creando un ambiente para la entrevista.

—Platiquemos primero.

Le pregunté al capo por Vicente, Vicentillo.

—Es mi primogénito, el primero de cinco. Le digo "M'ijo". También es mi compadre.

Zambada siguió en la reseña personal:

—Tengo a mi esposa, cinco mujeres, quince nietos y un bisnieto. Ellas, las seis, están aquí, en los ranchos, hijas del monte, como yo. El monte es mi casa, mi familia, mi protección, mi tierra, el agua que bebo. La tierra siempre es buena, el cielo no.

—No le entiendo.

—A veces el cielo niega la lluvia.

Hubo un silencio que aproveché de la única manera que me fue posible:

—¿Y Vicente?

—Por ahora no quiero hablar de él. No sé si está en Chicago o Nueva York. Sé que estuvo en Matamoros.

—He de preguntarle, soy lo que soy. A propósito de su hijo, ¿vive usted su extradición con remordimientos que lo destrocen en su amor de padre?

—Hoy no voy a hablar de "M'ijo". Lo lloro.

—¿Grabamos?

Silencio.

—Tengo muchas preguntas — insistí ya debilitado.

—Otro día. Tiene mi palabra.

Lo observaba. Sobrepasa el 1.80 de estatura y posee un cuerpo como una fortaleza, más allá de una barriga apenas pronunciada. Viste una playera y sus pantalones de mezclilla azul mantienen la línea recta de la ropa bien planchada. Se cubre con una gorra y el bigote recortado es de los que sugieren una sutil y permanente ironía.

—He leído sus libros y usted no miente —me dice.

Detengo la mirada en el capo, los labios cerrados.

—Todos mienten, hasta *Proceso*. Su revista es la primera, informa más que todos, pero también miente.

—Señáleme un caso.

—Reseñó un matrimonio que no existió.

—¿El del Chapo Guzmán?

—Dio hasta pormenores de la boda.

—Sandra Ávila cuenta de una fiesta a la que ella concurrió y en la que estuvo presente el Chapo.

—Supe de la fiesta, pero fue una excepción en la vida del Chapo. Si él se exhibiera o yo lo hiciera, ya nos habrían agarrado.

—¿Algunas veces ha sentido cerca al Ejército?

—Cuatro veces. El Chapo más.

—¿Qué tan cerca?

—Arriba, sobre mi cabeza. Huí por el monte, del que conozco los ramajes, los arroyos, las piedras, todo. A mí me agarran si me estoy quieto o me descuido, como al Chapo. Para que hoy pudiéramos reunirnos, vine de lejos. Y en cuanto terminemos, me voy.

—¿Teme que lo agarren?

—Tengo pánico de que me encierren.

—Si lo agarraran, ¿terminaría con su vida?

—No sé si tuviera los arrestos para matarme. Quiero pensar que sí, que me mataría.

Advierto que el capo cuida las palabras. Empleó el término arrestos, no el vocablo clásico que naturalmente habría esperado. Zambada lleva el monte en el cuerpo, pero posee su propio encierro. Sus hijos, sus familias, sus nietos, los amigos de los hijos y los nietos, a todos les gustan las fiestas. Se reúnen con frecuencia en discos, en lugares públicos, y el capo no puede acompañarlos. Me dice que para él no son los cumpleaños, las celebraciones en los santos, pasteles para los niños, la alegría de los quince años, la música, el baile.

—¿Hay en usted espacio para la tranquilidad?

—Cargo miedo.

—¿Todo el tiempo?

—Todo.

—¿Lo atraparán, finalmente?

—En cualquier momento o nunca.

Zambada nació en 1948 y se inició en el narco a los 16 años. Han transcurrido 45 años que le dan una gran ventaja sobre sus persecutores. Sabe esconderse, sabe huir y se tiene por muy querido entre los hombres y las mujeres donde medio vive y medio muere a salto de mata.

—Hasta hoy no ha aparecido por ahí un traidor —expresa de pronto para sí. Lo imagino insondable.

—¿Cómo se inició en el narco?

Su respuesta me hace sonreír.

—Nomás.

—¿Nomás?

Vuelvo a preguntar:

—¿Nomás?

Vuelve a responder:

—Nomás.

Por ahí no sigue el diálogo y me atengo a mis propias ideas: el narcotráfico como un imán irresistible y despiadado que persigue el dinero, el poder, los yates, los aviones, las mujeres propias y ajenas con las residencias y los edificios, las joyas como cuentas de colores para jugar, el impulso brutal que lleve a la cúspide. En la capacidad del narcotráfico existe, ya sin horizonte y aterradora, la capacidad para triturar.

Zambada no objeta la persecución que el gobierno emprende para capturarlo. Está en su derecho y es su deber. Sin embargo, rechaza las acciones bárbaras del Ejército. Los soldados, dice, rompen puertas y ventanas, penetran en la intimidad de las casas, siembran y esparcen el terror. En la guerra desatada encuentran inmediata respuesta a sus acometidas. El resultado es el número de víctimas que crece incesante. Los capos están en la mira, aunque ya no son las figuras únicas de otros tiempos.

—¿Qué son entonces? —pregunto.

Responde Zambada con un ejemplo fantasioso:

—Un día decido entregarme al gobierno para que me fusile. Mi caso debe ser ejemplar, un escarmiento para todos. Me fusilan y estalla la euforia. Pero al cabo de los días vamos sabiendo que nada cambió.

—¿Nada, caído el capo?

—El problema del narco envuelve a millones. ¿Cómo dominarlos? En cuanto a los capos, encerrados, muertos o extraditados, sus reemplazos ya andan por ahí.

A juicio de Zambada el gobierno llegó tarde a esta lucha y no hay quien pueda resolver en días problemas generados por años. Infiltrado el gobierno desde la base, el tiempo hizo su "trabajo" en el corazón del sistema y la corrupción se arraigó en el país. Al presidente, además, lo engañan sus colaboradores. Son embusteros y le informan de avances, que no se dan, en esta guerra perdida.

—¿Por qué perdida?

—El narco está en la sociedad, arraigado como la corrupción.

—Y usted, ¿qué hace ahora?

—Yo me dedico a la agricultura y a la ganadería, pero si puedo hacer un negocio en los Estados Unidos, lo hago.

Yo pretendía indagar acerca de la fortuna del capo y opté por valerme de la revista *Forbes* para introducir el tema en la conversación. Lo vi a los ojos, disimulado un ánimo ansioso:

—¿Sabía usted que *Forbes* incluye al Chapo entre los grandes millonarios del mundo?

—Son tonterías.

Tenía en los labios la pregunta que seguiría, ahora superflua, pero ya no pude contenerla.

—¿Podría usted figurar en la lista de la revista?

—Ya le dije. Son tonterías.

—Es conocida su amistad con el Chapo Guzmán y no podría llamar la atención que usted lo esperara fuera de la cárcel de Puente Grande el día de la evasión. ¿Podría contarme de qué manera vivió esa historia?

—El Chapo Guzmán y yo somos amigos, compadres, y nos hablamos por teléfono con frecuencia. Pero esa historia no existió. Es una mentira más que me cuelgan. Como la invención de que yo planeaba un atentado contra el presidente de la República. No se me ocurriría.

—Zulema Hernández, mujer del Chapo, me habló de la corrupción que imperaba en Puente Grande y de qué manera esa corrupción facilitó la fuga de su amante. ¿Tiene usted noticia acerca de los acontecimientos de ese día y cómo se fueron desarrollando?

—Yo sé que no hubo sangre, un solo muerto. Lo demás, lo desconozco.

Inesperada su pregunta, Zambada me sorprende:

—¿Usted se interesa por el Chapo?

—Sí, claro.

—¿Querría verlo?

—Yo lo vine a ver a usted.

—¿Le gustaría…?

—Por supuesto.

—Voy a llamarlo y a lo mejor lo ve.

La conversación llega a su fin. Zambada, de pie, camina bajo la plenitud del sol y nuevamente me sorprende:

—¿Nos tomamos una foto?

Sentí un calor interno, absolutamente explicable. La foto probaba la veracidad del encuentro con el capo. Zambada llamó a uno de sus guardaespaldas y le pidió un sombrero. Se lo puso, blanco, finísimo.

—¿Cómo ve?

—El sombrero es tan llamativo que le resta personalidad.

—¿Entonces con la gorra?

—Me parece.

El guardaespaldas apuntó con la cámara y disparó.

Nacho Coronel

Poderoso y en la sombra
◆
Ricardo Ravelo

En poco más de dos décadas Ignacio Nacho Coronel Villarreal se consolidó como el cuarto hombre más importante del cártel de Sinaloa y logró ampliar sus actividades de trasiego de droga a gran escala hacia Sudamérica, Estados Unidos y varios países europeos, que son las principales rutas de esa organización. Robert Mueller, director del Buró Federal de Investigaciones (FBI), incluso elaboró una ficha criminal en la que destaca que, por su gran capacidad, Coronel Villarreal podría haber construido su propia organización criminal en un corto tiempo.

Conocido también como Ignacio Valdez Urrutia, Dagoberto Rodríguez Jiménez, Nachito, el Ingeniero y el *King of Ice*, el capo formaba parte de la llamada Federación de Narcotraficantes que encabeza Joaquín Guzmán Loera, el Chapo, a quien en marzo de 2009 la revista *Forbes* convirtió en multimillonario al atribuirle una fortuna de mil millones de dólares.

Al igual que sus pares, Coronel Villarreal fue sigiloso y solía cobijarse en el misterio. Algunos documentos oficiales consignan que nació el 1 de febrero de 1954, aunque no mencionan el lugar. La PGR sostuvo que era originario de Canelas, Durango, pero un reporte del FBI fechado el 17 de abril de 2003 —cuando se ofreció una recompensa de 5 millones de dólares a quien proporcionara datos para su captura— indicaba que era oriundo de Veracruz.

Aunque fueron pocas las fotografías de Coronel Villarreal, el FBI incluía una en la que se le observaba de barba cerrada y vestido con una camisa y un sobretodo oscuros. La imagen iba acompañada de la descripción física del capo: pelo castaño, ojos cafés, raza "blanco hispano" y 143 libras de peso. ¿Su oficio?: "Hombre dedicado a los negocios". En los ochenta, cuando Coronel inició su carrera delictiva, era el cabecilla del cártel de Juárez en Zacatecas. Trabajaba entonces a la sombra de Amado Carrillo Fuentes, el Señor de los Cielos, y de Eduardo González Quitarte, el Flaco, quien fue publirrelacionista de esa organización criminal hasta 1997.

Tras la muerte de Carrillo Fuentes, Coronel Villarreal, Juan José Esparragoza Moreno, el Azul e Ismael *el Mayo* Zambada se desligaron de ese cártel para sumarse al de Sinaloa, que recobró su poder en 2001 luego de que el Chapo Guzmán se fugó del penal de Puente Grande, Jalisco.

En aquella ocasión, junto con Luis Valencia Valencia, cabeza del cártel del Milenio, y Óscar Nava Valencia, el Lobo —ambos vinculados con los hermanos Beltrán Leyva—, Coronel protegió al Chapo. Años después, cuando los Beltrán Leyva rompieron con Guzmán Loera, Nacho Coronel se mantuvo firme en el cártel de Sinaloa. Hasta 2010, sin embargo, operaba en El Molino, un municipio cercano a la ciudad de Zapopan, Jalisco, según datos de la PGR.

No obstante su filiación al clan sinaloense, la DEA y el FBI sostenían que durante la década de 2000 a 2010 Coronel consolidó su poder y fue capaz de "operar con luz propia. Ha incrementado su poder desde la década de los noventa y ahora es la cabeza de una célula poderosa en México, trabaja directamente con fuentes de abastecimiento colombianas que lo surten de cientos de toneladas de cocaína", según la ficha criminal elaborada por las autoridades de Estados Unidos en aquel entonces.

El despegue

Hábil en el trasiego de droga Nacho Coronel amplió su abanico de actividades: además de cocaína, traficaba con metanfetaminas y contaba con decenas de laboratorios clandestinos a lo largo del territorio nacional, lo que le permitía controlar más de 50% de la producción de drogas sintéticas, según la DEA.

En investigaciones federales se le mencionaba como presunto socio del empresario de origen chino Zhenli Ye Gon, acusado de introducir efedrina al país con apoyo gubernamental y a quien se le decomisaron 205 millones de dólares en 2007, al parecer producto del narcotráfico, en un cateo a su residencia de las Lomas de Chapultepec, en la Ciudad de México.

Formado a la sombra de Carrillo Fuentes, Coronel también supo abrevar de los hermanos Beltrán Leyva, pero cortó con ellos en enero de 2008 cuando decidieron separarse del cártel de Sinaloa. Según el FBI, Coronel "promueve sus actividades de narcotráfico por medio del soborno, la intimidación y la violencia". A pesar de que Coronel se inició en el negocio del narcotráfico desde muy joven, no fue sino hasta diciembre de 2003 cuando la corte del Distrito Oeste de Texas lo acusó por primera vez de tráfico de sustancias ilegales y de conspiración para poseer e importar precursores químicos controlados, con el presunto fin de producir drogas sintéticas, uno de sus prósperos negocios.

Según la ficha de búsqueda del FBI difundida en Estados Unidos, Coronel se convirtió en el capo que mejor competía en la producción y distribución de psicotrópicos sintéticos. Los organismos estadunidenses lo llamaban *King of Ice* o *King of Crystal*, un apelativo no usado por sus allegados, quienes preferían llamarlo el Ingeniero Coronel Villarreal, Nacho Coronel o Nachito Coronel: en el mundo donde él se desenvolvió lo conocían como el Cachas de Diamante, al parecer por su afición a las armas recubiertas de oro o diamantes, el sello distintivo de los empresarios del narco y sus poderosos sicarios.

La PGR aseguró que como engrane del cártel de Sinaloa, Nacho Coronel controlaba buena parte del Pacífico mexicano desde el occidente. Su feudo, dijo la dependencia, era el estado de Jalisco, cuna de capos famosos, como Rafael Caro Quintero y Miguel Ángel Félix Gallardo; contó también con el apoyo de cuerpos policiacos y elementos del Ejército en Durango, Sonora, Michoacán, Guerrero y otras entidades del sur del país.

Durante la etapa de esplendor de los hermanos Héctor y Arturo Beltrán Leyva, cuando aún eran parte del cártel de Sinaloa, Coronel gozó de protección oficial, pues se mantuvo a la sombra del poder. Algunos de sus socios en el lavado de dinero fueron beneficiarios de programas gubernamentales destinados al campo y a la ganadería. Entre ellos destacan los hermanos Jesús Raúl, Francisco Amado y Marco Antonio Beltrán Uriarte, también de Sinaloa, quienes a pesar de estar señalados como lavadores de dinero proveniente del narcotráfico, durante el sexenio de Vicente Fox recibieron apoyo de cuatro programas de la Secretaría de Agricultura.

En diciembre de 2006 el semanario *Zeta* de Tijuana publicó un reportaje en el que mencionó que los hermanos Beltrán Uriarte fueron detenidos por el Ejército tras el cateo a tres inmuebles, en los que se hallaron dos millones de dólares y poco más de un millón de pesos en efectivo. Poco antes del arresto de los tres hermanos Beltrán Uriarte, inteligencia militar identificó a Jesús Raúl como el operador de Coronel en el trasiego de droga vía marítima y aérea desde Centro y Sudamérica.

Documentos de la PGR y de la SSP señalan que los Beltrán Uriarte son oriundos de Angostura, Badiraguato y Mocorito, Sinaloa; otros familiares suyos se afincaron en Guadalajara, donde fueron parte del entorno que controlaba Coronel. A los Beltrán Uriarte se les ha identificado desde hace años con el blanqueo de capitales, aunque ellos lo niegan. Dicen que su fortuna proviene de sus prósperos negocios ganaderos y agrícolas, que en realidad son empresas fachada, según los expedientes federales.

Otro de los hermanos Beltrán Uriarte, Miguel, conocido como el Veterinario, está incluido en la averiguación previa 2984/2002 por su presunta vinculación con el llamado narcobatallón militar que en octubre de 2002 fue desmantelado en Guamúchil, Sinaloa, por brindar protección al narcotráfico, en particular a la célula de los Beltrán Leyva y del propio Coronel.

A pesar de esos antecedentes, los Beltrán Uriarte aparecen en el padrón de productores que se beneficiaron de los programas oficiales destinados al campo. Según el semanario *Zeta*, en 2004 Francisco Amado recibió subsidios del Procampo para cultivar 70 hectáreas de pasto perenne de temporal. Su folio era el 500718268. Su hermano Miguel cultivó tres hectáreas de sorgo. Su folio en el Procampo era el 500718278; Jesús, otro miembro del clan, sembró siete hectáreas de maíz de temporal. Es beneficiario de ese programa gubernamental y su número de registro es 500718280. Y a la par que las actividades ganaderas de los hermanos Beltrán Uriarte estaban en pujanza, se consolidó su relación con *Nacho* Coronel, por lo que se mudaron a Jalisco, donde presuntamente invirtieron buena parte de sus ganancias ilícitas.

Los exsocios

Todo iba bien para Nacho Coronel y sus aliados en el cártel de Sinaloa hasta que a principios de 2008 decidió romper relaciones con sus antiguos mentores, los hermanos Beltrán Leyva, por discrepancias en una operación que Coronel terminó por controlar. Poco después, los Beltrán Leyva anunciaron su salida del cártel de Sinaloa. Esa ruptura puso al descubierto las relaciones que dicha organización mantenía con el poder político desde hacía años, en particular con altos mandos de la Subprocuraduría de Investigación Especializada en Delincuencia Organizada (SIEDO).

La PGR se enteró de esa división por el testimonio de Fernando Rivera Hernández, un ex capitán del Ejército. Según la averiguación previa PGR/SIEDO/UEIDCS/166/2009, Rivera Hernández, presunto protector de los hermanos Beltrán Leyva, cuenta que el pleito entre estos y Coronel era tan fuerte que incluso Arturo Beltrán, el Barbas, ordenó ejecutar a su rival. La orden de Arturo Beltrán Leyva era "pagar lo que fuera necesario a nuestros contactos para hacer ese jale pendiente con Nacho Coronel y ayudar al gobierno a que capturaran al Chapo Guzmán", relata el militar en la indagatoria citada.

Y agrega. "En febrero de 2008, el Diecinueve, un sicario al servicio de los Beltrán Leyva, al que le apodaban así porque había perdido una falange, me pidió que junto con mi grupo de la SIEDO nos dedicáramos a la búsqueda de Nacho Coronel, ya que este narcotraficante y su gente habían traicionado a don Arturo Beltrán y que por ello querían cobrar venganza". Rivera Hernández asegura también que por ese trabajo los Beltrán Leyva le iban a pagar 350 mil dólares. Aunque aclara: "Nunca se realizó ese jale". Pese a esos antecedentes, durante 2008 y 2009 Coronel nunca fue molestado por ninguna autoridad; por el contrario, fueron los Zetas los que intentaron asesinarlo en varias ocasiones.

Tras su salida del cártel de Sinaloa, los hermanos Beltrán Leyva se acercaron a los Zetas y juntos se apropiaron de Durango. Con ello se intensificó la guerra entre los cárteles por el control de otros territorios, como Jalisco, Michoacán o Guerrero. A la par, se desataron las matanzas y las traiciones. Apenas a principios de abril de 2010, por ejemplo, presuntos sicarios de los Zetas, los nuevos aliados de los Beltrán Leyva, asesinaron a Alejandro Coronel, de 16 años. La PGR informó que el joven era hijo del capo y que había sido secuestrado poco antes de su ejecución.

Sicarios al servicio de Coronel contraatacaron. En Nayarit asesinaron a diez personas e incineraron sus cuerpos para evitar que las autoridades las identificaran; semanas después levantaron en Sonora a Clara Elena Laborín Archuleta, esposa de Héctor Beltrán Leyva, el H. Coronel le perdonó la vida. Y dejó un narcomensaje en el lugar donde la liberó, dirigido al H: "Nosotros te vamos a enseñar a ser hombre y a respetar a la familia, asesino de niños. Aquí está tu esposa, por la que te negaste a responder: te la entrego sana y salva para que veas y aprendas que para nosotros la familia es sagrada".

En marzo de 2010, el entorno de Coronel comenzó a ser golpeado después de varios años de inmunidad. José Antonio Escareño Aviña, el Pelón, exsocio de los hermanos Valencia y operador de Coronel, fue capturado por elementos de la Policía Federal en Puerto Vallarta, Jalisco. Buscado por la DEA y el US Marshals Service, en Estados Unidos a Escareño Aviña se le considera pieza clave en la exportación de drogas sintéticas de México, donde contaba con amplias conexiones desde 1992.

Coronel también fue golpeado el 21 de enero del mismo año, cuando cuatro integrantes de su banda: Raymundo Larios Vizcarra, Ernesto Coronel Peña, José Jaime y Juan Ernesto Coronel Herrera —estos tres, familiares del capo—, fueron detenidos. Se les acusó de lavado de dinero y delitos contra la salud.

Rumores

Las alarmas se encendieron el 20 de mayo, cuando circuló en los medios jaliscienses la versión de que en Zapopan había sido detenido Nacho Coronel por agentes de la SIEDO y un grupo de marinos. El secretario de Gobierno del estado, Fernando Guzmán Pérez Peláez, alimentó el rumor al declarar: "Sí, podría estar detenido Nacho Coronel"; pero luego se desdijo: "No podemos confirmar ni descartar nada". Al final, se supo que la Secretaría de

Marina y la PGR habían realizado un operativo conjunto en el municipio de Juanacatlán y en la zona metropolitana de Guadalajara para detener a Coronel y a sus secuaces, pues el capo tenía dos órdenes de aprehensión giradas por los jueces de distrito Tercero y Cuarto en el penal de Puente Grande, Jalisco.

Una de esas órdenes de captura era con fines de extradición a Estados Unidos, donde había cuentas pendientes con la justicia. En ese país se le acusaba de varios delitos relacionados con la delincuencia organizada, así como de privación ilegal de la libertad, secuestro, enriquecimiento inexplicable y lavado de dinero, según confirmó el reportero en la SIEDO.

Casi de manera simultánea, el 21 de mayo de 2010 otro escándalo sacudió al país: el secuestro de Diego Fernández de Cevallos. Al principio, la PGR guardó silencio, sobre todo ante las versiones de que tras el plagio del ex senador panista estaba el cártel de Sinaloa y que la organización intentó forzar al gobierno para que entregara a Coronel. Los días posteriores, inmersa en una maraña de versiones encontradas, la PGR aclaró que Coronel no estaba detenido, pero que sí realizó varios operativos para capturarlo.

Sobre ese punto, el investigador Edgardo Buscaglia, del Instituto Tecnológico Autónomo de México, comentó que en este país el crimen organizado es tan poderoso que existe la posibilidad de que el narco fuerce al gobierno a soltar capos a cambio de la liberación de políticos secuestrados.

—¿Pudo haber sido el caso de Diego Fernández de Cevallos? —se le preguntó en aquellos meses.

—No lo sé, pero en un país donde las redes criminales mantienen secuestrados a los hombres del poder político y han feudalizado amplios territorios, todo es posible.

Los últimos días

◆

Patricia Dávila

El ataúd era de metal con chapa de oro. Valuado en 65 mil dólares, esa tarde resplandecía tanto como el sol abrasador de Culiacán, Sinaloa, donde la temperatura rayaba los 48 grados. En su interior yacía el cuerpo del narcotraficante Ignacio Coronel Villarreal. A su lado, el féretro de su sobrino Mario Carrasco Coronel, el Gallo, también de metal, aunque más sobrio, lo acompañó durante las exequias. Ambos murieron con horas de diferencia entre el 29 y el 30 de julio de 2010 a manos del Ejército.

Identificado por la agencia antidrogas de Estados Unidos (DEA) como el tercero en el mando del cártel de Sinaloa, el cadáver de Nacho Coronel fue vestido de forma elegante: traje beige y camisa blanca; enmarcado su rostro por una barba oscura y abundante bigote. Los cuerpos estuvieron tendidos en la sala Premier, la más grande de la funeraria Moreh, durante 15 horas. Los asistentes rezaron el rosario en cinco ocasiones y entonaron cánticos religiosos para acompañar la velación. Los féretros estuvieron abiertos todo el tiempo.

Apenas en diciembre de 2009 en esa funeraria, en el mismo velatorio y en la misma sala, estuvieron los restos de uno de los enemigos de Nacho Coronel: Arturo Beltrán, el Jefe de Jefes, ejecutado en Cuernavaca, Morelos, el día 16 de ese mes, por un grupo de marinos.

El entierro de Coronel fue en el panteón Jardines de Humaya en Culiacán. Asistieron hombres, mujeres y niños de la sierra, del municipio de Canelas, Durango, lugar donde nació. También había gente de Tamazula, donde la familia del difunto echó raíces. Los cuerpos de Nacho y el Gallo llegaron a esa ciudad el martes 3 de agosto de 2010 alrededor de las nueve de la noche. Los recibieron elementos del Ejército y, tras los trámites, los restos fueron trasladados a la funeraria. Eran ya las dos de la madrugada del miércoles.

Alrededor de 200 militares vigilaban la zona, lo que complicó el acceso al velatorio. El día del entierro se repitió la escena: camionetas *pick-up* y vehículos artillados con soldados a bordo custodiaron los cuerpos hasta el panteón. El lugar fue sitiado por los uniformados, que en todo momento vigilaron la ceremonia luctuosa; algunos incluso tomaron fotos y la grabaron. El cortejo fúnebre llegó al panteón precedido por dos carrozas con los cuerpos de Nacho Coronel y su sobrino. Una era un Cadillac, la otra un BMW.

En la entrada del cementerio estaban dos orquestas que, apenas llegaron los ataúdes, interpretaron la canción *Nadie es eterno en el mundo* y se unieron al séquito para acompañar los cuerpos a sus tumbas: "*Cuando ustedes me estén despidiendo,/con el último adiós de este mundo,/no me lloren que nadie es eterno,/nadie vuelve del sueño profundo...*" Después entonaron *Te vas ángel mío*. Y se detuvieron frente a una pequeña y modesta capilla de cantera gris en la que yacen los cuerpos de Magdaleno Coronel Villarreal y de Raymundo Carrasco Coronel, hermano y primo de Nacho, respectivamente. Ambos fallecieron el día 3 de junio de 1993; el primero tenía 33 años; el segundo, 21.

Vestidas con pantalón de mezclilla y playera negra, con lentes oscuros, las mujeres de la familia Coronel despidieron a Nacho y a Mario con lágrimas, entre tragos de *Buchanan's 18*. Antes de que el ataúd de Ignacio Coronel fuera depositado en la sepultura, uno de sus sobrinos, Ismael Coronel Carrizosa, vació una de las botellas sobre el féretro dorado.

El acoso al cártel del Pacífico

Propietario de casas y ranchos en Jalisco y otras entidades, Nacho Coronel empezó a tener problemas a finales de 2008. El 13 de noviembre, policías municipales de Tonalá detuvieron a José Joaquín Castillo Coronel y a 14 personas más, presuntamente ligadas al cártel del Pacífico. La PGR informó que en ese operativo les aseguraron armas largas y cortas, cartuchos para R-15 y cuernos de chivo, así como varios vehículos.

Cuatro meses después, el 14 de marzo de 2009, en el municipio jalisciense de Tlajomulco de Zúñiga, efectivos de la XV Región Militar capturaron a seis presuntos sicarios luego de un enfrentamiento con elementos del Ejército. Uno de los detenidos se identificó como Javier Carrasco Meza, aunque la Secretaría de Seguridad Pública del estado detectó que se parecía a Ángel Carrasco Coronel, sobrino de Nacho Coronel. Siete días después, él y sus cinco compañeros quedaron libres por falta de pruebas.

Los golpes al entorno del cártel del Pacífico se intensificaron en los meses siguientes. El 15 de enero de 2010 un grupo de sicarios se enfrentó a tiros con militares en Zapopan. En la refriega murió uno de los delincuentes y cinco más fueron aprehendidos. Las autoridades les confiscaron pistolas, fusiles, lanzagranadas y granadas, así como dólares y los vehículos en que viajaban. Los detenidos fueron: Jesús Gutiérrez López, de 39 años, del poblado La Primavera, en Zapopan; Raymundo Larios Vizcarra, de 31 años, de Culiacán, Sinaloa; Ernesto Coronel Peña, de 46 años, y los hermanos José Jaime y Juan Ernesto Coronel Herrera. Los tres últimos, originarios del poblado La Mesa de Guadalupe, municipio de Canelas, Durango, y sobrinos de Nacho Coronel.

Pero el golpe que dobló al capo fue la muerte de su hijo Alejandro, a principios de abril de 2010. Encabezado por José Luis Estrada, el Pepino, un grupo de 30 pistoleros de los Zetas que se identificaron como policías llegaron al complejo turístico El Tigre e irrumpieron en el departamento 214 del condominio Green Bay, ubicado en Bahía de Banderas, Nayarit, y se llevaron al joven de 16 años y a uno de sus primos.

En el operativo murió Fernando Gurrola Coronado, exdirigente de la Federación de Estudiantes Universitarios. El capo reaccionó ese mismo día. Alrededor de 60 hombres armados del cártel del Pacífico se desplazaron al poblado San José de Costilla, en Jalisco, en 15 vehículos. Pasadas las 11 de la noche de ese 5 de abril, arribaron a una casa ubicada en las afueras de esa localidad y ametrallaron el inmueble. El resultado: 12 muertos. Los sicarios sacaron los cadáveres y los llevaron a una parcela. En el camino quedaron tres, todos tenían el tiro de gracia; los otros ocho quedaron calcinados en una camioneta Cheyenne.

Uno de los ejecutados era el Pepino, antiguo sicario del cártel de Sinaloa, organización que abandonó para unirse al grupo rival de los Zetas. Tras la muerte de su hijo Alejandro, Nacho Coronel "empezó a perder el control que tenía en el centro del corredor del Pacífico", informó el semanario local *Río Doce* en la edición que comenzó a circular el 2 de agosto de 2010.

Aun así, Nacho se lanzó contra Héctor Beltrán Leyva, el H, a quien acusó de la muerte de Alejandro Coronel. Envió un comando a Hermosillo, Sonora, para capturar a su rival. El 13 de abril de ese año, los sicarios del cártel del Pacífico rodearon la residencia del H, ubicada a 300 metros del cuartel general de la Policía Estatal Preventiva y se llevaron como rehén a Clara Helena Laborín Archuleta, esposa del capo sinaloense. El H no dio señales de vida. Seis días después, la señora fue liberada. Apareció en la esquina de Reforma y Luis Donaldo Colosio, aledañas a la Universidad de Sonora. Estaba atada de pies y manos y con vendas que le cubrían la mitad de la cara.

Junto a ella había tres mensajes dirigidos a Héctor Beltrán Leyva: "Nosotros te vamos a enseñar a ser hombre y a respetar a la familia, asesino de niños", decía uno. "Aquí está tu esposa, por la que te negaste a responder. Te la entrego sana y salva para que veas y aprendas que para nosotros la familia es sagrada", rezaba el segundo; y el último remataba: "Nosotros no matamos mujeres ni niños, únicamente vamos por el Hache y el Dos Mil, así como por varios policías" (*Proceso* 1759). Desde entonces la zona metropolitana de Guadalajara, controlada por Nacho Coronel, comenzó a calentarse por las aprehensiones de sicarios, los enfrentamientos con los cuerpos policiacos y con militares, las ejecuciones, cateos y decomisos de droga.

El despliegue militar

Río Doce sostiene que Coronel Villarreal llevaba 15 días sin salir de su casa. Incluso mandaba pedir comida. Sabía que lo estaban esperando. El Ejército lo había detectado y sólo esperaba que se moviera para detenerlo. Una fuente consultada por *Proceso* —que solicitó el anonimato— confirma que las dos semanas previas a su ejecución Nacho Coronel temía que lo detuvieran. Incluso solicitó asesoría legal: "Quiero saber qué puede pasar en caso de que me agarren". Sus interlocutores le recomendaron irse a Sinaloa o a Durango y construir una casa. Allá, le insistieron, estaría más seguro.

El día del operativo militar en Colinas de San Javier, Zapopan, los escoltas de Coronel observaron el movimiento militar y de inmediato se desplegaron en sus vehículos para impedir que las tropas entraran, aunque nunca pensaron que fueran por su jefe, admite la fuente. "Nacho se quedó con un hombre [Irán Francisco Quiñones]. Él no mató —agrega— . Mire, las órdenes del Ejército fueron precisas: destruir al enemigo, no capturarlo. Para justificar su muerte le pusieron una pistola en la mano y jalaron el gatillo para que la prueba de rodizonato de sodio saliera positiva".

La gente que conoció a Nacho Coronel asegura que era un hombre de "buenos sentimientos", muy humano. Siempre que podía ayudaba a la gente necesitada y siempre respetó a sus subalternos.

—Informes de autoridades de Estados Unidos indicaban que Coronel era un capo en ascenso — comenta la reportera a su entrevistado.

—Él tenía poder económico y carisma entre su gente. Los narcolancheros incluso vivían agradecidos con él; tenía estructura, capacidad económica e inteligencia para operar solo, pero era un hombre agradecido. Él jamás se iba a separar de Joaquín Guzmán ni del Mayo; era el responsable de la logística del cártel. Nunca los iba a traicionar.

"En 1993 tenían detenido a Nacho en Culiacán. En ese tiempo trabajaba para Amado Carrillo, pero lo dejó solo. Quien lo apoyó fue el Mayo; en agradecimiento se unió a él". En ese tiempo el jefe de investigaciones de la Policía Ministerial de Sinaloa era el comandante Francisco Javier Bojórquez Ruelas, quien encabezó un operativo para "atorar" el convoy con un cargamento. Los agentes se apostaron 30 kilómetros al norte de Culiacán y bloquearon los vehículos. Junto con Nacho fueron detenidas otras nueve personas, a quienes les decomisaron 12 fusiles AK-47. Y aunque Nacho ofreció dinero a Bojórquez Ruelas para que los dejara ir, el comandante le respondió: "No se puede, y menos ahora, porque ya llegaron los de la prensa".

En esa ocasión los periodistas de *El Debate* y *Noroeste* tenían escáneres para sintonizar las frecuencias de radio de los agentes; los fotógrafos llegaron al lugar y comenzaron a disparar sus cámaras. La fotografía de Nacho Coronel que ha dado la vuelta al mundo en los últimos días fue tomada en esa ocasión. Horas después, un abogado de Guadalajara llegó a Culiacán para tramitar la liberación de Coronel, a quien se acusaba de asociación delictuosa, portación de arma de fuego de uso exclusivo del Ejército e intento de soborno. Su defensor lo sacó tres días después.

El mismo litigante recorrió las redacciones de los diarios locales y ofreció dinero para que la nota no fuera publicada o para que apareciera en un lugar discreto: no lo logró, pues la liberación de Coronel fue la nota principal. Meses después el comandante Bojórquez Ruelas fue asesinado.

La riqueza y los bienes de Coronel están en Guadalajara. Su esposa, de quien no proporciona el nombre, vive en esa ciudad, aunque es originaria de Tamazula, Durango. El matrimonio procreó tres hijos.

—¿Quién va a suceder a Nacho? —pregunta la reportera a su entrevistado.

—Hay muchos, pues Nacho no sólo preparaba a su sobrino Mario.

—¿Existe la posibilidad de que el Mayo y el Chapo hayan entregado a Nacho?

—No. Lo mismo decían del Vicentillo [Zambada], pero no.

El final

Ignacio Coronel Villarreal no supo que ya iban por él hasta que tuvo al Ejército encima. Literalmente. El grupo de élite llegó por aire y se alineó en chorizo, como se refieren coloquialmente los militares a una formación en columna. Cuando reaccionó, Coronel reventó un ventanal y trató de huir por el jardín de su casa de seguridad, en la que llevaba al menos dos semanas recluido, temeroso de ser aprehendido. Sabía, sí, que el cerco en su contra se estrechaba; no lo esperaba tan pronto.

Irán Francisco Quiñones Gastélum, el único hombre que acompañaba al capo, y la fisioterapeuta que le proporcionaba un masaje minutos antes del operativo, salieron por delante entre los cristales rotos, pero fueron detenidos inmediatamente sobre el césped. Nacho Coronel giró sobre sus pasos y regresó a la casa. Corrió hacia unas escaleras que dan a un pasillo, donde, a la izquierda, se encuentra la recámara principal; hacia la derecha está la sala. No llegó a ningún lado. En un recodo volteó e hizo cinco o seis disparos con un rifle de asalto M-16, calibre 5.56, con los que mató a un soldado e hirió a otro. Unos pasos más adelante se topó con una escopeta Mossberg calibre 12 milímetros. Bastó un solo tiro, a no más de cuatro metros de distancia, del militar que la portaba. Los perdigones entraron por su costado izquierdo, casi en la espalda. El disparo, a bocajarro, no se expandió. Nacho Coronel estaba muerto.

Las imágenes que obtuvo *Proceso* de un video parecen rectificar las versiones que en el primer momento aseguraron que Coronel había recibido varios disparos. El cuerpo tendido sobre las escaleras muestra claramente un impacto que recibió por un costado. La sangre que apenas se aprecia bajo la barbilla sale de su boca; es una hemorragia. A la izquierda del cadáver, junto a una maceta, la escuadra favorita de Nacho Coronel; la cacha cubierta de diamantes, su marca personal. Por ningún lado se aprecia el fusil M-16 que habría empuñado; supuestamente fue recogido casi de inmediato por los militares.

El arma que mató a Nacho Coronel es utilizada por el Ejército para brechar, es decir, para volar las puertas por las que debe ingresar una columna militar. A cierta distancia su poder expansivo permite abrir enormes boquetes en las chapas de madera. "Por lo común, tras abrirse paso con este método, entramos en chorizo, cuatro o cinco hombres, uno detrás de otro; el primero despeja, mira que no haya nadie y entonces le siguen los demás. En esta ocasión no hubo necesidad porque entramos por aire".

La escopeta —también llamada chaquetera por su particular forma de cortar cartucho— puede soltar hasta nueve tiros. Ocho se quedaron en la recámara. El único disparo que efectuó lo recibió Coronel de lleno. A diferencia del tratamiento que recibió el cadáver de Héctor Beltrán Leyva, ejecutado por marinos el 16 de diciembre de 2009 en Cuernavaca, Morelos, el Ejército cuidó al extremo la escena y evitó cualquier filtración de imágenes del cuerpo de Nacho Coronel.

El Jefe de Jefes fue exhibido en una fotografía denigrante: los pantalones bajo las rodillas, piernas y vientre desnudos, los calzoncillos blancos, todo él cubierto de billetes de 500 y mil pesos y de algunos dólares bañados en sangre. "La teatralización bárbara del triunfo sobre el enemigo de la Patria", leyó Carlos Monsiváis en aquella imagen, escandalizado por el explícito mensaje del gobierno federal a los narcos, el cadáver en su mortaja de papel moneda (*Proceso* 1730).

En cambio, los restos del Rey del Cristal recibieron un trato respetuoso. Los militares que participaron en el operativo no se ensañaron con Nacho Coronel; tampoco se sorprendieron mucho cuando vieron dónde estaban y a quién habían matado. Reinó el silencio.

Juan José Esparragoza, el Azul

Perfil bajo

◆

Alejandro Gutiérrez

E l narcotraficante Juan José Esparragoza Moreno, aglutinador de verdaderos *holdings* de la droga mexicana, es reconocido entre sus socios por una gran capacidad de negociación y conciliación, así como por su habilidad para penetrar las estructuras policiacas y militares. Con un bajo perfil como estrategia, ha sido el organizador y mediador de las reuniones "cumbre" de los cárteles para repartirse las rutas de la droga o para integrar auténticos consejos de administración.

Esparragoza Moreno, el Azul, nació en 1949 y desde los 30 años de edad se ha dedicado al tráfico de drogas, sobre todo a Estados Unidos, por lo que es considerado el decano del narcotráfico mexicano. Los reportes de inteligencia y las investigaciones policiacas lo identificaron como el gran *consigliere* del cártel de Juárez, con tal capacidad de negociación y conciliación que ha permitido disminuir la tensión entre facciones en pugna, generar el ambiente para los grandes arreglos de ese negocio y penetrar, con su poder corruptor, lo mismo estructuras policiacas que gubernamentales y militares.

Los principales narcotraficantes del país tienen o han tenido vínculos con el Azul: Miguel Félix Gallardo, Rafael Caro Quintero, Ernesto Fonseca Carrillo, don Neto, Amado Carrillo Fuentes, Vicente Carrillo Fuentes, Ismael *el Mayo* Zambada y José Albino Quintero Meraz, entre otros. No es casual que durante los años de gloria de Amado Carrillo, el Señor de los Cielos (1990 a 1997), Esparragoza no solamente fuera un lugarteniente del cártel de Juárez, sino su consejero y negociador, tanto en México como en Colombia.

Por eso Luis Astorga, investigador del Instituto de Investigaciones Sociales de la UNAM, concluye que "el Azul siempre ha ocupado segundas posiciones de gran influencia, conocedor de que ser el número uno tarde o temprano se paga con la vida o con la cárcel". Una característica de este capo, según se desprende de la investigación de Astorga, es que, en la medida de lo posible, busca evitar las confrontaciones violentas y las ejecuciones, como se advierte en una declaración que rindió ante el cónsul de México en El Paso, Texas —el 11 de enero de 2001—, Gustavo Tarín Chávez, testigo protegido en el juicio de los generales Francisco Quiroz Hermosillo y Arturo Acosta Chaparro.

Según dicha declaración, en un interrogatorio que los narcos hacían al Poblano —un informante de la DEA al que habían secuestrado por órdenes de Amado Carrillo—, el propio Gustavo Tarín platicó con el Azul. "En esa ocasión —manifestó—, Juan José Esparragoza Moreno se acercó y textualmente me dijo: '¿Me permite un momentito? Le traigo un saludo muy afectuoso del general Francisco Quiroz Hermosillo, quien es mi compadre muy querido. Dice que ya no le jale mucho al dedo, porque los negocios estos no se llevan con las muertes y se echan a perder'".

Por lo que se refiere a las facultades negociadoras del Azul, Peter Lupsha, investigador del Instituto para América Latina de la Universidad de Nuevo México, asienta que Esparragoza fue el responsable de sentar a la mesa, a finales de 1993, a diez u once narcotraficantes de gran calado para replantear las reglas del negocio del narcotráfico mexicano.

Bautizada como "La paz del norte", esa cumbre —ubicada por la DEA en Ciudad Juárez, mientras que la PGR piensa que fue en Cuernavaca— pretendía disminuir las tensiones entre el cártel de Juárez y el del Golfo, aminorar la crisis provocada en el negocio tras los crímenes del cardenal Posadas Ocampo y del priista José Francisco Ruiz Massieu, y redefinir las relaciones con las organizaciones colombianas y peruanas del narcotráfico.

A raíz de ese cónclave, la DEA y la PGR llegaron a hablar de una especie de "Federación Mexicana del Narcotráfico". En tanto que Phil Jordan, director del Centro de Inteligencia de El Paso (EPIC, por sus siglas en inglés) en los años noventa consideraba que el cártel de Juárez y las organizaciones aliadas habían conformado una estructura que operaba bajo reglas claras y definidas, con una operación similar "a la de un gran *holding* empresarial".

También el Azul habría participado, durante enero de 2001, en otra cumbre de narcotraficantes en Apodaca, Nuevo León, la cual fue dada a conocer por el narcotraficante Baldomero Medina Garza, el Señor de los Tráileres. En ese magno encuentro —que la PGR trató de negar—, los jefes de diferentes organizaciones habrían buscado poner fin a 13 años de guerra y unir fuerzas. Supuestamente, participaron en aquella conferencia varios capos de los cárteles de Juárez, del Golfo, de Sinaloa y de Colima, entre otros.

El EPIC (administrado por la DEA y en el cual convergen unas 15 agencias de inteligencia estadunidenses) ubica a Esparragoza, desde 1994, como "un hombre con gran poder e influencia en las estructuras del narcotráfico en México y con amplias redes en las organizaciones de Colombia". Los esfuerzos de México y Estados Unidos por capturarlo han sido permanentes, al igual que su frustración. Desde 1998 la PGR ofrece una recompensa de 4 millones de pesos por información que lleve a su captura —como parte del Maxiproceso—. Y en junio de 2003, la Oficina de Control de Bienes Extranjeros (OFAC, por sus siglas en inglés) del Departamento del Tesoro estadunidense anunció que Esparragoza, Jesús Héctor Palma Salazar, José Albino Quintero Meraz y el brasileño Leonardo Dias de Mendoza fueron incluidos en la lista de los "principales narcotraficantes extranjeros".

Los orígenes

A partir de testimonios ministeriales, revelaciones orales de abogados y policías, y referencias bibliográficas, se puede reconstruir el papel del capo, originario de Chuicopa, Sinaloa, donde nació el 3 de febrero de 1949. Moró en la calle Zaragoza y en el sector Colón de Culiacán, donde viven muchas personas originarias de la zona de Badiraguato. Las primeras referencias documentadas sobre el papel de Esparragoza en el narcotráfico datan de la integración del llamado cártel de Guadalajara, que encabezaron a partir de 1979 los capos Miguel Félix Gallardo, Ernesto Fonseca Carrillo y Rafael Caro Quintero.

En el libro *Desperados*, Elaine Shannon señala que dicho cártel lo comandaban esos tres personajes, quienes en su estructura contaban con una docena de lugartenientes, entre los cuales se hallaban Juan José Esparragoza, Manuel Salcido Uzeta, el Cochiloco, y Javier Barba Hernández. La periodista expresa que en mayo de 1982 un informante del agente de la DEA Enrique Camarena advirtió a éste que en San Luis Potosí existía un enorme sembradío de mariguana perteneciente a Rafael Caro Quintero, Ernesto Fonseca y Juan José Esparragoza.

"Si el grupo Caro Quintero-Fonseca-Esparragoza plantaron una milla cuadrada [de mariguana] en el desierto de San Luis, éste fue un acto descarado y provocativo", dice Shannon, y agrega que los agentes estadunidenses se plantearon entonces la posibilidad de que algunas autoridades mexicanas supieran del plantío y no lo hubieran revelado.

A su vez, en su libro *La historia secreta del narco/Desde Navolato vengo*, José Alfredo Andrade Bojorges —abogado de Amado Carrillo que desapareció después de publicar ese título — describe a Esparragoza como dueño del "arte de conversar". Refiere que este grupo comenzó su emigración de Sinaloa luego de que, a partir de 1977, se aplicó la famosa Operación Cóndor. Identifica a los mismos capos con algunos agregados, como Juan Ramón Mata Ballesteros y Rafael Emilio y Juan José Quintero Payán.

Pero esas alianzas, de acuerdo con Ernesto Fonseca Carrillo, no estuvieron exentas de dificultades. El 10 de abril de 1985, en una ampliación de declaración sobre el secuestro y homicidio del agente de la DEA Enrique Camarena y del piloto Alfredo Zavala Avelar, Fonseca dijo que "en 1982 se asoció con su compadre Rafael Caro Quintero y con Juan José Esparragoza Moreno, alias el Azul, con quienes llevó a cabo la siembra, cultivo, cosecha y tráfico de mariguana en una superficie de 30 hectáreas por temporada, cuyas siembras las realizaron en los ranchos denominados Las Ciénegas y Los Llanitos, ubicados en el municipio de Caborca, Sonora, y que eran propiedad del señor Manuel Salas, a quien le pagaban un millón de pesos mensuales. Pero a pesar de que se obtuvieron más de 30 toneladas de mariguana en dos temporadas y de que fueron vendidas por Rafael Caro Quintero [...] en más de 4 millones de dólares", sus socios no le pagaron a Fonseca, y éste decidió "terminar la sociedad".

En 1985, luego del homicidio de Camarena y Zavala, el gobierno emprendió la persecución de Caro Quintero y Fonseca Carrillo. Un año más tarde, Esparragoza fue detenido por delitos contra la salud y su condena de siete años la purgó en dos penales: los primeros seis en el Reclusorio Sur, donde coincidió —a partir de 1989— con Miguel Félix Gallardo, del cártel de La Noria (según Andrade Bojorges), y el último, de 1992 a 1993, en el Centro Federal de Readaptación Social de La Palma.

Sin embargo, en 1989 Amado Carrillo Fuentes estuvo también preso en el Reclusorio Sur durante alguna semanas y compartió el módulo de seguridad con Gallardo y Esparragoza, lo cual les permitió un nuevo acercamiento. De hecho, Esparragoza apadrinó en 1994 a Juan Manuel Carrillo, hijo del Señor de los Cielos.

A su vez, el periodista Miguel Ángel Granados Chapa escribió en su columna "Plaza Pública" que durante su estancia en la cárcel capitalina, Esparragoza "tenía al parecer amplio margen para utilizar comunicaciones telefónicas que le permitieron mantener contacto con los suyos, y también para salir de su celda a la calle siempre que fuera preciso. Diversas informaciones lo hacen presente en una reunión en 1989 en la que hizo valer su influencia ante Félix Gallardo, recién aprehendido entonces, y sus conexiones con las bandas colombianas para convertirse en supremo armonizador de los intereses de las mafias mexicanas".

Esa reunión de 1989, realizada en el fraccionamiento de Las Brisas, en Acapulco, habría servido para "repartir" nuevamente el territorio del narco tras la captura del Padrino Félix Gallardo. Además, un testimonio obtenido por *Proceso* indica que, en sus años de reclusión, Esparragoza habría realizado algunos estudios en leyes y contabilidad; más aún, abogados y familiares de reclusos de La Palma —que pidieron reservar su identidad— relataron que al Azul nadie lo estuvo esperando cuando abandonó el penal. "El señor salió caminando solo, sin escoltas ni aparatos de seguridad. Con una bolsa que contenía sus artículos personales, caminó los tres kilómetros que hay hasta donde pudo tomar un taxi", dijo uno de los entrevistados.

Casi de inmediato se habría instalado en Cuernavaca. Luego, el 7 de abril de 1998, Adrián Carrera Fuentes, exjefe de la Policía Judicial Federal y testigo protegido, declaró ante el Ministerio Público Federal que en 1994 Esparragoza le pidió una entrevista en el hotel Jena, cerca de San Cosme, donde le comentó que "ya había salido de la cárcel y que ya no se dedicaba al narcotráfico; que vivía en Cuernavaca y tenía conocimiento de que Carrera había autorizado a Juan García Ábrego a operar en Morelos, y no quería que lo involucraran". Sin embargo, el ex policía le aseguró que él "no había autorizado a García Ábrego para operar la plaza". Se refirió, asimismo, a una reunión que tuvieron en el Bosque de Tlalpan, cerca de Perisur, en la Ciudad de México, donde el Azul, Carrera Fuentes y los hermanos José Luis y Víctor Manuel Patiño discutieron sobre las órdenes de aprehensión en contra de todos ellos.

El Azul y el Señor de los Cielos utilizaron Morelos como una de sus sedes para operar el trasiego de drogas. Inclusive Carrillo vivía cerca del entonces gobernador Jorge Carrillo Olea. Ahí tejieron un vínculo con autoridades, como Antonio Martínez Salgado, jefe de la Unidad Antisecuestros de la Policía Judicial de Morelos, quien le brindaba protección (*Proceso* 116). Igualmente, Carrera describió la fiesta organizada para celebrar las bodas de plata de Esparragoza y su mujer, a mediados de 1997, en el hotel La Hacienda, a la entrada de la carretera Cuernavaca-Tepoztlán, en la que también estuvo Amado Carrillo. Con un dispositivo de protección policiaca, el convivio duró hasta la mañana del día siguiente.

Desde entonces se hace referencia a la hija del Azul, Nadia Patricia Esparragoza Gastélum —cuyo domicilio en el Distrito Federal estaba en la colonia Las Águilas, delegación Álvaro Obregón—, a quien se ha vinculado con el exgobernador de Morelos, el panista Sergio Estrada Cajigal.

La PGR y el Ejército, por su parte, registraron la presencia del Azul en estados como Guanajuato, Aguascalientes y Querétaro, así como en las plazas que compartía con sus socios: en Ciudad Juárez, con Vicente Carrillo Fuentes, y en Mexicali y Sonora, con Ismael *el Mayo* Zambada, además de que apoyó a Joaquín *el Chapo* Guzmán Loera en su intento de posicionarse en "la ruta del Golfo".

En noviembre de 2003, como parte de la investigación sobre la protección institucional que le brindaban autoridades morelenses, como el jefe de la Policía Ministerial, José Agustín Montiel López, la PGR cateó varias residencias identificadas como propiedad del narcotraficante, donde se encontró una fotografía reciente del narco (una copia de la misma se halla en poder del semanario *Proceso*).

En esa imagen Esparragoza aparece en el pasillo de una casa, vestido a la usanza norteña, de bigote y con cabello recortado. Mientras que en otra fotografía —publicada en *Proceso* 1098— figura acompañado del pugilista Julio César Chávez y del entonces jefe del cártel de Juárez, Amado Carrillo Fuentes. Allí, el Azul se halla sentado, con joyas en el cuello y la mano derecha, abrazando al boxeador. Además en *Proceso* 1095 se difundió otra fotografía del Azul saludando al cardenal Ernesto Corripio Ahumada.

Consejos de administración

El investigador Luis Alejandro Astorga sostiene que el Azul es el elemento que permite "cohesionar" a una organización como el cártel de Juárez. "Esparragoza —afirma— es el heredero de la historia de los viejos narcos sinaloenses: es cauteloso; tiende redes de cooptación en instancias gubernamentales, policiacas y militares y evita, en lo posible, la confrontación directa, para no llamar la atención".

Autor de *Traficantes de drogas, políticos y policías en el siglo veinte mexicano*, Astorga expresa que, "a partir de los noventa, se registra una diferencia entre los narcotraficantes que tienen un perfil tradicional y que provienen de la zona rural de Sinaloa —los Caro, los Fonseca, los Carrillo, los Beltrán Leyva y los Guzmán Loera, entre otros— y los narcos de origen urbano, como la gente del Golfo o de Tijuana. Los primeros tienen un ingrediente a su favor: la cohesión. "Eso les da una ventaja competitiva frente a todos los grupos. La cohesión en una concentración de diversos liderazgos explica que la dirección del cártel de Juárez hoy esté en manos de varios capos, como un consejo de administración, donde todos tienen sus propias plazas, sus propias rutas, intereses en común y se protegen unos a otros. Hoy por hoy, son los grandes ganadores en el negocio del narcotráfico, con una presencia extendida por diversas zonas del país", sostiene Astorga.

Y considera que "esa experiencia histórica le ha permitido [al Azul] ser el punto de unión, incluso en crisis tan graves para esa organización, como fue la muerte de Amado Carrillo Fuentes, que era sombrilla de todos los grupos que hoy permanecen en aquélla".

—¿La actual exposición pública del Azul no podría semejarse a la que sufrieron en su momento Juan García Ábrego y Amado Carrillo Fuentes, antes de terminar sus liderazgos? —se le preguntó en 2004.

—Parece ser una regla. Cuando la frecuencia de las menciones de esos personajes es muy alta, eso indica que se trata de una información inducida con el fin de preparar el terreno para darles el golpe. Puede ser que el plan resulte o no resulte, como sucedió con el Chapo Guzmán. Sin embargo, por la capacidad que Esparragoza ha mostrado para desaparecer tengo la impresión de que puede ser más difícil que los otros, porque, al parecer, la protección gubernamental y policiaca con que cuenta es aún más grande.

El negociador

◆

Ricardo Ravelo

Decano de los capos mexicanos, hábil en las negociaciones para poner fin a viejos conflictos, Juan José Esparragoza Moreno, el Azul, ha sobrevivido poco más de cuatro décadas en el tráfico de drogas y es el personaje más discreto y, al mismo tiempo, el más eficaz en la recomposición del tejido social y financiero del narcotráfico en México. Desde 1992, cuando fue liberado del penal de Almoloya de Juárez tras cumplir una pena de siete años, nadie sabe su paradero aunque sí de sus andanzas: se le ha visto en Querétaro —uno de sus refugios— y en 2003 sentó sus reales en Morelos al amparo del gobierno panista que encabezaba Sergio Estrada Cajigal.

Aunque en México poco se habla de él, en Estados Unidos el FBI lo consideraba el segundo criminal internacional más buscado en 2005, solamente detrás del terrorista Osama Bin Laden. Actualmente el Azul ni siquiera aparece en la lista de los diez criminales más buscados en el portal del FBI. El 12 de febrero de 2005 Art Werge, vocero del FBI en El Paso, Texas, anunció que había una recompensa de 5 millones de dólares para quien proporcionara información que llevara a la captura de Esparragoza Moreno, señalado como el principal líder del cártel de Juárez.

El vocero del FBI aseguró que el capo "ha tenido la capacidad para formar estructuras muy bien organizadas en las que participan funcionarios, policías y militares, e inclusive importantes mandos del Ejército Mexicano". Añadió que esa agencia "lo considera uno de los hombres clave en el narcotráfico mexicano por los nexos que sostiene desde hace varios años con narcotraficantes colombianos para transportar cocaína a Estados Unidos", según publicó entonces el diario *La Jornada*. También la DEA ofreció 5 millones de dólares por su cabeza.

El FBI asegura que Esparragoza Moreno es muy peligroso, siempre anda armado y cuenta con un fuerte equipo de seguridad. En México la percepción de las autoridades es otra: asumen que el Azul es un narco más proclive a la negociación que a la beligerancia.

226 · *Los rostros del narco*

La historia

Juan José Esparragoza Moreno es más viejo que Joaquín *el Chapo* Guzmán y más joven que Ismael *el Mayo* Zambada. El Azul nació el 3 de febrero de 1949 en Chuicopa, Sinaloa, y es el sobreviviente de una generación de capos que hoy están muertos o presos, como Miguel Ángel Félix Gallardo, Rafael Caro Quintero, Ernesto Fonseca Carrillo, don Neto, Emilio Quintero Payán, Manuel Salcido Uzeta, el Cochiloco, y Pablo Acosta Villarreal, ejecutado en su rancho de Ojinaga, Chihuahua, en 1984.

La siguiente generación de narcotraficantes que heredó el poder también fue asesorada por Esparragoza Moreno. En ese grupo destacan Amado y Vicente Carrillo Fuentes, Albino Quintero Meraz e incluso el propio Ismael *el Mayo* Zambada, quienes fueron socios del Azul en el cártel de Juárez, primero, y luego en el de Sinaloa. De acuerdo con el perfil psicológico elaborado a finales de los ochenta durante su reclusión, Juan José Esparragoza Moreno es una persona que evita las confrontaciones violentas y las ejecuciones en la medida de lo posible. Su frase recurrente: "El negocio del narcotráfico no se lleva con las balas".

En 1998 José Luis Santiago Vasconcelos, entonces titular de la Unidad Especializada en Delincuencia Organizada (UEDO), elaboró perfiles de Esparragoza Moreno y Miguel Ángel Félix Gallardo. Del segundo dijo que era el más avezado de los capos de todos los tiempos. "No ha habido otro como él", dijo a este reportero. Mientras que sobre el Azul expuso: "Es un gran negociador, quizá el más fino estratega que ha tenido el narcotráfico en México, el único que ha podido sentar a la mesa de negociaciones a narcotraficantes. Sabe, como pocos, estar siempre en segundas posiciones, pues su experiencia le ha dictado que sacar la cabeza significa la muerte o la cárcel".

Una muestra de su capacidad conciliatoria fue la negociación que condujo entre una decena de narcotraficantes, cabecillas de los cárteles de Juárez y del Golfo, quienes limaron sus asperezas a finales de 1993 gracias a sus buenos oficios. A ese pacto se le llamó "La paz del norte" porque puso fin a una larga etapa de matanzas y traiciones entre ambas organizaciones criminales y logró disminuir las tensiones que sacudían Ciudad Juárez y Tamaulipas, las zonas fronterizas más boyantes del narcotráfico mexicano (*Proceso* 1433). En esas mismas fechas, según datos oficiales, el Azul fraguó su proyecto de crear una federación de cárteles para que el narco en México fuera operado por un solo grupo.

Discípulo y amigo de Miguel Ángel Félix Gallardo desde que éste encabezaba el cártel de Guadalajara en los ochenta, Esparragoza Moreno no cejó en su intento de construir un monopolio del narcotráfico. Existen datos y evidencias de que ese proyecto ha cobrado fuerza. Tras la muerte de Amado Carrillo Fuentes en julio de 1997, víctima de "un pasón" de somníferos tras ser sometido a una cirugía plástica, Esparragoza Moreno permaneció poco tiempo en el cártel de Juárez, al que se había unido tras salir de la cárcel en 1991.

Pasó una década ligado a los hermanos Beltrán Leyva y a Ismael *el Mayo* Zambada, viejos conocidos suyos. La suerte le cambió en 2001, cuando Joaquín *el Chapo* Guzmán se fugó del penal de Puente Grande, pues rompieron relaciones con el cártel de Juárez debido a que no respetaban el liderazgo de Vicente Carrillo Fuentes. Según una carta fechada en octubre de 2004 y que fue recibida en la Presidencia de la República, varios capos se reunieron un mes antes en Monterrey, Nuevo León, para discutir la forma en que podrían constituirse como un grupo hegemónico para manejar el narcotráfico en México.

Redactada por un testigo de ese encuentro, la carta asegura que el Azul logró sentar a la mesa a Ismael *el Mayo* Zambada, Joaquín *el Chapo* Guzmán y Arturo Beltrán Leyva, entre otros. La idea era planear el asesinato de Rodolfo Carrillo Fuentes (hermano de Amado y de Vicente Carrillo) y, una vez ejecutado éste, tratar de incriminar a un grupo contrario, los Zetas. Tales acciones tenían como objetivo, por una parte, terminar con la hegemonía de la familia Carrillo Fuentes sobre esa organización.

Otro punto medular de aquella reunión, que también planteó el Azul, fue el de exterminar a los Zetas, "puesto que aprovechando el poder que tienen de personal como económico, aunado al apoyo que tienen por parte de funcionarios federales del más alto nivel, específicamente de la SIEDO, realicen ataques a los Zetas aprovechando el aparato gubernamental para tal fin y auxiliándose de dicho aparato para todas las actividades, como realizar impunemente sus actividades preponderantes, específicamente las relacionadas con el narcotráfico, siendo el trasfondo de todo lo anterior el que Ismael *el Mayo* Zambada, Joaquín *el Chapo* Guzmán, Arturo Beltrán Leyva y Juan José Esparragoza Moreno, el Azul, pretenden monopolizar el narcotráfico en un único cártel, siendo éste el de Sinaloa".

En la reunión mencionada también se acordó penetrar la plaza de Nuevo Laredo, según se explica en la carta. El responsable de tal operación fue un narco de origen estadunidense: Édgar Valdez Villarreal, la Barbie, jefe de gatilleros de Arturo Beltrán, el Barbas, muerto a finales de 2009 en Cuernavaca, Morelos, durante un tiroteo con miembros de la Marina.

El proyecto de Esparragoza Moreno pareció avanzar: en marzo de 2010, la DEA corroboró que el cártel de Sinaloa y el del Golfo —rivales durante décadas— sellaron un pacto que consolidó a ambos en la mayor parte del país, y al que se habrían sumado los hermanos Valencia y la Familia Michoacana. Lo anterior también fue confirmado por datos de la SSP. En respuesta, los Zetas rompieron relaciones con el grupo que los vio nacer: el cártel del Golfo, y se aliaron con los cárteles de Juárez y de Tijuana.

Poder corruptor

Además de su capacidad negociadora entre los narcotraficantes, Juan José Esparragoza Moreno también ha logrado corromper a gobernadores y a altos mandos policiacos y militares. Una muestra es el estado de Morelos, donde se afincó en 2004 bajo el cobijo del entonces gobernador Sergio Estrada Cajigal. El poder del Azul en Morelos no tenía límites: contaba con agencias policiacas para su uso personal y para la protección de sus socios y familiares. Según las investigaciones que realizó la SIEDO en Morelos, Nadia Esparragoza Gastélum, hija del Azul, estuvo relacionada sentimentalmente con el gobernador Estrada Cajigal (*Proceso* 1098).

Esparragoza también gozaba de la protección de Agustín Montiel y Raúl Cortez, jefes de la policía ministerial de Morelos, quienes utilizaban el aeropuerto de Cuernavaca para bajar aviones cargados de droga que después era transportada en las camionetas y patrullas de la policía, según la PGR. Los vínculos del Azul con militares tampoco son un secreto. Exmiembro de la Dirección Federal de Seguridad —donde fue policía— tuvo una estrecha relación con los generales Francisco Quiroz Hermosillo y Jorge Maldonado Vega.

En el expediente que la PGR integró contra el cártel de Juárez, conocido como "El Maxiproceso", se registra el acercamiento de Esparragoza Moreno y Maldonado Vega a principios de los ochenta. Ambos fueron presentados por Javier Barba Hernández, miembro del cártel de Guadalajara, quien por aquellos años era porro de la Universidad de Guadalajara y posteriormente ingresaría a las ligas mayores del narcotráfico.

Maldonado Vega tenía la orden de quemar seis toneladas de mariguana que había asegurado el Ejército en Guadalajara, pero Barba Hernández le solicitó una entrevista al militar para negociar que la droga fuera entregada a la Policía Judicial del estado. En ese encuentro, al que acudieron el Azul y Barba Hernández, le ofrecieron hasta 5 millones de dólares. "Lo único que hay que hacer es entregar el cargamento a la Policía Judicial", le dijeron. Pero Maldonado Vega se negó a negociar, de acuerdo con su testimonio ministerial.

—La droga no se negocia: la voy a quemar y exijo respeto a mi trabajo. Si alguno de ustedes se mete, lo voy a arrestar. Cada quien en lo suyo —dijo enérgico el general.

—Esos son *güevos*, mi general, permítame que le bese la mano —comentó el Azul, quien se levantó de su asiento y se dirigió hasta él. Le tomó la mano y le dio un beso como signo de reconocimiento a su autoridad. Al día siguiente la droga fue quemada en Tequila, Jalisco.

Este pasaje retrata al capo como un personaje jocoso y dicharachero, otra de las características de su personalidad, según se pudo confirmar entre personas que lo conocen y que lo retratan. A Esparragoza Moreno le gusta andar "enjoyado y con el pelo brilloso de brillantina", a la usanza de los setenta. Le gusta el alcohol, decir picardías y jugar baraja, uno de sus pasatiempos favoritos mientras estuvo preso en el Reclusorio Sur junto con Miguel Ángel Félix Gallardo y Amado Carrillo. Es aficionado a los lentes oscuros de la marca Ray-Ban, la ropa deportiva y el ejercicio.

—¿Por qué el Azul ha sobrevivido tantos años en el negocio del narcotráfico? —se le preguntó a una fuente de la PGR que pidió el anonimato.

—Es un capo muy hábil. Le cae bien a todos. Él no asesina por asesinar. No le gusta la violencia. Mata con el dinero y con su carisma… Y le gusta mucho el alcohol. Por eso entre los narcotraficantes no sólo se le respeta. También se le quiere.

Arturo Beltrán Leyva, el Barbas

Historia de un clan

◆

Ricardo Ravelo

La célula del narcotráfico integrada por los hermanos Marcos Arturo, Héctor, Mario, Carlos y Alfredo Beltrán Leyva es una de las más viejas en el negocio de las drogas: emergió a la luz pública entre finales de los ochenta y principios de los noventa, cuando Amado Carrillo Fuentes se convirtió en el jefe del cártel de Juárez tras el asesinato de Rafael Aguilar Guajardo, crimen que se le atribuyó al llamado Señor de los Cielos.

Los Beltrán Leyva han desplegado todo su poder económico y armado en el país. Y es tan fuerte el respaldo policiaco de que disponen, que a principios de 2008 el entonces subprocurador de Asuntos Jurídicos e Internacionales de la PGR, José Luis Santiago Vasconcelos, hizo público que un grupo de sicarios bajo el mando de los Beltrán planeó ejecutarlo.

Este subprocurador, quien investigó la evolución de todos los cárteles de 2000 a 2008, difundió el plan criminal para asesinarlo, y el 24 de enero de 2008 el propio secretario de Seguridad Pública, Genaro García Luna, especificó que quienes pretendían eliminar a Vasconcelos eran cinco sicarios detenidos el 18 de diciembre de 2007 en el Distrito Federal, apoyados por algunos miembros de la policía capitalina.

Los sicarios, que pertenecen a la célula de los Beltrán Leyva, son: Carlos Gerardo Acosta, José Édgar Flores Rivera, Armando González Guzmán, Elpidio Huerta y José Luis Delgado. Los tres primeros fueron identificados como elementos de la Policía Federal Preventiva, Judicial del Distrito Federal y Agencia Federal de Investigacion (AFI), respectivamente. García Luna señaló a quienes pretendieron atentar contra Vasconcelos: "Son comandos de la parte estructural, del esquema de los Beltrán Leyva, en particular del Pacífico [...]". Finalmente, Santiago Vasconcelos murió en la avioneta que se desplomó en la Ciudad de México, donde también perdió la vida el titular de la Secretaría de Gobernación, Juan Camilo Mouriño en noviembre de 2008.

La historia del clan

Originarios de Sinaloa —la mejor escuela del narco en toda la historia del crimen organizado en México— , los Beltrán Leyva se mantuvieron durante varios años como un ala importante del cártel de Juárez. Tras la muerte de Carrillo Fuentes decidieron operar por su cuenta, aunque por aquellos años ya tenían nexos con Joaquín *el Chapo* Guzmán, quien a la postre se convirtió en su jefe.

Luego de la fuga del Chapo, los hermanos Beltrán Leyva se asociaron con Guzmán Loera. Había más de una razón para que el jefe del cártel de Sinaloa los acogiera: los Beltrán lo habían introducido al negocio de las drogas después de que Guzmán se peleó con Miguel Ángel Félix Gallardo —el capo mexicano más audaz de las décadas recientes—, de quien había sido lugarteniente. Este dato salió a flote cuando la PGR detuvo e introdujo a su programa de testigos protegidos a Marcelo Peña (cuñado de Guzmán Loera), cuyo nombre en clave es Julio. Él contó, entre otras historias, que los Beltrán iniciaron al Chapo en el negocio de las drogas.

Más aún, durante la reclusión de Joaquín Guzmán, tanto en el penal de Almoloya de Juárez (hoy Altiplano) como en Puente Grande, los Beltrán se hicieron cargo de suministrarle dinero y todo lo que necesitaba para vivir cómodamente en las prisiones de máxima seguridad, la segunda irónicamente llamada "puerta grande".

Al fugarse el Chapo, los hermanos Beltrán se reposicionaron en el negocio del tráfico de drogas: durante el sexenio de Vicente Fox alcanzaron tanto poder que lograron dominar 11 estados de la República, aunque sus principales feudos fueron Sinaloa y Guerrero. Según documentos de la PGR, los Beltrán dirigen operaciones de transporte de droga, lavado de dinero, compra de protección y reclutamiento de sicarios.

De lo anterior da cuenta la averiguación PGR/UEIDCS/021/2005, así como las causas penales 82/2001 y 125/2001, las cuales establecieron que Marcos Arturo Beltrán Leyva, el Barbas; Héctor Alfredo, el H; Mario Alberto, el General, y Carlos se mantuvieron durante largos periodos en la impunidad, protegidos por policías, militares y funcionarios de primer nivel del gobierno de Vicente Fox. Con base en esa protección, los Beltrán crecieron en forma fulgurante como empresarios del narco, lo cual le permitió a su socio, el Chapo, convertirse en el capo más poderoso de los últimos años.

Tanto los informes de la SSP como los expedientes citados indicaban que el radio de acción de este clan tenía presencia en el Distrito Federal desde, por lo menos, 1998. Otros territorios bajo sus dominios eran el Estado de México, Sonora, Guerrero, Chiapas, Querétaro, Sinaloa, Jalisco,

Quintana Roo, Tamaulipas y Nuevo León. Los mismos informes señalaban que, además de sus actividades de narcotráfico, los Beltrán eran dueños de un equipo de futbol de salón en Culiacán, al cual patrocinaban; tenían residencias de lujo en Acapulco y casas de descanso —y de seguridad para realizar negociaciones y acuerdos con políticos— en Valle de Bravo, Estado de México. De acuerdo con un organigrama elaborado por la PGR, el líder de la banda era el Barbas, Marcos Arturo Beltrán Leyva.

Ninguno de los cinco hermanos había estado en prisión. Se habían mantenido impunes hasta que un grupo especial del Ejército Mexicano detuvo, el 21 de enero de 2008, a Alfredo Beltrán en una zona residencial de Culiacán, Sinaloa. Sobre la captura de este personaje —golpe que fue visto como una arremetida inusual contra el cártel de Sinaloa— surgieron al menos dos versiones: que los Beltrán habrían enfrentado un rompimiento con el Chapo por diferencias de negocios y que los efectos alcanzaron a la SSP, encabezada por Genaro García Luna, quien ha sido señalado pública-mente como presunto protector de los hermanos Beltrán.

Entre los miembros del cártel de Sinaloa, el más sólido hasta antes de la captura de Alfredo Beltrán, no sólo hay sociedad en el negocio del narcotráfico; también existen líneas de parentesco. El 27 de junio de 2001 el testigo Julio declaró ante la PGR: "Arturo Beltrán Leyva es primo lejano del Chapo, a quien inició en el negocio de la cocaína, ya que me lo dijo Beltrán una vez que fui a pedir dinero por parte del Chapo a la ciudad de Querétaro [refugio de los Beltrán], esto fue por 1995 o 1996".

Agregó en su testimonio: "Sé que esta persona [Arturo Beltrán] es muy ostentosa y que tiene una casa en Acapulco, porque el Chapo me mandó una vez a visitarlo, citándome en una casa que tiene en el fraccionamiento Las Brisas". Otro socio de los Beltrán, Juan José Esparragoza Moreno, el Azul, de acuerdo con el testimonio rendido ante la PGR por Albino Quin-tero, también está ligado familiarmente con los Beltrán. En la causa penal 26/2006, página 62, Quintero cuenta: "Respecto de Juan José Esparragoza Moreno, lo conocí en Querétaro en una casa propiedad de mi compadre Arturo Beltrán Leyva". Más adelante dice que un familiar de Esparragoza está casado con una sobrina de Arturo Beltrán.

De Badiraguato vienen

Los hermanos Beltrán Leyva, quienes llevan varios años afincados en zo-nas residenciales del Distrito Federal, como San Ángel, entre otros sitios lujosos, son originarios de Temeapa, municipio de Badiraguato, Sinaloa. En esta tierra, cuna del narco mexicano, nacieron el Chapo Guzmán, los hermanos Rafael y Miguel Ángel Caro Quintero, así como José Ramón y Diego Laija Serrano.

Según el oficio CI/C4/ZC/0340/05, del Centro Nacional de Planeación e Información (Cenapi) de la PGR, el mayor de los hermanos Beltrán es Héctor Alfredo Beltrán, el Mochomo —detenido en enero de 2008—, quien nació el 15 de febrero de 1951. Según sus antecedentes era el encargado de trasladar cargamentos de droga a Monterrey, Nuevo León, donde su organización cuenta con enlaces, para luego introducirlos a Estados Unidos. La ficha de la PGR añade: "Se caracteriza por ser una persona violenta y contar con un férreo control de los grupos menores de narcotraficantes en la ciudad de Culiacán, Sinaloa".

El Mochomo, cuya detención festejó el embajador en turno de Estados Unidos en México, Tony Garza, tenía abierta una averiguación previa (la número 2984/2002) en la delegación de la PGR en Los Mochis, Sinaloa, "por siembra y tráfico de drogas". La PGR también dispone de informes sobre las actividades de Marcos Arturo, nacido el 21 de septiembre de 1961 y considerado por la SIEDO como operador de Guzmán Loera en el Pacífico mexicano. Tiene una orden de aprehensión girada por el Juzgado Cuarto de Distrito con sede en la Ciudad de México.

Sobre el otro hermano, Mario Alberto, la PGR sólo refiere en varias fichas que le dicen el General. Respecto a Carlos Beltrán, la dependencia le atribuye el lavado de activos del grupo, al igual que Héctor, dedicado a la siembra de drogas. Los Beltrán Leyva están asociados también con Ismael Zambada García, el Mayo. Después de la fuga del Chapo, las fichas oficiales indican que todo el grupo participó en una reunión en Cuernavaca, Morelos, a la que asistieron Zambada García, Esparragoza y Arturo Beltrán. El encuentro fue para establecer acuerdos y reforzar la organización.

El golpe a la célula de los Beltrán se interpretó como una sacudida al cártel de Sinaloa. Pero ese cártel sigue firme como la organización criminal más poderosa de México, y su jefe, el Chapo, a quien la PGR ya no le reconoce fuerza ni liderazgo, continúa paseándose por el país, celebrando fiestas en restaurantes y divirtiéndose a sus anchas entre choques de copas y risas femeninas.

Atlixco: aquí empezó la persecución

◆

Patricia Dávila

Era sábado 5 de diciembre. En la capilla privada del fraccionamiento Club Campestre El Cristo, en Atlixco, Puebla, se realizaba una discreta ceremonia religiosa. Un pequeño de apenas meses de edad recibía el sacramento del bautismo. El padrino era el narcotraficante Arturo Beltrán Leyva, quien había viajado hasta esta localidad expresamente para la ocasión.

Los padres del niño, un joven matrimonio residente en Cuernavaca, Morelos, viajaron a su casa de descanso ubicada en Paseo del Cristo número 880 en dicha ciudad poblana para realizar el acto religioso, que tuvo lugar en la capilla colonial de muros blancos con un gran crucifijo en el altar. Habitantes del lujoso conjunto residencial recuerdan que el sacerdote Delfino Heredia Vázquez ofició la misa; es él quien atiende siempre los oficios religiosos privados. Afuera del templo, a los adinerados vecinos y a los trabajadores de El Cristo no les sorprendió la caravana de ostentosos vehículos último modelo, tan comunes en este Club Campestre, pero sí los choferes y la escolta que cuidaron desde su arribo al famoso narcotraficante.

Tras el acto litúrgico, sólo unos pocos fueron invitados a una comida en la casa de fin de semana de los papás del bautizado: no pasaron de 20, según consta en declaraciones rendidas ante la delegación de la Procuraduría General de la República (PGR), asentadas en la averiguación previa AP/PGR/PUE/PUE-I/1199/2009, abierta por los delitos de violación a la Ley Federal de Armas de Fuego y Explosivos y a la Ley contra la Delincuencia Organizada.

El acceso principal de la residencia está enmarcado por un gran arco color café. Días antes de la celebración, de este lugar entraban y salían vehículos de un servicio de banquetes. Habitantes y trabajadores del fraccionamiento comentan: "Es frecuente que se realicen fiestas con muchos invitados, pero nos pareció extraño que fuera privada". Los asistentes llegaron el día anterior, el 4 de diciembre, y pasaron la noche en una casa para huéspedes que se encuentra en el jardín posterior de la residencia.

Después del banquete, cuentan los vecinos, Arturo Beltrán Leyva estaba alegre. A ritmo de tambora y acordeón, cuatro músicos interpretaban corridos de Badiraguato, Sinaloa, tierra natal del Jefe de Jefes. El repertorio fue cuidadosamente seleccionado: no hubo narcocorridos. La banda dejó de tocar a las tres de la mañana del 6 de diciembre de 2009; ya era domingo. El Padrino se quedó el fin de semana en casa de sus compadres, señala el expediente.

A partir del día siguiente, 7 de diciembre, Beltrán Leyva se puso a trabajar: sostuvo reuniones en Cholula y Puebla con integrantes de la estructura del cártel que él encabezaba establecida en la capital poblana desde junio de 2009 para minar la actividad de narcomenudeo controlada por gente perteneciente a los Zetas. Los encuentros, que se realizaron en casas de seguridad apuntaban a la consolidación de la organización de los hermanos Beltrán Leyva en esta entidad. Tres días después, el 10 de diciembre, Beltrán Leyva decidió regresar a Cuernavaca. Salió de Cholula con rumbo a la capital poblana, pero el convoy que lo resguardaba (tres Suburban negras y un Stratus blanco) llamó la atención por lo ostentoso. Alrededor de las 11:30 horas, el Centro de Respuesta Inmediata (Ceri) recibió reportes de una "situación sospechosa". La movilización fue inmediata.

El enfrentamiento

A la altura de Camino Real a Cholula y Avenida Zavaleta, elementos de la Policía Judicial del estado interceptaron el convoy. Los agentes le marcaron el alto, pero el grupo de sicarios abrió fuego. En medio de la persecución y el tiroteo, que alcanzó su punto máximo a la altura del bulevar Forjadores, ambos bandos solicitaron refuerzos por radio. A la persecución de los narcos se sumaron policías municipales de Puebla, integrantes de las unidades Panteras, Espartacos y Guardianes. En apoyo del convoy de Beltrán Leyva llegaron cinco vehículos con pistoleros y se internaron en la colonia Libertad. Al pasar por la calle Hidalgo los sicarios dispararon contra el policía de barrio Juan Carlos Oropeza Villarauz, quien murió de inmediato.

El convoy se introdujo a las instalaciones de Autotransportes Saldaña Granada, en calle Esteban de Antuñano y Calle 5 Oriente, en la capital poblana. Los hombres de Beltrán Leyva lograron huir de ahí y para cuando llegaron las corporaciones policiacas al inmueble sólo encontraron una Suburban negra con placas del Distrito Federal, uniformes negros, armas y chalecos antibalas.

Un reporte oficial de la Secretaría de Seguridad Pública Municipal de Puebla (sspm), que no fue dado a conocer por las autoridades estatales, detalla: "Al seguir con la búsqueda un taxista informó a los agentes que los sicarios lo despojaron de su vehículo color negro con amarillo, placas 4052-ssf, tipo Atos, en el cual algunos de los hombres de Arturo Beltrán Leyva lograron escapar". Un segundo enfrentamiento se registró en el bulevar Forjadores, a la altura del Cuexcomate, ya en la capital poblana, en el que participaron cerca de 200 elementos de las policías estatal y municipal que seguían al convoy del Jefe de Jefes.

La sspm reportó que "minutos después, una camioneta Tahoe negra, sin placas, fue localizada en calle Melchor Ocampo número 14 de la colonia Pueblo Momoxpan, en el municipio de Cuautlancingo. En el interior había tres armas de fuego AK-47 con cargadores, armas tipo escuadra, estuches de armas cortas, dos chalecos balísticos y granadas de fragmentación. Sus ocupantes escaparon".

Durante el tiroteo, en la esquina de Francisco I. Madero y Forjadores, frente al motel Las Carretas, dos elementos de la pj fueron heridos: uno con un rozón de bala en el cuello; el otro, en la cabeza. Los sicarios se fugaron con rumbo a San Pedro Cholula "con dirección a las vías, no logrando su detención". El gobierno del estado emitió un comunicado poco después de la refriega, en el que mencionó los cuatro vehículos localizados, uno de ellos blindado y equipado como patrulla, con torretas y códigos. En su interior se encontraron dos rifles AK-47 y 250 gramos de cocaína, relataron a *Proceso* policías que pidieron omitir sus nombres.

Entre las 17:30 y las 18:00 horas de ese 10 de diciembre fueron detenidas cinco personas en el motel Castilla, en la colonia Belisario Domínguez, en la capital poblana. Dos son originarios de Culiacán, Sinaloa: Alejandro Araujo Martínez, Jando, de 18 años, y Eliseo Morales Rodríguez; otros dos son de Acapulco, Guerrero: Francisco Arturo Baños Catalán, de 28 años, y Alejandro Flores Peláez, de 47. El último es Juan Carlos Pérez García, de 23 años.

Gracias a las primeras declaraciones de los arraigados en la delegación de la pgr en el estado —ap/ pgr /pue/pue-i/1199/2009— se ubicó una casa de seguridad en bulevar Forjadores, en Cholula, conocida como finca Las Bugambilias. Ahí, el Ejército se sumó al operativo de las policías estatal y municipal y en el interior de la vivienda encontraron dos vehículos: un Mercedes blindado, placas twr-7082, y un Pointer, placas tsa-1821, ambos del estado de Puebla.

Posteriormente, los militares se trasladaron al hotel Villa Florida, en la exclusiva zona denominada Angelópolis. Según uno de los detenidos, después del bautizo Arturo Beltrán Leyva se alojó en este lugar y para escapar utilizó el helipuerto localizado a un costado del hotel. Durante la persecución y tiroteo, escuelas, casas, negocios y vehículos quedaron perforados por las balas.

"Vi cuando los sicarios bajaron de una camioneta negra y la dejaron frente al Instituto La Paz. No sé cuántos eran, pero dos de ellos se metieron a la casa de una amiga. Iban armados y afortunadamente no le hicieron daño. Ella salió espantada", narra una joven que vive en la Calle 5 Oriente de la colonia Libertad.

En la calle, trabajadores de la Comisión Federal de Electricidad que realizaban reparaciones lograron refugiarse en un negocio de ropa. Sin embargo, uno de ellos, que se encontraba sobre la grúa, no tuvo tiempo de bajar. Desde ahí guió a los policías hacia las zonas por las que los pistoleros intentaban escapar. Las escuelas recibieron la orden de la policía de aplazar la salida. Los padres de familia esperaron a sus hijos hasta las 4:30 de la tarde, en medio de rumores sobre la incursión de los sicarios en una de ellas, cuenta un hombre que esperaba la salida de su hijo de secundaria.

La versión de la DEA

Vecinos de la finca Las Bugambilias declararon al semanario *Proceso* que esa casa de seguridad localizada en San Pedro Cholula había sido ocupada desde junio de 2009 por la gente de Beltrán Leyva. Actualmente el inmueble es custodiado por una patrulla de la Policía Municipal y por dos de la Policía Preventiva Estatal. La presencia de elementos del cártel de los hermanos Beltrán Leyva y la asistencia del capo al bautizo fue documentada por la DEA. El 17 de diciembre de 2009, Anthony Placido, director operativo de la DEA, declaró a *El Noticiero* de Televisa que Arturo Beltrán Leyva había permanecido cinco días en el estado de Puebla, y le atribuyó propiedades en Cholula. También aseguró que el capo resultó herido durante el enfrentamiento con los policías estatales y municipales del 10 de diciembre del mismo año.

Ante ello, tanto el secretario de Gobierno de Puebla, Mario Montero Serrano, como el procurador de Justicia, Rodolfo Archundia Sierra, se apresuraron a aclarar que el Jefe de Jefes permaneció en el estado menos de 24 horas. Además, negaron que la entidad esté en manos de algún cártel del narcotráfico.

—¿En qué se basa para afirmar que Beltrán Leyva pasó menos de 24 horas en Puebla? ¿Qué hizo durante ese tiempo?— preguntó la reportera Patricia Dávila al procurador.

—Sólo afirmamos que estaba de paso —contesta, evasivo, y se niega a profundizar.

Lo que sí hace Archundia Sierra es un "recuento de sucesos a lo largo de 2009 que pudieran estar vinculados con la delincuencia organizada: Los homicidios en los meses de marzo, junio, octubre y diciembre, en los distritos judiciales de Tehuacán, Xiocotepex, Cholula, Atlixco y Puebla. Dos de las víctimas permanecen en calidad de desconocidas; además hay seis agentes fallecidos de las policías municipales de Atlixco, San Andrés Cholula y Puebla".

El 27 de julio de 2009 policías municipales de Cholula detuvieron a Mauricio Aldear Espino y a Éder Felipe Villanueva Sotelo en las inmediaciones del bulevar Forjadores y la plaza comercial San Diego. Ambos admitieron formar parte de Los Pelones, grupo de sicarios a las órdenes del cártel de los hermanos Beltrán Leyva.

El 21 de agosto Jorge Iván González Betts cayó en el cruce del tren sobre el bulevar Forjadores, a un costado de la marisquería Juquila. Este hombre se dijo integrante del cártel de la Familia y amagó con detonar una granada de fragmentación luego de que se le descubrió en posesión de una camioneta Honda CRV con reporte de robo, en la que, además, se encontró droga.

El 12 de septiembre, un oficial de la Policía Municipal de Atlixco murió de un balazo en la cabeza durante un enfrentamiento con un grupo de secuestradores. Sobre la presencia de Beltrán Leyva en el fraccionamiento Club Campestre El Cristo, en Atlixco, policías municipales confirmaron: "Después del 16 de diciembre, cuando Beltrán Leyva fue asesinado en Cuernavaca, nos mandaron a revisar la casa. Sabemos que [él] asistió aquí a un bautizo".

Los vecinos y trabajadores de El Cristo aseguran que desde esa fiesta no han vuelto a ver al joven matrimonio que convocó al capo. Y nadie recuerda sus nombres. Sólo saben que la encargada de la limpieza acude los martes y jueves. Otra persona va diariamente a alimentar a los perros. "¡La fiesta salió muy cara!", exclama uno de los empleados.

El 11 de diciembre de 2009 Arturo Beltrán Leyva ya se encontraba en Morelos. Por la noche asistió a una narcoposada en el fraccionamiento Limoneros, en Tepoztlán. Horas después, alrededor de las 2:30 horas del 12 de diciembre, elementos de la Marina irrumpieron en la casa número 124 de Paseo Naranjos en busca del capo. Sus sicarios enfrentaron a los marinos y se desató una balacera que se prolongó dos horas. Ahí los marinos arrestaron a 40 personas, entre ellas varios integrantes del cártel del Jefe de Jefes, así como a los músicos Ramón Ayala y Los Cadetes de Linares, quienes amenizaban la fiesta. Beltrán Leyva logró huir, junto con su lugarteniente Édgar Valdez Villarreal, la Barbie. Sin embargo, la noche del 16 de diciembre, en un operativo por aire y tierra, un comando de marinos rodeó el complejo Altitude, en Cuernavaca, donde se refugiaba Arturo Beltrán. Los militares se enfrentaron a los gatilleros y dieron muerte a varios. Al final, cuando intentaba huir del departamento en el que se había atrincherado, Arturo Beltrán fue abatido (*Proceso* 1729).

Édgar Valdez Villarreal, la Barbie

Sospechosa detención

◆

Ricardo Ravelo

Con una larga carrera criminal, amplia militancia en el narcotráfico —en 20 años pasó por tres cárteles como sicario, hasta alcanzar una jefatura— y estrechas relaciones con altos mandos policiacos, Édgar Valdez Villarreal, la Barbie, fue capturado el 30 de agosto en un operativo de la Policía Federal (PF) plagado de tantas sospechas que hasta hubo versiones de una posible negociación para entregarse.

Según datos ya difundidos, la Secretaría de Seguridad Pública (SSP) ofreció presuntamente a Valdez Villarreal la garantía de no extraditarlo si colaboraba con las autoridades mexicanas para conocer el movimiento de los capos más importantes. Tal acuerdo se estableció a pesar de que el gobierno de Estados Unidos ofreció una recompensa de 5 millones de dólares a quien aportara información para su captura. En 2006 Steve Robertson, agente especial de la DEA, dijo que ese país quiere juzgar a la Barbie, a quien persigue por tráfico de drogas, conspiración y homicidio.

En el momento de su captura, Valdez Villarreal era un narcotraficante en ascenso. Su actividad criminal data de alrededor de 1992, cuando su nombre empezó a ser mencionado a raíz de ejecuciones perpetradas en Tamaulipas por gatilleros bajo su mando. Era sicario del cártel del Golfo. Hábil en el oficio de matar y en otro igualmente útil en el narcotráfico, el de corromper policías, la Barbie creó en Tamaulipas una estructura de espías, Los Halcones, la cual repitió en Nuevo León y Guerrero tras su incorporación al cártel de Sinaloa, en particular a la célula entonces encabezada por Arturo, Alfredo y Héctor Beltrán Leyva, conocidos en su etapa de esplendor como Los Tres Caballeros.

Pronto atrajo la atención de Joaquín Guzmán Loera, el Chapo, y de Arturo Beltrán Leyva, el Barbas o el Jefe de Jefes, entonces socios. El gatillero de origen estadunidense fue pieza clave en la conformación de la estructura de sicarios que Guzmán Loera utilizó después de su fuga, en enero de 2001, para irrumpir en Tamaulipas, territorio ampliamente conocido por la Barbie. En la conquista de sus objetivos, tanto Guzmán como Beltrán Leyva parecieron encontrar en Valdez al sicario ideal. Tras su fuga y tan pronto el Chapo pudo recolocarse en el negocio del narco, la Barbie se dio a la tarea de crear un comando: Los Negros.

Los cabecillas eran Armando Valdez, su hermano, y Lucio Martínez Manríquez, el Sol, quienes se convirtieron en sus hombres de confianza. Otros miembros de este escuadrón que bañó de sangre el noroeste del país eran Jaime Valdez —a la postre socio de Arturo Beltrán y su representante en Nuevo León—, Manuel Alejandro Aponte y Carlos Ezequiel Maldonado. Reforzado con armas de alto poder y más sicarios, el grupo Los Negros se convirtió en Los Chapos, a quienes se atribuyeron decenas de asesinatos, entre otros los de Rodolfo Carrillo Fuentes, el Niño de Oro —hermano de Amado, fallecido en 1997— y de Vicente Carrillo, líderes del cártel de Juárez. Rodolfo fue ultimado en septiembre de 2004 en Culiacán.

Édgar Valdez Villarreal es dos años menor que Osiel Cárdenas Guillén, ex líder del cártel del Golfo: nació el 11 de agosto de 1973 en Laredo, Texas. Es hijo de Abel Valdez y de Ofelina Villarreal. En 1994 fue detenido en Springfield, Misuri, luego de que la Corte de Nueva Orleáns libró una orden de aprehensión en su contra por tráfico de drogas, homicidio y conspiración. Aparentemente salió bajo fianza. Como pieza clave del equipo de sicarios de los hermanos Beltrán Leyva, Valdez cobró relevancia dentro del cártel de Sinaloa por las ejecuciones que perpetró, pero sobre todo por la capacidad mostrada para corromper y "comprar" autoridades federales, estatales y municipales.

Descrito como un individuo de piel blanca y cuerpo atlético —tal cual apareció el martes 31 de agosto de 2010 al ser presentado por la SSP—, Édgar Valdez recibió el alias de la Barbie por su cabello rubio y su excesivo cuidado personal. Según fuentes consultadas por el semanario *Proceso*, Valdez Villarreal siempre ha sido considerado un metrosexual, pues tuvo a su servicio a diversos estilistas, masajistas, dermatólogos y entrenadores de fisicoculturismo, quienes trabajaban en cuidar la apariencia del jefe de sicarios de los Beltrán Leyva.

Sus vínculos con altos mandos de la policía llegaron a tal grado que son referidos en averiguaciones previas. Una de ellas —PGR/SIEDO/UEI-DCS/106/2005— dice que en 2003 Arturo Beltrán ordenó a la Barbie que entrara en contacto con Domingo González Díaz, director del Centro de Mando de la AFI y brazo derecho de Genaro García Luna, entonces director de esa agencia (*Proceso* 1763). El objetivo, según la indagatoria y otras versiones confirmadas por el semanario antes mencionado, era llegar a un arreglo con la AFI para brindarle protección a la organización del Chapo Guzmán y a una de sus células más importantes, la de los hermanos Beltrán Leyva.

En la averiguación —que se inició en 2005 a raíz de que una veintena de agentes de la AFI en Guerrero fueron investigados por servir a los Beltrán Leyva— se acusa a González Díaz de recibir un millón de dólares —no se precisa con qué periodicidad— a cambio de dar protección a los capos sinaloenses.

La captura

La mañana del 30 de agosto de 2010 Édgar Valdez Villarreal despertó en su escondite supuestamente sin saber que ese día terminaría su carrera criminal y empezaría otra, al servicio del gobierno: la de delator. Tres semanas antes de su captura, el 9 de agosto, en la Ciudad de México, la PF cateó varios departamentos lujosos en el edificio Armony House, en Paseos de los Tamarindos 140, Bosques de las Lomas.

Aunque oficialmente no se informó de ese operativo, trascendió que 200 agentes federales ya le seguían los pasos a la Barbie, quien se movía en una amplia zona que comprendía el Distrito Federal y los estados de Morelos, Michoacán, Guerrero, Jalisco, Sonora, Nuevo León y Tamaulipas. En diciembre de 2009, según declaró ante la PF, recibió una llamada de su jefe, Arturo Beltrán, quien le pidió ayuda para enfrentar a los marinos que ya lo tenían rodeado a las afueras de su departamento en Cuernavaca.

Según declaró, la Barbie le sugirió a Beltrán que se entregara a las autoridades; eso aumentó la sospecha de que era un delator, pues durante el operativo de su captura no hubo ningún disparo, a pesar de que Valdez Villarreal es uno de los narcotraficantes más violentos y no obstante que al menos diez pistoleros le cuidaban las espaldas en su búnker de Lerma, Estado de México. El inmueble donde Valdez Villarreal se refugiaba está a unos 300 metros de la avenida principal de la ranchería de Cañada de Alférez, en el pueblo de Salazar. La Barbie construyó ahí una casa de tres niveles con nueve chimeneas, amplios ventanales y terrazas con vista hacia una tupida vegetación y extensas arboledas.

Según datos oficiales, el lugar era visitado por Valdez Villarreal los fines de semana. En el terreno hay una cabaña que operaba como hotel. La casa tiene caballerizas, además de mesas de billar y futbolito, algunas de las distracciones favoritas de los capos. Según datos confirmados, el día de la detención Édgar Valdez no estaba en esa casa. Ahí sólo fueron encontrados sus escoltas, unos diez pistoleros que aguardaban la llegada de su jefe.

La casa de la Barbie fue rodeada por los agentes federales quienes anularon la acción de los gatilleros de Valdez. Sin disparar sus armas, los policías sólo esperaron la llegada del capo para detenerlo. Nadie opuso resistencia. El comisionado de la PF, Facundo Rosas, intentó atajar los cuestionamientos por lo inverosímil del operativo sin violencia. Señaló que la captura de Valdez "fue una operación quirúrgica", pero se negó a dar los pormenores.

Incluso, el funcionario no pudo precisar el número de efectivos que participaron en la detención de la Barbie: "Estamos manejando unidades de inteligencia, éstas varían, tienen algunos componentes de analistas, de investigadores, de tal suerte que no hay una cantidad precisa de cuántos operaron; sí tenemos claro que fueron varias unidades de inteligencia", dijo el funcionario.

De capo a delator

Tan pronto fue aprehendido, Valdez Villarreal comenzó a hablar ante la PF de lo que sabe sobre el narcotráfico en México. Confirmó, entre otras cosas —y ésta sería otra evidencia del posible acuerdo con la SSP—, que en 2007 los cárteles del Golfo y de Sinaloa pactaron una tregua. De ese pacto dio cuenta *Proceso* en su edición 1600, con fecha 1 de julio de 2007, en cuya portada podía leerse: "Narcocumbre. El pacto de los narcos". El reportaje informaba que en una reunión de los principales líderes del narco se había llegado al acuerdo de una especie de tregua "para enfriar" al país, a través del cual se repartían territorios a fin de proteger sus negocios ilícitos. En cuanto al lugar de la reunión, a *Proceso* le fue en aquel momento imposible precisarlo. Los datos recabados entonces la ubicaban en algún lugar de Tamaulipas o de Aguascalientes.

La Barbie completó la información. Precisó que el cónclave de capos se realizó en Morelos, a donde acudieron el Chapo Guzmán, Ismael *el Mayo* Zambada e Ignacio *Nacho* Coronel, entre otros. En su testimonio, que la SSP difundió sin reparar en la violación a la secrecía de una averiguación previa, la Barbie acusó a su exjefe (el Chapo) de romper dicho pacto y dijo que toda la negociación se derrumbó por la disputa de la plaza de Ciudad Juárez.

Aceptó que se dedica al narcotráfico y que opera solo, "porque es mejor"; que la droga la compraba en Colombia; que explotaba la ruta Panamá-México-Estados Unidos y que los panameños le envían el dinero en tractocamiones. Aunque fue acusado de traicionar a su jefe Arturo Beltrán, la Barbie declaró que eran amigos, aunque en otra parte del testimonio difundido por la SSP relató que cuando Arturo andaba drogado lo quería matar, y cuando no, lo trataba bien.

Este cambio de conducta le generó sospechas a Valdez Villarreal, por lo que, dijo, "ya no me le arrimé" a Beltrán Leyva. Tras la muerte del capo en Cuernavaca, quien le declaró la guerra fue Héctor Beltrán, pues lo considera traidor. La Barbie dijo también que el personaje más cercano a Arturo Beltrán fue Marco Antonio Pineda Villa, el Borrado, quien operaba las lanchas cargadas de droga del cártel de Beltrán Leyva, afincado en los estados de Morelos y Guerrero.

Guerra de mantas

Con las declaraciones que Valdez Villarreal rindió ante la PF ahora se sabe que él era el principal colocador de narcomantas en Morelos y en otros estados. Reconoció que las exhibía con un objetivo: "Para que la gente piense que voy perdiendo o para que la gente se asuste". Tras la muerte de Arturo Beltrán, se multiplicaron las narcomantas contra Valdez Villarreal. El 22 de diciembre de 2009, por ejemplo, apareció una colgada en la colonia Lagunilla de Cuernavaca.

El mensaje era de apoyo a Valdez Villarreal y lo incitaba a iniciar una lucha en Morelos, "y para que sepan el poder de la mafia y que ésta nunca se va a terminar". El texto estaba firmado con el alias del Chiquis, quien advertía de una contraofensiva del narco porque las Fuerzas Armadas (el Ejército y la Marina) se habían metido con "la empresa". Y así ocurrió: a pocos días de la muerte de Arturo Beltrán fue acribillada la familia de Melquisedet Angulo Córdova, tercer maestre de Fuerzas Especiales de la Secretaría de Marina y quien participó en el operativo donde fue abatido el Barbas.

En abril de 2010 aparecieron 11 narcomantas en varios municipios morelenses, como Cuernavaca, Jiutepec, Yautepec y Emiliano Zapata. Los mensajes estaban firmados por miembros del cártel del Pacífico Sur (CPS) y eran contra Édgar Valdez Villarreal. Uno de esos mensajes decía: "CPS. A toda la ciudadanía morelense. CPS no se dedica a la extorsión telefónica, secuestros, robos, sólo a lo que es nuestro negocio, el cual nos hace autosuficientes sin andar extorsionando como lo hacen la gente del homosexual Édgar Valdez Villarreal (Barby), con el apoyo de algunas autoridades castrenses el cual reafirma su participación ya que las 24 horas realizan recorridos por la avenida 10 de Abril donde fueron encontrados dos cadáveres y durante el día les han asaltado bancos estando operativos de fuerzas federales a escasas cuadras del lugar.

"Por lo que pedimos a la ciudadanía denunciar hechos de extorsión y robos a las autoridades correspondientes y exíjanles trabajen y todas aquellas autoridades que apoyen estos ilícitos los vemos como enemigos. Atte. CPS. Estamos ubicando a este tipo de gentes, y en cuanto los tengamos, la orden es ejecutar y descuartizar". La detención de Édgar Valdez Villarreal golpea la estructura de los hermanos Beltrán Leyva, aunque lo cierto es que la Barbie ya operaba por su cuenta, como él mismo lo reconoce. Su captura llegó en el momento en que Felipe Calderón enfrentaba una gran presión, no sólo por su fallida guerra contra el crimen organizado, sino porque se acercaba la fecha de su cuarto informe de gobierno en medio de una avasallante crisis de violencia.

Aunque Genaro García Luna exigió reconocimiento para la PF —no obstante que el día que fue detenido Édgar Valdez dio de baja a 3,500 agentes por reprobar los exámenes de confianza—, la aprehensión de la Barbie desató el escándalo por tratarse de una presunta captura arreglada a la que Valdez respondió delatando a sus rivales en el tráfico de drogas. Tal versión cobró mayor fuerza el 2 de septiembre cuando el diario *La Jornada* publicó una nota en la que se afirma que, según fuentes de la SSP, la dependencia ofreció garantías a Valdez Villarreal para que colaborara con la autoridad.

Según esa información, el acuerdo entre el capo y la SSP incluye la posibilidad de no ser extraditado a Estados Unidos. A cambio, la Barbie proporcionó información relacionada con las organizaciones criminales, sus modos de operación y sus estructuras. La DEA, sin embargo, le seguía los pasos a Valdez Villarreal desde años antes. El gobierno estadunidense ofrecía 5 millones de dólares por su captura y la PGR 30 millones de pesos a quien proporcionara información para detenerlo.

La DEA quiere que Valdez Villarreal sea juzgado en Estados Unidos. En 2006 Steve Robertson, agente especial de la agencia antidrogas estadunidense, se refirió al poder de la Barbie: "Édgar Valdez Villarreal es un fugitivo [...]. Es un traficante significativo debido al hecho de que es lugarteniente de una de las principales organizaciones de México, es una persona importante [...]. Definitivamente, queremos tenerlo en nuestras manos".

Sergio Villarreal Barragán, el Grande

Temido y protegido

◆

Ricardo Ravelo

Arropado por empresarios y políticos panistas, Sergio Villarreal Barragán, el Grande, se convirtió en el narcotraficante más poderoso de la Comarca Lagunera al servicio del cártel de Sinaloa: ni la PGR ni el Ejército podían detener al capo, quien se jactaba de tener compradas a todas las autoridades locales y federales.

En poco tiempo Villarreal Barragán dejó atrás su historia de gatillero y pronto emergió como la cabeza del llamado cártel de La Laguna, una sólida ramificación dependiente de los hermanos Beltrán Leyva, quienes por un tiempo estuvieron aliados a Joaquín *el Chapo* Guzmán, cabeza del cártel de Sinaloa. El Grande era un hombre poderoso y muy temido en La Laguna, donde controlaba el mercado de la cocaína, ya que, de acuerdo con investigaciones de la SIEDO, era el principal abastecedor de dicha droga en la región. Y no sólo eso, sino que, con base en crímenes y desapariciones en esa vastísima zona, impuso su ley.

Contaba con una sólida estructura criminal. Cerca de 30 personas, entre lugartenientes, sicarios, distribuidores, cobradores y contadores, conformaban la célula de narcotráfico más importante de la Comarca Lagunera, sólo comparable con la que a finales de los ochenta encabezó Rafael Aguilar Guajardo como jefe del cártel de Juárez. Aunque llevaba poco tiempo dedicado al narcotráfico, Sergio Villarreal, también conocido como King Kong, tiene una larga historia criminal. Durante un tiempo militó en el cártel del Golfo, donde fungió como zeta al lado de Heriberto Lazcano, el Lazca, a quien la PGR identificó como jefe de ese grupo.

Asimismo es compadre de Édgar Valdez Villarreal, la Barbie, quien como él fue pieza del cártel del Golfo y luego lugarteniente de Arturo Beltrán Leyva, el Barbas. En 2003 el Grande llegó a Torreón, Coahuila, su tierra, para sustituir en el mando a Arturo González Hernández, el Chaky, gatillero del cártel de Juárez que cayó en desgracia en abril de ese año al ser detenido por la PGR.

Casi desde su arribo se alió con Claro Burciaga, un conocido secuestrador y asaltabancos que por esas fechas acababa de salir de la prisión y al que la PGR identificó más tarde como jefe de gatilleros del Grande. En tierras laguneras, Villarreal siguió los pasos del Chaky: habitó una residencia, muy cerca de donde vivía su antecesor, en Lerdo, Durango. Allí dispuso de la protección de la policía municipal cuando la alcaldesa era la panista Rosario Castro Lozano (2004-2007), hermana del exsubprocurador de Derechos Humanos, Atención a Víctimas y Servicio a la Comunidad de la PGR, Juan de Dios Castro Lozano.

En esa casa Sergio Villarreal estuvo a punto de ser detenido por el Ejército. El general Eduardo Miranda, jefe de sección en la base militar conocida como La Joya, montó un operativo y se trasladó con sus hombres a la residencia de Lerdo. En el momento en que iban a entrar, apareció Rosario Castro acompañada de Raúl Villegas Morales, director de Seguridad Pública, y de Isaías Castillo Luna, un policía ampliamente conocido por la protección que brindó al Chaky (*Proceso* 1496).

Testigos relatan que Rosario Castro impidió la detención de Villarreal al exigirle al general Miranda la orden de cateo y el permiso para entrar a su municipio. Tan fuerte fue la arremetida de la entonces alcaldesa que el militar tuvo que soltar a las personas que ya habían sido detenidas y se retiró del lugar. Así, con la protección oficial, Sergio Villarreal fue estructurando su organización hasta convertirla en una de las más boyantes. Con ese propósito contrató a Arturo Gorena Hermosillo, quien entonces era jefe del Grupo de Operación y Reacción Inmediata (GORI) en Gómez Palacio, corporación creada por el empresario Carlos Herrera durante su segundo periodo como alcalde.

Gorena, según la indagatoria federal, le llevaba la contabilidad a Sergio Villarreal, pero tuvieron serias diferencias y fue despedido. Lo sustituyó José Luis Rodríguez, un ex policía ministerial al que se conoce como el Tenientillo. En el expediente 4/2007-111, integrado por la SIEDO, aparece la lista completa de gatilleros y operadores de la organización encabezada por Villarreal, a quienes la PGR empezó a investigar a principios de 2007. Junto al nombre o apodo de los miembros del grupo se anotó el arma que utilizaban.

Por ejemplo, José Luis Rodríguez, el Tenientillo, según la lista citada, era el responsable del cobro y entrega de la mercancía (cocaína), así como del pago por la protección de las autoridades federales, estatales y municipales. Su brazo derecho era David Rodríguez, el Teniente. Claro Burciaga era el jefe de sicarios; Adolfo Villarreal Barragán, brazo auxiliar del Grande; Jorge Zamora, el Pollo, el jefe de los halcones, grupo de narcoespías encargados de avisar cuando rondan por la región vehículos oficiales, tanto de la PGR como militares; José Luis Perea, el Pirrus, se encargaba de acondicionar y tener disponibles las casas de seguridad del grupo criminal.

José Guillén tenía la encomienda de mantener las cuotas y de corromper a los policías municipales; José Burciaga, hijo de Claro, era su brazo derecho en el equipo de sicarios junto con un hermano de nombre Inés. César Jiménez Meza, el Cesarín, estaba encomendado para entregar las cuotas a los agentes ministeriales y para pagar sumas mensuales a comandantes y subprocuradores de La Laguna. Este personaje, de acuerdo con la investigación, operaba desde que el Chaky era el responsable de la plaza.

En la estructura criminal había más personajes. La lista en manos de la SIEDO —una copia de la cual tiene el semanario *Proceso*— menciona a otros miembros de esta célula, pero sólo por sus apodos. En una hoja de libreta a rayas, con tinta negra, aparece por ejemplo Pegasso JL, quien utilizaba una pistola Pietro D788181 con tres cargadores, así como una R-15 con clave 0175461.

Le siguen: Pegasso D, quien portaba una Colt-38 96530 con dos cargadores y una AK-47 Wars-10; el Corro, con una pistola Beretta 0587162 con tres cargadores; el Fox, con una 9 milímetros, así como Mario, Chino, Negro, Beto, Chilango, Félix, Sobrino, Claro, S. Inés, Pollo, Rojo, Guillén y Culichi. De acuerdo con la investigación de la PGR, robustecida con información de testigos protegidos y testimonios de personas detenidas, todos los integrantes de la lista se hallaban relacionados con crímenes y desapariciones en la Comarca Lagunera que se mantuvieron impunes durante años porque ni las autoridades locales ni las federales, por temor o complicidad, quisieron aclarar los casos.

Nexos blanquiazules

Según la indagatoria de la PGR —que comenzó a investigarlo desde 2005—, el Grande se sentía tan seguro y protegido en su terruño que solía vérsele en bares de Gómez Palacio, como El Flamingos y La Masacuata. En este último saltó a la fama. Un día que llegó a beber con sus amigos, Sergio Villarreal empezó a contar allí su historia. La Banda de San Jacinto, que entre copa y copa se enteró de sus peripecias, decidió inmortalizarlo con la composición de dos corridos —*El Grande* y *El Exterminador de los Zetas*—, en los cuales se narran sus hazañas, su vida de policía, de narco y de matón. Hasta la fecha esas notas musicales se escuchan de cantina en cantina.

En La Laguna era un secreto a voces que Sergio Villarreal se había convertido en uno de los narcotraficantes protegidos del régimen de Felipe Calderón. Esta versión comenzó a correr desde septiembre de 2006, cuando el senador panista Guillermo Anaya Llamas celebró el bautizo de su hija Elsa María Anaya Aguirre. El padrino fue precisamente el entonces presidente electo. La celebración se efectuó el 23 de septiembre en la iglesia de La Encarnación, ubicada en la colonia Campestre La Rosita, en Torreón. A la fiesta acudió Sergio Villarreal, cuyo hermano, Adolfo, está casado con Elsa María Anaya Llamas, hermana del legislador del PAN.

Sorprendido por el escándalo desatado al respecto, Anaya Llamas negó que el Grande hubiera concurrido a dicha fiesta porque no fue invitado, pero no pudo desmentir su vínculo familiar con el capo del cártel de Sinaloa, reputado como el narcotraficante más importante de La Laguna. Según dijo a *Proceso*, desde 1997 no tiene contacto con Villarreal e incluso su hermana se divorció de Adolfo Villarreal en 2005. Y es que tan pronto se asentó en ese territorio, Villarreal Barragán se alió con políticos y empresarios que lo relacionaron con altos funcionarios del gobierno de Durango y con prominentes figuras panistas.

De acuerdo con las investigaciones de la PGR, el empresario Carlos Herrera Araluce —a quien un comando intentó ejecutar el 13 de mayo de 2007— lo habría presentado con Hugo Armando Reséndiz, entonces subprocurador de Durango, que se puso al servicio de Sergio Villarreal. A través del funcionario duranguense, a quien Sergio Villarreal llamaba el Bigotitos, no sólo gozaba de impunidad, sino que disponía de un nutrido grupo de agentes estatales que le brindaban protección. Gracias a los buenos oficios de Reséndiz y de Herrera Araluce, también tenía a su servicio a la policía de Torreón, Coahuila, así como a las de Gómez Palacio y Lerdo, Durango, lugares que usaba como corredores para la venta de droga a granel.

Después de algún tiempo de operar sin ser molestado, el imperio de Villarreal Barragán sufrió un fuerte golpe en marzo de 2007, cuando Reséndiz fue arraigado por la PGR bajo los cargos de narcotráfico, pues se acreditó que brindaba protección al Grande y que lo nutría de información sobre las averiguaciones previas integradas contra los miembros de su organización. Sin embargo, en un comunicado emitido el 19 de febrero de ese año, se estableció la conexión de Reséndiz —aliado de Carlos Herrera y de Sergio Villarreal— con el crimen de Jaime Meraz. Al exfuncionario de la Procuraduría de Durango se le encontró una pistola 9 milímetros, calibre y características que precisamente coinciden con el arma que se utilizó para ejecutar a Meraz, a sus familiares y a su chofer.

Después de este crimen, el nombre de Carlos Herrera Araluce, conocido en la Laguna como el 17 —por los balazos que recibió de narcotraficantes rivales que le mutilaron tres dedos de la mano izquierda—, fue mencionado por diversos testigos en el expediente 4/2007-III, aunque ninguna autoridad procedió en su contra. El nexo de Sergio Villarreal con Hugo Reséndiz y Carlos Herrera salió a flote por la muerte del dirigente perredista Jaime

Meraz Martínez, su esposa, su hijo y su chofer —ocurrida el 14 de enero de 2007—, ejecutados presuntamente por órdenes de Villarreal Barragán, pues se asegura que Meraz pretendía ser alcalde de Gómez Palacio, feudo de Herrera Araluce. Y es que éste impulsaba, a su vez, la candidatura de Francisco *Pancho* León, empresario del mármol que tras este crimen entró en crisis.

Cuando iba a ser citado a declarar por las autoridades, en marzo de 2007, para que diera su versión de los hechos, Francisco *Pancho* León desapareció de forma extraña en el tramo de la carrera Saltillo-Cerro del Coyote, municipio de Ramos Arizpe, Coahuila. Se asegura que su secuestro ocurrió después de sostener una discusión con el impulsor de su campaña, Carlos Herrera.

El poder criminal y económico de Villarreal Barragán comenzó a ser escudriñado por la PGR desde principios de 2007. Pero una versión extraoficial indica que el Grande frenó las investigaciones en su contra mediante pagos millonarios. En septiembre de 2007, sorpresivamente fue separado de la fiscalía que investigaba a Villarreal el agente del Ministerio Público Ignacio Muñiz, colaborador del fiscal Raúl Hernández Trujillo. Se desconocen las razones por las que fue separado de la investigación; más aún, fuentes consultadas en la PGR aseguran que fue echado de la institución.

Testigo estelar

♦

Ricardo Ravelo

Después su detención, el 12 de septiembre de 2010 en un fraccionamiento de Puebla, Sergio Villarreal Barragán, el Grande, el antiguo amo del narcotráfico en la Comarca Lagunera, debutó como testigo estelar de la PGR. Desde su arresto la dependencia le dio un trato preferencial. Una orden presuntamente girada por el procurador Arturo Chávez sentó a Villarreal Barragán en la mesa de negociaciones con la entonces titular de la SIEDO, Marisela Morales Ibáñez.

El Grande goza de privilegios. Además de tener un sueldo mensual generoso, las autoridades se comprometieron a cancelar varias de las averiguaciones previas en su contra y a no decomisarle ninguno de los bienes que adquirió cuando fue operador de la célula de los hermanos Beltrán Leyva. A cambio de ello debía declarar todo lo que sabe sobre las redes de corrupción en las corporaciones policiacas y proporcionar los nombres de los presuntos funcionarios y agentes vinculados con las organizaciones criminales.

A la PGR le urgía incorporar al Grande al programa de testigos luego de que el 29 de octubre de 2010 un tribunal de alzada concedió la libertad a Jorge Alberto Zavala Segovia, un exagente federal de la SIEDO que estuvo dos años en prisión. El fallo puso en riesgo la Operación Limpieza, encaminada a sanear a la procuraduría. Para evitar que esa investigación fracasara y que otros coacusados fueran liberados por falta de pruebas, el Grande aportó datos que comprometían a Zavala Segovia, por lo que el exagente fue reaprehendido. En su testimonio el Grande aseguró que vio a Zavala Segovia con maletas repletas de billetes de 100 dólares con los que presuntamente "salpicaba" a funcionarios de la SIEDO para que brindaran protección a su jefe Arturo Beltrán Leyva.

Villarreal Barragán comenzó a rendir testimonios sobre la vinculación de funcionarios con los cárteles de la droga luego de su detención. Algunos agentes de la PGR señalan incluso que él fue quien solicitó ser incorporado al programa de testigos protegidos y que Marisela Morales aceptó la propuesta del detenido, a quien se le asignó el nombre clave de Mateo. Morales Ibáñez declaró que el Grande fue incorporado a ese programa por una orden dictada "desde arriba".

En sus declaraciones a la agente del Ministerio Público federal Angélica Herrera Rivero y en presencia de sus defensores, el testigo comenzó a hablar de las redes que tejió Arturo Beltrán Leyva con altos funcionarios federales. De acuerdo con la averiguación previa PGR/SIEDOUEITMIO/0992010/2010, Mateo reveló que en septiembre de 2006 conoció a Felipe Calderón, cuando ya era presidente electo. Ese día, durante el bautizo de Elsa Anaya, hija del senador panista Guillermo Anaya Llamas, el anfitrión los presentó.

Según el testigo protegido, Anaya Llamas y Calderón son compadres y durante ese convivio el senador los presentó. Villarreal le dijo al mandatario: "Cualquier cosa que se ofrezca, quedo a sus órdenes". El presidente contestó: "Igualmente". Además, señaló que entre 2003 y 2005, cuando fue presidente municipal de Torreón, Coahuila, Anaya Llamas le asignó una escolta personal, así como agentes para que custodiaran el traslado de cargamentos de cocaína y dinero. Mateo también habló de las líneas de parentesco que unen a su familia con la de Anaya Llamas. Dijo que su hermano Adolfo Villarreal estuvo casado con Elsa María Anaya Llamas, hermana del político panista, y que las familias "siempre han mantenido relación de amistad y de negocios", a pesar de que Elsa María y Adolfo llevan años separados.

La versión de Mateo

En su edición 1614, el semanario *Proceso* informó del bautizo de la hija del senador, quien incluso fue entrevistado. En esa ocasión Anaya Llamas aseguró que Sergio Villarreal no estuvo en esa fiesta que se realizó en Torreón, y aclaró que su hermana Elsa María se divorció de Adolfo Villarreal en 2005; también respondió que desde hace diez años él no tiene contacto con la familia Villarreal. Sin embargo, Mateo cobró confianza y en sus declaraciones comenzó a desmenuzar la trama de las complicidades entre la célula de los hermanos Beltrán Leyva y funcionarios de la SIEDO y de la SSP.

Mencionó que desde su residencia en Morelos, donde vivía protegido por funcionarios del gobierno de ese estado, Arturo Beltrán ordenó varios asesinatos y que el secretario de Seguridad Pública, Luis Ángel Cabeza de Vaca Rodríguez, le proporcionaba aeronaves oficiales al capo para sus traslados. El testigo dijo también que Arturo Beltrán le ordenó hacerse cargo de la logística para ejecutar al comisionado de la Policía Federal Preventiva Édgar Millán Gómez, quien fue asesinado en su departamento por un sicario enviado por Arturo Beltrán el 8 de mayo de 2008.

En ese crimen, expuso, colaboró también un comandante del grupo Yaqui de la PGR apodado el Perro, quien era escolta de Millán Gómez. Ese agente, según Mateo, tiene contactos con drogadictos del barrio de Tepito, en la Ciudad de México. Cuando él le comentó que la idea era presentar el crimen de Millán como algo pasional o como un asalto, el Perro le proporcionó las llaves de la casa de Millán Gómez, ubicada en la colonia Morelos. Además, dijo, fue él quien le indicó la hora exacta de la llegada del funcionario a su domicilio para que los sicarios que contrató esperaran el arribo de Millán para ejecutarlo.

Mateo expuso: "[…] Que el crimen de Millán fue bien planeado, que cuando se corrompe a las personas indicadas no hay errores y todo sale bien. Que a Millán se le ejecutó porque [a pesar de que] ya tenía más de seis meses apoyando con información al cártel, dos meses antes de su ejecución apagó sus teléfonos y los miembros del cártel no pudieron localizarlo para que les diera su apoyo en información de operativos, y que esto fue lo que detonó que su jefe Arturo Beltrán Leyva ordenara su ejecución.

"Que esta misma suerte iba a correr también Luis Cárdenas Palomino [coordinador de Seguridad Regional de la Policía Federal], a quien Arturo [Beltrán] le había hecho llegar una fuerte cantidad de dinero y éste sólo la recibió pero nunca se comunicó con el cártel […]. Por ese motivo Arturo Beltrán me ordenó planear y ejecutar a Cárdenas Palomino".

En otro apartado señaló que otro funcionario a quien se debía ejecutar de forma inmediata era Armando Espinoza de Benito (coordinador de Inteligencia de la Policía Federal), ya que este comandante, según le señaló Arturo Beltrán, "lo quería chingar porque recibía dinero por parte del Chapo Guzmán. Que tras recibir la orden, se abocó a su cacería y que luego Arturo Beltrán les dijo que ya no anduvieran matando a gente del gobierno sólo porque sí, que a los del gobierno que fueran a matar sólo sería porque se les pagara y aun así lastimaban los intereses de la organización".

Los pasos del Grande

Sergio Villarreal Barragán relató que en su natal Coahuila fue agente ministerial y que era cliente asiduo de los bares Flamingos y La Masacuata, donde los integrantes del grupo musical la Banda de San Jacinto le compusieron incluso un corrido. En sus declaraciones mencionó también que tenía contactos en el Aeropuerto Internacional de la Ciudad de México (AICM) y habló sobre la forma en que solía pasar los cargamentos de droga, así como de las personas que asesinó, todas ellas de la Administración General de Aduanas.

Según él, por fallarle en la recepción de un cargamento de media tonelada de cocaína, la cual debió llegar al AICM a través de la empresa Jet Service, levantó, torturó y descuartizó a tres aduaneros: El primero fue Carlos Alberto Tapia. Su cuerpo fue encontrado con la cabeza desprendida el 16 de diciembre de 2007 en Tlalnepantla, Estado de México; era agente de aduanas del Aeropuerto Internacional, y "con quien me arreglé para que recibiera la droga"; el segundo fue José Villegas Valdivia, también agente de aduanas del aeropuerto, quien fue hallado con el cuerpo descuartizado en la carretera México-Tuxpan, y el tercer cuerpo descuartizado fue el del gerente de la empresa Jet Service de nombre Francisco Gerardo Santos Iglesias.

La PGR inició las averiguaciones previas TLA/I/7422/2007/12-T y OTU/II/1950/2007 para indagar sobre las tres ejecuciones. De acuerdo con Villarreal Barragán, en la célula de los hermanos Beltrán Leyva había traiciones y muertes. En una de esas pugnas, dijo, torturó y asesinó a Mario Pineda Villa, conocido como el MP, por órdenes de Arturo Beltrán: "A ese marrano yo mismo lo levanté. Se creía muy sanguinario y además no era de mi agrado. Lo amarré y le di de patadas hasta que perdió el conocimiento. Le dije: 'Ya ves pinche marrano, no que muy cabrón'. Posteriormente ordené que lo subieran a un vehículo y que fuera trasladado por la carretera vieja que lleva a Cuernavaca y a la altura del poblado de Huitzilac, Morelos, ordené que lo bajaran y descargué una ráfaga de cuerno de chivo en contra de él estando amarrado.

"Posteriormente Arturo [Beltrán] me ordenó que se ejecutara a todos los que tenían relación con el MP o sencillamente quien fuera su amigo, aunque no tuviera que ver con el negocio de las drogas, y así se procedió en esos días, levantando más o menos a 90 personas, mismas que eran golpeadas y ejecutadas [...]. Que posteriormente a esos hechos mantuvo una relación sentimental con la esposa de Mario Pineda, alias el MP, de nombre Clarisa".

En relación con la ruptura de Arturo Beltrán y la Barbie, por una supuesta traición de éste a su jefe, Villarreal asegura que él mismo ejecutó a más de 150 personas en Morelos y Guerrero. Una de las primeras fue un colaborador de la Barbie. En su relato ministerial, el testigo aseguró que esa persona fue torturada y degollada; además se grabó un video para subirlo a las redes sociales con amenazas a la Barbie, quien era aficionado a ver los videos relacionados con el crimen organizado.

Información clasificada

Cuando Villarreal Barragán rindió su testimonio ante la PGR, la titular de la SIEDO en turno, Marisela Morales Ibáñez, ordenó que los pasajes relativos al presidente Felipe Calderón y a los funcionarios de su gabinete no se consignaran, por lo que esos fragmentos quedaron archivados.

Según averiguó Ricardo Ravelo, durante las negociaciones Morales Ibáñez le informó a Villarreal Barragán que era muy importante para la PGR saber qué funcionarios estaban implicados en la llamada Operación Limpieza, pues estaban en puerta las primeras libertades de varios de los exagentes procesados, por lo que le pidió que se enfocara sólo en ese aspecto.

Según el acuerdo, Villarreal Barragán debía declarar que él personalmente entregaba dinero a los funcionarios de la SIEDO para que le proporcionaran información que beneficiara al cártel de los hermanos Beltrán Leyva. La PGR incluso le ofreció seguridad para él y su familia, escuela para sus hijos y la cobertura de los costos que ello generara; un pago mensual decoroso por su colaboración y gastos de manutención. La funcionaria también le comentó que por "órdenes superiores", no se tocaría su patrimonio ni el de su familia, que incluyen ranchos, coches, camiones, aviones y negocios diversos.

Durante su etapa de esplendor en la Comarca Lagunera, tierra de narcos y de grandes fortunas amasadas con el lavado de dinero y el narcotráfico, Villarreal Barragán vivió en el municipio de Lerdo, Durango, al amparo de la alcaldesa panista Rosario Castro Lozano (2004-2007), hermana del subprocurador de Derechos Humanos, Atención a Víctimas y Servicios a la Comunidad de la PGR, Juan de Dios Castro Lozano (*Proceso* 1614). Aun cuando fue detenido desde septiembre de 2010, el capo sigue teniendo buenas relaciones con funcionarios. Además, como testigo estelar de la PGR, goza de protección e inmunidad del gobierno.

Juan Nepomuceno Guerra

Cae el Viejo

◆

Luis Ángel Garza
Carlos Puig

E l suplemento dominical del 6 de octubre de 1991 de *The New York Times* dedicó cinco páginas y media a un reportaje de su excorresponsal en México, Mark A. Uhlig, sobre el clima de violencia que desde entonces se vivía en Matamoros, Tamaulipas. En dicho reportaje se llega a la conclusión de que "en las calles mexicanas el espíritu de impunidad, tan largamente guardado por los policías, permanece".

Dos semanas después, el 21 de octubre de ese año, la Policía Judicial Federal detuvo a Juan N. Guerra en lo que Juan Miguel Ponce Edmonson, jefe de la Interpol en México, calificó de "contundente golpe a la impunidad". Si bien con la detención de Juan N. Guerra se dio fin a un mito, inevitablemente surgió la pregunta: ¿Por qué hasta ahora? Ponce Edmonson, quien encabezó la incursión en el rancho El Tehuachal aquel lunes 21, respondió: "Lo que no fue en mi año, no fue en mi daño".

El Heraldo de Brownsville entrevistó a Óscar López Olivares, quien se pasó a las filas del FBI luego de ser narcotraficante en Tamaulipas, y le hizo la misma pregunta de otra forma: ¿Vale la pena arrestar a un hombre de 77 años que utiliza una silla de ruedas?

"Como sea —respondió— merece ser juzgado, pues nunca dejó de ser malvado. Mató a su esposa y nunca le hicieron nada. Mató al hijo de Pancho Villa y no le hicieron nada".

Ciertamente, en la leyenda de Juan N. Guerra, el Padrino de Tamaulipas, que todos en Matamoros conocen, se incluyen esos y otros crímenes, además de una larga lista de actividades delictivas con las que amasó su fortuna. Pero todos los datos relevantes pertenecen a un pasado no reciente.

Con su detención, no faltó alguien que lo describiera en una crónica como "un anciano que inspira ternura, con su cabeza desprovista de pelo. Don Juan, como se le conoce comúnmente, arrastra ya tres infartos y usa silla de ruedas por padecer una paraplejia que le paraliza la parte izquierda del cuerpo". Durante los últimos años era común encontrarlo diariamente en el céntrico restaurante de su propiedad, Piedras Negras, acompañado de algunos amigos o con su enfermero. Las apariencias lo hacen ver como retirado ya de las actividades ilegales.

Armando Ramírez, agente encargado de la oficina de la DEA en Brownsville, declaró que en Estados Unidos no se tiene cargo alguno contra Juan N. Guerra, y señaló que incluso tenía ya varios años de residir sin problemas en esa ciudad. Rechazó que pertenezca a la red de narcotráfico en esa zona fronteriza. "La DEA —añadió— tiene datos sobre las personas que trabajan con la organización colombiana que opera en el área Houston-San Antonio, y del lado mexicano, en el corredor Matamoros-San Fernando-Ciudad Victoria, y él no se encuentra entre ellas". Ramírez, sin embargo, consideró su detención "magnífica", por ser un paso en la dirección correcta, y manifestó deseos de que mantengan a los detenidos "encerrados unos 25 años o más".

La leyenda

El imperio que llegó a tener Juan Nepomuceno Guerra Cárdenas en Tamaulipas fue iniciado por sus hermanos Arturo y Roberto en 1929, contrabandeando licor a Estados Unidos durante la Ley Seca y, en sentido contrario, llantas y otros productos que encontraban buen mercado en México. Al terminar la Ley Seca en Estados Unidos, siguieron con el contrabando en ambos sentidos, pero diversificaron sus actividades con el tráfico de indocumentados, la venta de protección en la zona de tolerancia de Matamoros y la compra-venta de armas. Durante el sexenio del presidente Manuel Ávila Camacho (1940-1946), Juan N. Guerra fue agente de la Policía Judicial del Distrito Federal, siendo procurador Francisco Castellanos.

Pocos años después se le adjudicó su primer crimen: se dice que mató a su esposa, Gloria Landeros, a la que se recuerda como una mujer muy bella que trabajaba en la Carpa Landeros. Se cuenta que la mató por celos al encontrarla platicando con Adalberto Martínez, Resortes, único testigo de su muerte, la cual fue declarada accidental.

En abril de 1960, añaden los relatos, mató de un balazo en el rostro al comandante Octavio Villa Coss, hijo de Pancho Villa, dentro del Piedras Negras. Aunque fue detenido, logró que otro se declarara culpable y salió en libertad rápidamente. A finales de esa década, Juan N. Guerra ya había desplazado a sus hermanos del control del imperio, lo que tiempo después le valió el mote de Padrino de Tamaulipas. El imperio creció con la incorporación de casas de juego, trata de blancas y robo de automóviles, pero ante el embate del tráfico de drogas se fue haciendo a un lado, hasta que la vasta red delictiva pasó a manos de su sobrino Juan García Ábrego, quien en el tráfico de cocaína se asoció con el cártel de Medellín.

Juan N. Guerra se conformó con mantener el control del contrabando de licores, cerveza y pollo de Estados Unidos, entre otras cosas. Con el avance del libre comercio logró obtener el control legal de la importación de cerveza norteamericana en Tamaulipas. Sus hijos siguieron con el contrabando de carne y pollo. En 1987 ocurrió otra balacera en el Piedras Negras. Murió acribillado el agente judicial Tomás Morlet. También murió Saúl Hernández, de la banda de su sobrino, al que se le adjudicó legalmente la muerte del primero. Se dice que a partir de aquel suceso las relaciones entre tío y sobrino se rompieron. Desde entonces García Ábrego acumuló más de 130 cargos federales en Estados Unidos y no pocas órdenes de aprehensión en México; sin embargo, no fue detenido sino hasta 1995.

Al terminar la década de los ochenta, don Juan vivió su último sobresalto antes de su arresto. *El Diario*, de Matamoros, publicó que existía orden de aprehensión en su contra. Su fuente fue Fernando Arias, entonces jefe de prensa de la PGR, quien luego desmintió haberlo dicho. El asunto quedó en el aire, pero ese periódico publicó íntegra la declaración de un detenido de apellido Amozorrutia, en la que aparece implicado Guerra. La declaración señala que el detenido, que era piloto aviador de Carlos Aguilar Garza —arrestado entonces por tráfico de cocaína— refirió que, años antes al estar en el rancho Las Hermanas, propiedad de don Juan, escuchó a ambos pedir a Casimiro Campos Espinosa, el Cacho, que calmara sus actos o se atuviera a las consecuencias. Poco después éste murió por las secuelas de una balacera cuya autoría intelectual se adjudicó a don Juan, sin comprobársele ni ejercer acción en su contra.

A pesar de esa declaración posterior que lo implicaba en 1989 no se intentó detenerlo, ni siquiera se le citó a declarar. Ese mismo año, *El Bravo* publicó una entrevista con don Juan, que años después reprodujo presentándola como la última que concedió. En ella se le pregunta si es político, dada la fama de que financiaba las campañas de candidatos a diputados, senadores o alcaldes de Tamaulipas. "Político no soy —dijo—, pero sí soy amigo de ellos. Eso sí, soy priista, siempre lo he sido y voto por sus candidatos", añadió al tiempo que mostraba su credencial del tricolor.

Las fiestas que hacía don Juan eran famosas en Tamaulipas. Todos los años el día de san Juan su rancho El Tehuachal —nombre por el que se le conoce por un ejido vecino, pero que en realidad se llama Los Guerra— se llenaba con mucha gente, y era común la presencia de oficiales del Ejército o la naval, con todo y uniforme, así como de agentes aduanales, políticos y periodistas, sin faltar artistas famosos, entre los que se menciona a Lucha Villa, con todo y mariachi de Tecalitlán. Recién comenzada la década de 1990 se llevó a cabo la inauguración del reacondicionamiento del camino que conduce tanto al ejido como al rancho y que, aunque se anunció como en favor del primero, se orientó en su parte final hacia la famosa propiedad. En la ceremonia oficial, puesto que se trató de una obra del Programa Nacional de Solidaridad, estuvieron presentes Manuel Cavazos Lerma y Tomás Yarrington, senador y diputado federal recién electos.

Las carreras de caballos son toda una tradición en la frontera, que data de los años cuarenta, a las cuales siempre asistieron los Guerra. Plácido Lázaro Guerra Lerma, padre de don Juan, acostumbraba organizarlas como una forma de entretenimiento. Su hijo mantuvo la tradición, con el ingrediente de apuestas cuantiosas. Estaban muy lejos de ser eventos clandestinos, pues se anunciaban por radio. Era común que asistieran turistas estadunidenses, situación que utilizaron los agentes federales que lo arrestaron al introducir una avanzada con esa apariencia.

Fue la existencia de esas carreras de caballos, con apuestas, lo que se utilizó como forma legal para la incursión policiaca. Existió la versión de que la Secretaría de Gobernación había pedido se investigara la violación a la Ley de Juegos y Sorteos. También se informó sobre el hallazgo de armas y droga, pero no se aclaró en qué cantidades. Tres días después del arresto, el 24 de octubre de 1991, la PGR emitió un boletín de prensa en el que se señala a Juan N. Guerra como la cabeza de un grupo delictivo que desde Matamoros introdujo en Estados Unidos "por lo menos tres toneladas y media de mariguana".

Refiere el boletín que esto consta en la averiguación previa número 501/88, iniciada el 20 de febrero de 1988, año en que el juez Quinto de Distrito en Materia Penal del estado de Jalisco libró orden de aprehensión en su contra, dado que dos detenidos —Alfredo González Guerra y Noel Octaviano Zaragoza Arce— "hicieron imputaciones directas" en su contra, haciéndolo propietario de la mariguana que transportaban.

Después de ser intimidado y amenazado por la Policía Judicial Federal y por los zares de la droga en Matamoros, Tamaulipas, cuando Oliverio Chávez Araujo se apoderó de la cárcel local, Mark Uhlig, excorresponsal de *The New York Times* en México, escribió en el suplemento dominical del diario una de las más duras críticas al sistema policiaco judicial mexicano que se haya registrado en la prensa estadunidense en el sexenio salinista: "Para el mexicano promedio, que ha sufrido permanentemente las arbitrariedades de los servidores públicos, el episodio de Matamoros fue un oscuro recordatorio de las raíces que existen detrás de la flamante nueva imagen exterior del gobierno. Al surgir la corrupción oficial y las complicidades en ambos lados del enfrentamiento entre dos zares de la droga, el incidente mostró la debilidad de las instituciones sociales que han frenado el desarrollo mexicano".

Uhlig prosigue: "La protección frente a la criminalidad es tan central en la función de una sociedad moderna, que su ausencia se extiende virtualmente a todos los aspectos de la vida mexicana. En la política, la corrupción policial abre la puerta al fraude y a la intimidación; en una demanda civil puede significar constantes *mordidas* para tener el derecho de llevar un caso a juicio; en el mundo empresarial significa regalos semanales al reparador de teléfonos para prevenir que acabe con la línea; y para el propietario de una casa significa tener que arreglarse con los inspectores que cada mes alegan una nueva violación al código de construcción".

Uhlig viajó con Silvana Paternostro a Matamoros para cubrir el amotinamiento de los presos de la cárcel encabezados por Chávez Araujo. A los pocos días Uhlig logró colar una serie de preguntas al interior de la prisión y Chávez Araujo le contestó. "Tan pronto se supo que Chávez Araujo había establecido contacto con el *Times*, reporteros locales y familiares de los presos empezaron a notar la llegada de más hombres armados que se identificaron como policías judiciales federales. Entre la gente que llegó estaban también un camarógrafo y otros hombres que se presentaron como periodistas, pero que no pudieron mostrar ningún tipo de credencial ni pudieron nombrar el medio para el que trabajaban. En las calles que rodean a la prisión de Matamoros, los policías y el equipo de video comenzaron a preguntar por la gente de *The New York Times*. La cámara nos siguió varias horas, grabándonos mientras trabajábamos.

"Por la noche, dos agentes vestidos de civil se nos acercaron y mostraron una nota de las que le habíamos mandado a Chávez. Cuando pedimos que la devolvieran, uno dijo que era evidencia y se fue. Después recibimos una llamada por el teléfono celular desde el interior de la cárcel, diciendo que nuestras vidas estaban en peligro y que nos fuéramos de la ciudad. Después de recibir una segunda y más detallada carta de Chávez, decidimos pasar a Estados Unidos. De regreso, en cuanto ingresamos en el aeropuerto de Matamoros fuimos abruptamente rodeados por un grupo de hombres armados, vestidos de civil. Bloqueando mi camino y agarrando a Silvana por detrás con los dos brazos, se identificaron como agentes de la Policía Judicial Federal, con orden de interrogarnos.

"Sin medios para escapar, les dejamos ver que no permitiríamos que nos sacaran de ahí. Después, al recordar que esa noche teníamos una cita para cenar con Manuel Camacho Solís, les dijimos que si querían detenernos tendrían que hablar con el regente de la Ciudad de México para pedirle permiso. Sorprendidos, fueron a consultar con su jefe, quien se identificó como comandante de la Policía Judicial Federal y mostró una placa; nos ordenó detenernos, ya que en la confusión habíamos logrado caminar hacia los detectores de metales; nos siguió a través de ellos, pero al final nos dejó ir. Al día siguiente, el nuevo procurador general, que heredó la supervisión de la PJF, nos invitó a su oficina para ofrecernos 24 horas de protección con guardaespaldas".

Juan García Ábrego

El preso de la cárcel No. 2

◆

Ignacio Ramírez

Cuando la Chacha y el Chacho, como eran conocidos Estela y Albino, tuvieron a su primer hijo, de ocho que procrearon, todo fue alegría y felicidad en el rancho La Puerta, a 22 kilómetros de la ciudad de Matamoros, Tamaulipas. Casi medio siglo después, su vástago fue considerado el enemigo público número uno del país, así como el hombre más perseguido en México y Estados Unidos: Juan García Ábrego, jefe del cártel del Golfo, detenido y enviado a la cárcel número 2 del condado de Harris, Texas en 1995.

De ser un niño pobre —apenas estudió la primaria, aunque unos dicen que siguió alguna carrera comercial— el Señor, el Director, el Paciente o la Muñeca, como lo llamaban, se convirtió en el principal abastecedor de cocaína a Estados Unidos. Su organización creció considerablemente a partir de los años ochenta, cuando era gobernador de Tamaulipas Emilio Martínez Manautou. "Era un niño como cualquier otro, pero por su estatura sobresalía de los demás", recordó don Ismael Medina Inocencio, más conocido como el Cuate, quien nació en 1907, y era considerado por sus vecinos como el cronista de La Paloma, un rancho del condado de Cameron, Texas —con casas desperdigadas, calles polvorientas y casi mil habitantes—, cerca del Río Bravo, donde "Juanito" vivió parte de su infancia.

En Matamoros se encuentra el registro real de Juan García Ábrego, en una de las tres oficinas del Registro Civil, en la foja 136 del Libro 6 de 1945. El acta 136, por la que se pagaron dos pesos, asienta que nació a las dos horas del 13 de septiembre de 1944 en el rancho La Puerta, de esta ciudad. Sin embargo, cuando tenía 21 años el propio Juan se apersonó en la oficina del notario Héctor Cascos, para que diera fe de la documentación que lo acreditaba como "originario" de La Paloma, con la misma fecha de nacimiento. El 18 de mayo de 1965 quedó registrado formalmente como ciudadano estadunidense mediante el pago de 35 dólares. Entrevistado en su oficina de Brownsville, el notario Cascos no recuerda bien los detalles de los documentos que García Ábrego presentó en aquella fecha. Pero dice que, necesariamente, para un registro extemporáneo debió acreditar plenamente que nació en La Paloma.

—¿Cómo o de qué manera?

—Mediante la fe de bautizo o con un apunte que sus padres hayan hecho en las hojas de la Biblia, con la fecha del nacimiento y con el testimonio de los vecinos del lugar.

La oficina del Registro Civil del condado de Cameron —General Office of Birth Certificates— está ubicada dentro de la corte del estado de Texas. En sus archivos computarizados se encuentran los datos de Juan García Ábrego —certificado de nacimiento 100741 y número de folio 59895— que él mismo proporcionó para obtener la ciudadanía estadunidense. "Cuando llegué aquí a La Paloma —prosiguió don Ismael Medina—, entre las primeras familias que conocí fueron los Ábrego, a don Jesús y a doña Carmen, abuelos maternos de Juan. Como todos los niños de por acá, desde chico ayudaba en las labores del campo. Creo que eso le formó su carácter. Ya de grande, esporádicamente venía a saludar a sus tías Refugio y Manuela, hermanas de la Chacha".

—¿Conocía usted su carrera delictiva y que fue detenido?

—Es una pesadilla.

Juan García Ábrego es el mayor de ocho hermanos, tres varones y cinco mujeres: Humberto, Herlinda, Elena, Rosa, Enriqueta, Blanca y José, ya fallecido; además tiene un medio hermano mayor, Josué, hijo del primer matrimonio de su padre con Elisa Ramírez. "Desde niño fue muy apegado a la tierra. Junto con Humberto, conocido como Chichí, bajo la mano dura de su padre, aprendió el trabajo rudo del campo", dice su tía Manuela.

Llevado del rancho a Matamoros, Tamaulipas, el pequeño Juan vivió en la casa marcada con el número 130 de la Calle Doce, entre Bravo y Bustamante, en el centro de esa ciudad. Es una casona vieja de un piso con el patio vacío y cuya mampostería está despintada. A media cuadra se encuentra la escuela Franklin D. Roosevelt, donde estudió una parte de su instrucción primaria, que concluyó en el colegio Miguel Sáenz González. Su historia escolar se pierde en su adolescencia, hasta la academia, donde se estudiaban las llamadas carreras comerciales.

"De joven se distinguió como líder. Imponía y exigía respeto. Nunca perdonó ni perdona la traición, dispuesto a dar hasta la camisa por la lealtad", refiere su cuñado José Guadalupe. Doña Evangelina García viuda de Marroquín, madre del que fue el mejor amigo de Juan, Líctor Hazael, afirma que siempre recuerda y recordará a García Ábrego como un buen muchacho. "Cuando Líctor falleció, el 22 de agosto de 1985, a los 42 años, me dijeron que se refugió inconsolable en uno de sus ranchos. Desde entonces cada 22 de agosto y cada 2 de noviembre, el Día de Muertos, Juan enviaba flores a la tumba de mi hijo". Pero la muerte de su madre, dice su excuñado Marte, fue para él el golpe más duro de su vida. Doña Estela Ábrego falleció el 11 de noviembre de 1993, después de una larga agonía en el Hospital Regional de Brownsville.

De las aficiones y supersticiones de García Ábrego sólo se conoce la versión de su primo y compadre Francisco Pérez, quien trabajó con él y se acogió al programa de protección de testigos del gobierno estadunidense, cansado de andar huyendo. Durante toda una noche del mes de agosto de 1993 fue interrogado por agentes del FBI, a puerta cerrada, siendo grabado y filmado. Y "cantó":

Que a Juan le gustan el tequila y la cerveza, aunque no fuma. Que es aficionado a las carreras de caballos, las peleas de gallos y el beisbol, que jugó de niño. Que le gusta vestir pantalones de mezclilla, calzoncillos de boxeador y botines. Que usa anillo, esclava, reloj y cadena de oro con una cruz. Que usa claves secretas para los teléfonos celulares, que cambia con frecuencia. Que siempre vigilaba que los embarques de cocaína llegaran "sanos y salvos". Que estaba al pendiente de los pagos puntuales a políticos. Que padece de insomnio y se le alteran los nervios, por lo que consume "dulces" para dormir. Que siempre viaja con una escolta. Que siempre anda armado. Que no titubea en mandar matar a quien lo traiciona...

Y que es supersticioso, por lo que prefiere matar el día 17, en recuerdo de su hermano José, quien murió el 17 de julio de 1982 en un accidente automovilístico. Coincidencia o no, el 17 de julio de 1984 se llevó a cabo el operativo para intentar "rematar" a Casimiro Espinoza Campos, el Cacho, entonces su principal rival en el tráfico de drogas, luego de que un comando de 12 hombres se introdujo a la Clínica Raya, en el sur de Matamoros; en esa acción murieron nueve personas. El 17 de julio de 1986 fueron asesinados en esa ciudad los periodistas Ernesto Flores Torrijos y Norma Alicia Moreno Figueroa, del periódico *El Popular*. El 17 de mayo de 1991 fue la balacera en el penal de Matamoros, entre miembros de las bandas de García Ábrego y Oliverio Chávez Araujo —éste había sido sargento segundo del Ejército y también aprendió el "oficio" de otro tío, Hilario Guillén Araujo—, quien pretendió desplazarlo del liderazgo en el narcotráfico, con un saldo de 18 muertos y varios heridos; Chávez Araujo está hoy también preso en Almoloya. Y el 17 de enero de 1996 fue acribillado el abogado Leopoldo del Real Ibáñez en céntrico restaurante de Monterrey cuando conversaba con el director de la Policía Judicial de Nuevo León, Fernando Garza Guzmán.

A García Ábrego no se le conocieron muchas novias y nadie sabe si está casado. Se le conocen tres hijos: Juan José, Ivette y Albino. El primero, hijo

268 · *Los rostros del narco*

de una joven de apellido González, cuyo padre era un escribano público; y los otros dos, de María del Carmen Olivella.

A principios de los ochenta, Juan García Ábrego estrechó la relación con su tío Juan N. Guerra, quien en ese tiempo, agobiado por los achaques de la edad, vio en su sobrino al hombre idóneo para que lo sucediera en el negocio del contrabando. Fue tal la habilidad de Juan, que en menos de cuatro años pasó del contrabando común a la disputa por el control del tráfico de drogas, que en ese tiempo estaba en manos de su paisano Casimiro Espinoza Campos, alias el Cacho.

Cuando heredó la posición de su tío, García Ábrego era considerado uno de los agricultores más prósperos de la región, con el mejor equipo agrícola y con las mejores tierras —unas compradas y otras rentadas—, lo que le permitió tener suficiente dinero para estructurar una red directa en el tráfico de drogas, que se extendió a gran parte de México y Estados Unidos, con nexos en Centro y Sudamérica.

Con los consejos de don Juan y la influencia de Óscar López Olivares, el Profe —quien trabajó para la organización de García Ábrego y se acogió también al programa de protección de testigos—, se convirtió en el *mañoso*, como llaman en la frontera a los narcos, número uno de Tamaulipas. Empezaron a formar parte de quienes trabajaban con él agentes de todos los cuerpos policiacos, soldados, empleados de aduanas y todo aquel que de alguna forma facilitaba la operación de su banda.

A punto de cumplir 40 años, en 1984, García Ábrego extendió su poder por toda la franja fronteriza y parte del estado de Texas. Desde el restaurante Piedras Negras, propiedad de su tío, movía los hilos de su gente y acordaba con sus contactos. En mayo de ese año decidió liquidar al Cacho, no obstante que habían sido amigos, pues éste quería todo el control del negocio. "Yo soy más cabrón que ustedes dos juntos, nomás háblenme de frente", les dijo al tío y al sobrino.

Y así fue. El 15 de mayo de 1984, el comisionado para "hablarle de frente" fue el Profe. Cuando éste vio que Espinoza Campos bajaba de su automóvil empuñando su escuadra 9 milímetros, desenfundó su pistola y le disparó. Herido, el Cacho logró abordar su vehículo en busca de auxilio. Dos días después trataron de rematarlo, sin lograrlo. Según dicen, murió luego en un hospital de Monterrey.

Ésta fue la primera acción de la banda de García Ábrego que salió a la luz pública. Desde entonces se convirtió en el amo y señor del noreste del país y del sur de Texas. A partir de estos hechos Matamoros vivió la ola de violencia más cruenta de su historia. Eran comunes las ejecuciones, los desaparecidos, las *vendettas*, los ahogados en el Río Bravo... con uno o dos muertos al día. Gobernaba entonces Martínez Manautou, señalado como uno de los *sacadólares* que desestabilizaron la economía del país en tiempos del presidente José López Portillo, y quien no hizo nada por frenar la carrera delictiva de García Ábrego, como tampoco lo hicieron Américo Villarreal Guerra ni Manuel Cavazos Lerma. Juan contaba con el apoyo de uno de sus primos, Jesús Roberto Guerra Velasco, entonces alcalde de Matamoros y posteriormente concesionario de la gasolinera y restaurante Las Palmas, quien le dio protección y toda clase de facilidades para sus actividades.

Además de políticos de menor rango, jefes militares, agentes de todos los cuerpos policiacos y de migración, García Ábrego contó también con la protección de dos hombres clave en su carrera delictiva: Carlos Aguilar Garza y Guillermo González Calderoni. El primero trabajó en la Procuraduría General de la República (PGR) desde 1974, cuando se le nombró agente del Ministerio Público Federal, hasta 1982, habiendo sido "supervisor nacional de destrucción de plantíos y estupefacientes". Fue luego agente de la desaparecida Dirección Federal de Seguridad, cuando su director era José Antonio Zorrilla Pérez, señalado como autor intelectual de la muerte del columnista Manuel Buendía. Actuó como delegado de la Secretaría de Gobernación en Nuevo Laredo —donde murió en 1993 de un balazo en la cabeza—, encargado de "la información política".

Aguilar Garza era dueño de los periódicos *Y Punto* y *El Popular*, de Matamoros, así como de *El Águila*, de Nuevo Laredo —enlaces para las relaciones políticas del cártel del Golfo—, además del hotel Palacio del Río, en Nuevo Laredo, y del rancho El Cuerudo, en el municipio de Jiménez, de esta entidad.

Y Punto salió a la luz en septiembre de 1986, anunciándose como uno de sus propietarios a Ángel Peña, quien fue jefe de giras del presidente José López Portillo. González Calderoni, por su parte, dejado en libertad después de haber sido detenido en McAllen, Texas, acusado de los delitos de enriquecimiento ilícito, abuso de autoridad, tortura y contrabando, ingresó a la policía como jefe de grupo en 1983. Fue primer comandante de la Policía Judicial Federal en Monterrey, Ciudad Juárez y Tuxtla Gutiérrez, así como subdelegado en Jalisco y Quintana Roo. De allí pasó a la Dirección de la División de Investigación contra el Narcotráfico y luego a la Dirección General de Intercepción Aérea, Terrestre y Marítima.

En entrevista con el reportero Juan José Coello, publicada en el periódico *El Norte*, en su edición del 28 de febrero de 1993, Óscar López Olivares, el Profe, después de señalar al exprocurador Enrique Álvarez del Castillo y al exsubprocurador en la lucha contra el narcotráfico Javier Coello Trejo de ser protectores de la mafia, declaró que Aguilar Garza y González Calderoni vendían protección al cártel del Golfo.

"Empezamos [a darle dinero a González Calderoni] parece que con 7 mil dólares, 9 mil, luego 10 mil por cada vuelo. Era un vuelo cada tercer día, aproximadamente… Hasta que a mí me consta, todo el tiempo que estuvo en Matamoros, porque la protección se la siguió dando Memo, de diferentes partes de donde andaba". A mediados de octubre de 1994, el Profe afirmó que García Ábrego mandó matar a Colosio. "Con mucha anticipación lo vaticiné públicamente".

Un mes después, un hombre que dijo ser Juan García Ábrego llamó por teléfono a la PGR para decir que él sólo era un intermediario en el tráfico de drogas, que uno de los "grandes" era el general Juan Arévalo Gardoqui, exsecretario de la Defensa, y que deseaba entregarse. Siguieron otras dos llamadas, pero la PGR las desmintió de inmediato. "Conociéndolo, como es, nadie cree aquí que lo hayan capturado; sin duda fue una entrega negociada", fue *vox populi* en Matamoros.

Simultáneamente, con la estructura operativa del cártel, los ingresos económicos producto de sus actividades se volvieron un problema para sus cabezas: no sabían qué hacer con tanto dinero. No les bastaban las casas de cambio que ellos mismos crearon en Matamoros y Monterrey, principalmente, ni las adquisiciones inmobiliarias o de bienes raíces, empacadoras, almacenes comerciales, clínicas, agencias de automóviles, hoteles, restaurantes, centros nocturnos, casas de juego, etcétera. Tan sólo en el Registro Público de la Propiedad y del Comercio de Tamaulipas, García Ábrego poseía más de 3,500 hectáreas en predios rústicos y urbanos en los municipios de Reynosa, Méndez y Soto la Marina, sin contar sus mansiones y ranchos.

Su fortuna se calculó en 20 mil millones de dólares, "cosecha" de las cerca de 750 toneladas de cocaína pura que logró introducir a Estados Unidos de 1990 a 1996 y de los dividendos derivados de sus negocios ilícitos. Para ello, en los más de 15 años que tiene la organización, logró formar una vasta red integrada por "operadores" intelectuales, financieros y criminales, que utilizan pistas clandestinas y casas de seguridad. Cada área del cártel tiene asignadas funciones específicas. Aunque algunos de sus principales hombres están presos, otros han obtenido su libertad.

A partir de la primera orden de aprehensión en su contra, por delitos contra la salud y acopio de armas de fuego, dictada el 26 de mayo de 1990 por el juez Fermín Rivera Quintana, el jefe del cártel del Golfo huyó, aunque ocasionalmente visitaba Matamoros. Para finales de 1993, la Drug Enforcement Administration (DEA) descubrió la red financiera de lavadólares del cártel del Golfo. Se supo entonces que desde 1989 realizaba operaciones bancarias multimillonarias en las Islas Caimán y Suiza, por conducto del

Bankers Trust Company de Nueva York y el American Express Bank International de Beverly Hills, California.

Los asuntos financieros han estado en manos de expertos en operaciones del mercado internacional, entre ellos los banqueros estadunidenses Antonio Giraldi y María de Lourdes Reategui, que tras falsificar la ficha *know your client* (conoce a tu cliente), dieron entrada al dinero de la organización. Los dos fueron detenidos, pero sólo Giraldi quedó en libertad al cubrir una fianza de 750 mil dólares.

En México, Ricardo Aguirre Villagómez, el Kenny Rogers —su esposa lo reporta muerto— es catalogado, junto con Humberto García Ábrego —preso por lavado de dinero—, como uno de los principales cerebros financieros del cártel del Golfo, al lado de Henry Max, José García González y Juan José García González. Fue el creador de las casas de cambio Colón, en Monterrey, y La Quinta, en Matamoros.

Como prestanombres y asesores de Aguirre Villagómez están su esposa Rosalinda Nava, Fernando Herrera Vázquez, Rogelio Rodríguez Montemayor y Francisco Castañeda Cantú. Otro, Carlos Reséndez Bertoloussi, fue detenido el 30 de abril de 1994 y liberado el 9 de enero de 1995. Para eliminar a los que *se bañan* —o huyen con la droga— y ejecutar a quienes traicionan a la organización existen los "operadores" criminales que, según el caso, actúan en grupo, estilo comando, o por separado. Al brazo armado del cártel del Golfo lo señalan como responsable de más de 100 homicidios.

José Pérez de la Rosa, el Amable —actualmente preso—, era hasta 1992 la cabeza principal del llamado Comando de la Muerte del cártel del Golfo, integrado por individuos con inmejorables dotes en el manejo de las armas de fuego y entrenados para la lucha cuerpo a cuerpo. En los operativos tipo comando acompañaban al Amable: Indalecio Ríos, el Indio, exagente de la desaparecida Dirección Federal de Seguridad; Eloy Treviño Gracia, excomandante de la Policía Judicial del Estado, y los gatilleros Alfonso Alanís, Miguel Botello Lucio y Adolfo de la Garza. Uno más, Rafael Ledezma Carrasco, el Rafita, poseía incluso un panteón particular a la orilla del Río Bravo, donde enterraba a sus víctimas.

De los "operadores" intelectuales, dos de ellos están en prisión: José Luis Sosa Mayorga, el Cabezón, y Luis Medrano García. Como sucesor de García Ábrego quedó Óscar Malherbe de León, sólo superado después por Amado Carrillo, el Señor de los Cielos, jefe del cártel de Juárez.

La vida de Juan García Ábrego, convertida en leyenda, anduvo de cantina en cantina en voz del narcocantante Beto Quintanilla —su socio Hugo Galaviz López fue detenido en 1995 por vender cocaína en el bar BB y BT, propiedad de ambos—, en el corrido *El pescado enjabonado*: "*Dicen que es* un narcotraficante/dicen que es un asesino/a nadie mata por nada/ni le cambia su destino/saben que es de Matamoros/que le gustan las carreras/pero el potro no capea/el penco salió ligero/y en otras tierras campea…"

Osiel Cárdenas Guillén

Desde joven...

◆

Luciano Campos Garza
Ricardo Ravelo

A pesar de los esfuerzos de la Procuraduría General de la República (PGR) por desmembrar el cártel del Golfo, esa organización criminal que encabezó Juan García Ábrego recobró fuerza bajo la conducción de Osiel Cárdenas Guillén, exagente de la Policía Judicial Federal (PJF). Desde muy joven —nació en 1967 y estudió veterinaria—, Osiel Cárdenas dio muestras de su poder al obtener la protección de la delegación de la PGR en Tamaulipas, encabezada por el coronel Carmen Oralio Castro Aparicio, quien fue encarcelado en abril de 1999 por homicidio y narcotráfico, con ocho de sus principales colaboradores.

A los funcionarios de la PGR se les acusó del asesinato de Jaime Rajid Gutiérrez Arreola, comandante de la PJF, y de estar vinculados con Osiel Cárdenas en el negocio de las drogas. Como nueva cabeza del cártel del Golfo a partir de 1998, Osiel Cárdenas era buscado por la DEA —incluso en territorio mexicano—, pues se le consideró sucesor de García Ábrego. Sin embargo, según la versión del entonces procurador Jorge Madrazo, el cártel del Golfo ya estaba desarticulado y Osiel Cárdenas no tenía el perfil ni la capacidad para dirigir una organización criminal.

El sucesor

De acuerdo con informes de la PGR y de la DEA, Osiel Cárdenas inició su carrera delictiva a los 22 años como miembro de la Policía Judicial Federal (PJF). Hasta mediados de la década de los noventa era un policía que participaba en retenes de revisión organizados por la PJF en ciudades como Miguel Alemán, Reynosa y Matamoros. Paralelamente a esa actividad, se dedicaba a hacer "la tarea sucia" de los agentes. Según fuentes de la PGR consultadas en Matamoros por el semanario *Proceso*, Osiel Cárdenas "era un personaje menor, una figura secundaria en el mundo del hampa que se encargaba de escamotear cargamentos de droga para repartirla entre sus jefes superiores".

Pocos años después se ligó a Salvador Gómez Herrera, el Chava Gómez, exinvestigador de la Policía Ministerial de Tamaulipas —cesado en 1993 por su relación con el cártel del Golfo—, quien fue asesinado de dos tiros en la cabeza el 2 de julio de 1999. Una de las hipótesis planteadas por la PGR durante la investigación de este asesinato es que Osiel Cárdenas pudo haber ordenado el crimen con el objetivo de quedarse como único operador de la plaza.

Gómez Herrera se convirtió en el principal capo de la droga en Tamaulipas cuando fue capturado Juan García Ábrego. En junio de 1998, *el Chava Gómez* y Osiel Cárdenas fueron detenidos en Matamoros y trasladados a la Ciudad de México por efectivos de la PJF. Ambos fueron sometidos a un arraigo judicial. Sin embargo, los dos narcotraficantes escaparon antes de que la PGR pudiera acumular delitos en su contra. De la fuga fueron señalados como responsables diez elementos de la Fiscalía Especial para la Atención de los Delitos contra la Salud (FEADS).

Los informes de la PGR describen a Osiel Cárdenas como "misterioso y escurridizo" y, según sus antecedentes inmediatos, lo relacionan con el cártel de Juárez, particularmente con Juan José Esparragoza, el Azul, con quien se habría asociado para reactivar el narcotráfico en la faja fronteriza de Tamaulipas.

El poder de Osiel

La disputa por las rutas del narcotráfico en Tamaulipas penetró la delegación estatal de la PGR. Un exdelegado, el coronel Oralio Castro Aparicio, fue encarcelado en agosto de 1999 —junto con seis colaboradores— por brindar protección a la banda que encabezaba Osiel Cárdenas. También se les acusó de haber asesinado, por órdenes del capo, al comandante de la PJF Jaime Rajid Gutiérrez Arreola, miembro de un grupo especial comisionado para combatir el narcotráfico.

He aquí la historia: La madrugada del 21 de marzo de 1999, el primer subcomandante de la Policía Judicial Federal en Reynosa, Jaime Rajid Gutiérrez Arreola, efectuaba un rondín de vigilancia en el paraje La Playita, en la ribera del Río Bravo, acompañado de Aurelio Soto Huerta, subdelegado de Averiguaciones Previas y cuatro efectivos de la PJF. Los policías observaron tres camionetas Suburban estacionadas en medio de la oscuridad. Rajid Gutiérrez descendió con su fusil AK-47 y, a unos 15 metros de distancia, ordenó a los ocupantes de los automóviles que bajaran para efectuar un cateo de rutina. Cuando uno de ellos descendió del vehículo, el subcomandante bajó el arma e intentó cortar cartucho. No le dio tiempo:

el que había descendido le disparó tres tiros: uno en el pecho, otro en el hombro y uno más en el oído.

Luego se desató el tiroteo. Los delincuentes escaparon. Después del crimen, Soto Huerta fue detenido como copartícipe en la muerte del joven subcomandante de 25 años y el 12 de agosto de ese año fue acusado, junto con otros ocho elementos de la Procuraduría General de la República —entre ellos el delegado Oralio Castro Aparicio— de homicidio, abuso de autoridad y narcotráfico. No obstante, en la reconstrucción de los hechos, efectuada el 9 de julio, Soto Huerta negó ser el autor del asesinato y aseguró que fue Osiel Cárdenas quien disparó contra Rajid.

Cuatro meses después, la PGR dio a conocer la conclusión de la investigación realizada en Tamaulipas por estos hechos. En el boletín 244/99 informó que el crimen del comandante Jaime Rajid Gutiérrez no fue producto de un enfrentamiento con narcotraficantes, como quiso hacer creer la investigación original que realizó la delegación estatal, sino que fue resultado "de una discusión por cuestiones monetarias derivadas de actividades ilícitas", en la cual estuvieron presentes los siguientes funcionarios de la PGR: Carmen Oralio Castro Aparicio, delegado estatal; Aurelio Castro Huerta, subdelegado de Averiguaciones Previas; Juan Antonio Contreras Domínguez, el Tony; Manuel de Jesús Sordia Franco, el Manolo; Andrés y José Isabel López Rivas; Gabriel Ángel Gutiérrez Portillo; Ramiro García Eugenio, y el narcotraficante Osiel Cárdenas Guillén.

Los agentes de la DEA

El 9 de noviembre de 1999 se suscitó un incidente en Matamoros en el que dos agentes de la DEA y un informante estuvieron a punto de ser asesinados por Osiel Cárdenas y su banda. El enfrentamiento, dado a conocer por el diario *The New York Times* el 24 de noviembre, se inició cuando los dos agentes de la DEA y un informante buscaban pistas que los condujeran a la localización de Osiel Cárdenas Guillén.

Los agentes se percataron de que otros vehículos seguían a su auto y poco después se les cerró en el camino otro coche; entonces entre 12 y 15 hombres los rodearon —algunos fueron identificados como elementos de la Policía Ministerial de Tamaulipas— con armas automáticas. Los presuntos narcotraficantes reconocieron al informante y exigieron que bajara del auto. El diario informó que cuando los agentes se negaron a bajar, los pistoleros les apuntaron con sus armas.

En ese momento se identificaron como agentes antinarcóticos y advirtieron a los narcos que cometerían un grave error si disparaban contra ellos. Osiel Cárdenas dio la orden de retirada después de gritar: "¡Gringos, éste es mi territorio! ¡No lo pueden controlar! ¡Sálganse como el demonio de aquí!" En entrevista con *Proceso*, el procurador Jorge Madrazo dijo que no tenía confirmado si los agentes amenazados de muerte pertenecían a la DEA y que este asunto aún estaba siendo investigado.

Eric Holder, subprocurador estadunidense de Justicia, dijo en conferencia de prensa que se había reunido con el entonces embajador de México en Estados Unidos, Jesús Reyes Heroles, a quien expresó su preocupación por la forma en que fueron tratados los agentes de la DEA en México. "El gobierno de México aseguró que han tomado este asunto de manera muy seria y que lo investigarán". Se le preguntó al funcionario estadunidense si aún se negociaba con el gobierno de México el permiso para que los agentes de la DEA pudieran portar armas en territorio mexicano. Dijo: "Lo único que queremos es que quienes trabajen con sus contrapartes mexicanos estén seguros… Queremos sentirnos seguros, aquí en Washington, de que la gente que trabaja con la DEA y el FBI puedan hacer con seguridad su trabajo en México".

El manejo del poder

♦

Jesús Belmont Vázquez

D esde sus orígenes, a principios de los años cuarenta, con Juan Nepomuceno Guerra al frente del cártel del Golfo, la lucha por el liderazgo de esta organización criminal ha sido motivo de múltiples ejecuciones, venganzas y traiciones. Ese cártel —responsable en la década pasada del tráfico de 30% de la cocaína que se vende en el mercado estadunidense— estuvo encabezado por Osiel Cárdenas Guillén, quien heredó el control luego de la detención de Juan García Ábrego en enero de 1996 y de haber asesinado al Chava Gómez a mediados de 1999. Su campo de acción abarcaba no solamente el tráfico de drogas, sino que también controlaba a los llamados polleros, contrabando de armas y joyas, centros de consumo de enervantes y de prostitución, robo de vehículos y hasta el ambulantaje.

Mediante el Gordo Mata y el Goyo Sauceda cobraba cuotas de "derecho de piso" a narcos menores. De hecho, la franja fronteriza tamaulipeca estaba bajo su control. La historia de Osiel Cárdenas Guillén está llena de traiciones, venganzas y una buena dosis de astucia que le permitieron convertirse en uno de los capos más peligrosos e influyentes de la nueva camada de narcotraficantes.

Casado con Celia Salinas Aguilar y padre de tres hijos (Celia, Osiel y Grecia Cárdenas Salinas), Osiel tenía bajo sus órdenes a 14 exmilitares del Grupo Aeromóvil de Fuerzas Especiales (GAFE) que inicialmente fueron comisionados por el secretario de la Defensa Nacional para coordinarse con las tareas de la Fiscalía Especializada para la Atención de Delitos contra la Salud (FEADS) de la Procuraduría General de la República (PGR) en la lucha contra el tráfico de drogas.

De hecho, esos exmilitares representaban la fuerza operativa de cártel del Golfo. El Centro de Inteligencia Antinarcóticos (Cian) de la Secretaría de la Defensa posee en sus archivos los nombres, datos personales y confidenciales de los 14 elementos. Uno de ellos es Arturo Guzmán Decena, identificado como Z-1.

Desde 1998 la Secretaría de la Defensa (Sedena), mediante la Sección Séptima (s-7), fortaleció su área dedicada al combate a las drogas. En 1994 la Sedena contaba con cuatro grupos GAFE y en 1998 tenía 70 grupos aeromóviles, como el que participó en la detención de Benjamín Arellano Félix. En febrero de 2000 el número ascendió a 124. Hábil negociador y conocedor de la enorme importancia de los medios de comunicación, a mediados de 2001 Osiel Cárdenas, mediante su abogado Juan Guerrero Chapa, filtró a varios diarios de circulación nacional información sobre la existencia del cártel de Monterrey y se hacía especial referencia a sus competidores en el mercado, los presuntos narcos Edelio López Falcón, el Yeyo, conocido también como el Señor de los Caballos, por su afición a los pura sangre; Rolando López Salinas, el Role, y Mario Ramírez, la Gata.

Al parecer, el Yeyo delató a Gilberto García Mena, el June —detenido en abril de 2001—, ante autoridades militares y de la PGR, luego de enterarse de que gatilleros contratados por García Mena fueron los responsables de varias ejecuciones de miembros de su grupo en Tamaulipas. De esta forma, Osiel Cárdenas también pretendía distraer la atención de las autoridades civiles y militares hacia el cártel de Monterrey para que disminuyeran, en cierta medida, los operativos realizados en Tamaulipas. El director de la Unidad Especializada en Delincuencia Organizada (UEDO), José Luis Santiago Vasconcelos, en conferencia de prensa, desmintió poco después que existiera el cártel de Monterrey.

Poder creciente

Capos del cártel del Golfo detenidos en 2002 aseguraron a la UEDO que para asumir la jefatura del cártel de Matamoros, Osiel Cárdenas asesinó, a mediados de 1999, a su jefe Salvador Gómez Herrera, cuando regresaba de Playa Bagdad en Tamaulipas y el mismo Osiel había acudido a recogerlo. Cárdenas mantenía fuertes nexos con capos de Colombia, en particular con lo que queda del cártel de Cali y otros jefes de grupos menores que operan en aquella nación.

La familia Cárdenas Salinas viaja con frecuencia de la frontera tamaulipeca a la zona de Jardines de San Agustín, en el municipio de San Pedro Garza García, Nuevo León, donde fuentes de inteligencia militar detectaron algunas residencias propiedad de Osiel. En esa misma zona también vivía la familia de Benjamín Arellano Félix.

A lo largo de toda la frontera de Tamaulipas, lo mismo en Matamoros que en Reynosa, en Díaz Ordaz, Camargo, Miguel Alemán y en Ciudad Mier, el Gordo Mata y el Goyo Sauceda, lugartenientes de Osiel, se encargaban de cobrar el "derecho de piso" a narcotraficantes menores que pasan cocaína, mariguana y todo tipo de enervantes a Estados Unidos. La única fuerza que podía enfrentárseles, ya que comúnmente actuaban mediante comandos de hasta 50 elementos con armas de alto poder y viajaban en camionetas blindadas, era el Ejército.

Acerca del desempeño del general Luis Roberto Gutiérrez Flores, jefe en 202 de la VIII Zona Militar con sede en Reynosa, el Centro de Estudios Fronterizos y de Promoción de los Derechos Humanos sostuvo que después de su llegada se intensificaron los operativos en los que participaban militares, apoyados con toda una estructura paralela de la Procuraduría General de la República, a través de la UEDO y de la Policía Federal Preventiva.

Sin embargo, Ernesto Sánchez Pérez, agente en turno de la Policía Ministerial de Tamaulipas, comentó: "Vienen el Ejército y la UEDO, detienen a narcos menores, hacen todo un escándalo y sólo calientan la plaza, porque después de que se marchan, los capos recrudecen sus acciones contra la Policía Ministerial del estado y los mismos agentes de la Agencia Federal de Investigación, antes Policía Judicial Federal".

La organización de Osiel Cárdenas controlaba también el tráfico de indocumentados y de armas, el contrabando de ropa, la trata de blancas, centros de consumo de enervantes, ambulantaje y robo de vehículos. Fuentes de la UEDO indicaron que a raíz de algunos cateos realizados en la Ciudad de México y en diversas localidades de Tamaulipas durante 2001 y 2002, se comprobó que el cártel del Golfo utiliza un gran número de autos robados, en su mayoría blindados, 15 de los cuales fueron suministrados por una banda de delincuentes del Distrito Federal.

El abogado Francisco Javier Flores Iruegas, defensor del June, asesinado por militares a principios de 2002, llevaba por lo menos una veintena de expedientes relacionados con miembros del cártel del Golfo. Mario Cárdenas Guillén, hermano del jefe del cártel del Golfo, se encontraba en el penal de máxima seguridad de La Palma, en Almoloya, Estado de México. El 29 de mayo de 2000 fue trasladado desde el Cereso II de Matamoros bajo un fuerte dispositivo de seguridad en el que intervinieron 300 efectivos de diversas corporaciones policiales estatales y federales. Enfrentaba una condena de diez años de prisión por delitos contra la salud.

La fuga

En su libro *Narcotráfico y poder*, el periodista Jorge Fernández Menéndez afirma: "El recrudecimiento de la violencia de los últimos tiempos parece tener relación con el creciente protagonismo de grupos de Nuevo Laredo y Reynosa, y su enfrentamiento con los sucesores de Juan García Ábrego, con la fuga de dos de los operadores principales del antiguo cártel del Golfo de una casa de seguridad de la PGR, ubicada en la calle de Cráter en el Pedregal de San Ángel en el Distrito Federal, hecho ocurrido en agosto de 1998".

Agrega: "Ángel Salvador *el Chava* Gómez y Osiel Cárdenas Guillén se fugaron de la casa donde poco antes habían estado arraigadas la esposa y la nuera de Daniel Arizmendi López y que fue propiedad del Güero Palma. Ambos pertenecían al cártel del Golfo; el Chava Gómez era considerado lugarteniente de Juan García Ábrego y su sucesor operativo. Según la PGR, Gómez es responsable de varios homicidios en la lucha por el control de la frontera, entre ellos los de Antonio Ávila, el Comandante, y el de Hugo Baldomer, con quienes se disputó el control de la plaza de Reynosa y Matamoros tras el reacomodo de la organización".

Gómez y Osiel habían sido capturados el 5 de julio de 1998 en el rancho El Refugio, ubicado a 10 kilómetros de Matamoros, y trasladados a la Ciudad de México, donde un juez federal obsequió a la FEADS las órdenes de arraigo judicial correspondientes. Los narcotraficantes pagaron 15 mil dólares a cada uno de los cuatro agentes que los custodiaban y pudieron escaparse por una ventana. Los agentes, además, tardaron varios días en denunciar la fuga.

Los detenidos

Luego de que durante el sexenio salinista el cártel del Golfo gozó de la protección de autoridades civiles y militares, en el sexenio de Fox recibió fuertes golpes. Según datos de la PGR de 2002, cerca de 40 miembros de esa banda se encontraban tras las rejas, mientras que el número de propiedades e inmuebles asegurados oscilaba en alrededor de 40 en los estados de Tamaulipas y Nuevo León.

En la prisión de máxima seguridad de La Palma destacan Gilberto García Mena, detenido a principios de abril de 2001; Baldomero Medina Garza, el Señor de los Tráileres, capturado en enero del mismo año; Zeferino Peña, a mediados de enero de 2002; Mario Cárdenas Guillén, el hermano de Osiel; Rubén Sauceda, el Cacahuate, quien es considerado por la PGR y la Sedena como el cerebro financiero de la organización, también aprehendido a mediados de enero de 2002.

La prisión, suya

◆

Ricardo Ravelo

La guerra que libran los cárteles del Golfo y de Sinaloa por el control absoluto de las rutas de trasiego no sólo se circunscribe a la frontera norte. El plan de acción de Osiel Cárdenas Guillén y Benjamín Arellano Félix —rivales de Joaquín *el Chapo* Guzmán— incluía dos objetivos: el debilitamiento del sistema de seguridad del penal de La Palma, así como la infiltración y el desprestigio de las instituciones responsables del combate al crimen organizado.

Parte de este plan fue detallado en 2005 por el entonces titular de la Subprocuraduría de Investigación Especializada en Delincuencia Organizada (SIEDO), José Luis Santiago Vasconcelos, quien explicó que, según información encontrada en diversos cateos realizados en casas de seguridad localizadas en el Estado de México —particularmente en el municipio de Metepec, donde se asientan familiares de los capos presos en La Palma— la última fase del proyecto incluía la fuga de Osiel Cárdenas y Benjamín Arellano, que sería organizada a mediados de 2004 por los Zetas.

La estrategia la diseñó Carlos Rosales, el Carlitos, antiguo socio de los hermanos Valencia y principal operador de Cárdenas Guillén en Michoacán. El Carlitos, preso en La Palma, fue quien planeó y ejecutó el asalto al penal de Apatzingán, donde los Zetas liberaron a varios miembros del cártel del Golfo. Tras esta acción, Rosales recibió instrucciones de Osiel Cárdenas e inició la preparación de la siguiente embestida: el asalto a La Palma. El plan llevó varios meses, detalló Vasconcelos, pues preveía acciones tanto en el interior del penal como en el exterior.

Adentro, Cárdenas y Arellano desestabilizaron el funcionamiento del penal y mediante una bien organizada red de operadores —la mayor parte integrada por custodios y funcionarios de la prisión—, obtuvieron libertades y privilegios: Osiel disponía de teléfonos Nextel con radiolocalizador, cuya señal no podía ser intervenida entonces, mediante los cuales daba órdenes sobre los movimientos de droga, el pago a proveedores y, por el mismo canal, recibía información sobre los resultados obtenidos y la marcha del cártel.

Uno de sus principales contactos era su sobrino, José Alfredo Cárdenas Martínez, con quien coordinaba acciones de tráfico de droga y lavado de dinero vía telefónica. Con él operaban Pablo Hernández Muñiz, el Negro, y Lucía Ibarra Salinas —actualmente presos en Puente Grande, Jalisco—, quienes se hacían cargo del pago de una parte de la nómina de la organización. La PGR logró detectar esas acciones tras interceptar sus conversaciones telefónicas. El grupo fue detenido en una residencia ubicada en Metepec, Estado de México.

La libertad de la que gozaba Osiel Cárdenas en La Palma le permitía el lujo de hacer donativos a la iglesia católica: en abril de 2004 habló por teléfono con el padre Carlos Aguilera de la iglesia de Piedras Negras, Coahuila, para indicarle que estuviera atento a la llegada de un tráiler con despensas para los damnificados por las inundaciones. Al mismo tiempo, el capo continuaba con su plan de fuga.

Santiago Vasconcelos aseguró que, paralelamente, Cárdenas Guillén emprendió una campaña desestabilizadora de las instituciones responsables de combatir al crimen organizado mediante huelgas de hambre, protestas ante la Comisión Nacional de los Derechos Humanos y llamadas telefónicas en las que lanzó acusaciones y amenazas, de las que ni siquiera el mismo funcionario escapó, pues fue acusado públicamente de presionar al narcotraficante para que incriminara al exgobernador de Tamaulipas, Tomás Yarrington. "Me estaban llevando al cadalso", dijo Vasconcelos al relatar esta "campaña de desprestigio".

Mientras tanto, el plan de la fuga seguía adelante. De acuerdo con Vasconcelos, se organizaría así: una parte del grupo armado los Zetas fue concentrado en Michoacán bajo el mando de Rosales, quien sometió a un riguroso entrenamiento al equipo en el rancho La Tupitina, localizado en la costa michoacana. En ese predio, dotado de campo de tiro, se comprobó la existencia de armas de alto poder. Meses antes ahí se habían concentrado los Zetas para perpetrar el asalto al penal de Apatzingán.

Pero la toma de La Palma requería una mejor estrategia y preparación, lo que llevaría varios meses para permitir que los sistemas de seguridad y la capacidad de respuesta del personal del penal estuvieran deprimidos y bajo el control de Osiel Cárdenas. Vasconcelos señaló que el plan de fuga se frustró gracias a la detención de varias personas relacionadas con Cárdenas Guillén que operaban en una casa de seguridad ubicada en Metepec y que tenían a su cargo un laboratorio de refinamiento de cocaína que funcionaba en Las Lomas de Chapultepec, cuyo descubrimiento permitió conocer todos los pormenores del plan de escape.

"Se detectó que había un descontrol terrible en el interior de La Palma, pero supimos que ésa era precisamente la tarea que tenían que hacer Osiel y Benjamín Arellano. Rosales era el jefe de la operación de fuga, pero todo se frustró porque miembros del Ejército recibieron información, proveniente de lugareños de Michoacán, de que en el rancho La Tupitina había gente armada. Va el Ejército y detiene a varias personas, muchas de ellas vestían ropa negra, como de guerrilleros. Eso fue lo que le llamó la atención a la gente", detalló Vasconcelos.

Extraoficialmente se sabe que el grupo armado disponía de un plano del interior del penal y conocía rutas y accesos; el número de aduanas que tenían que cruzar y hasta la decodificación de las puertas de seguridad por donde debían pasar para llegar al área de máxima seguridad donde estaban Osiel Cárdenas y Benjamín Arellano. Toda esta información, de acuerdo con las investigaciones, habría sido proporcionada por el personal que trabaja en el penal.

Cacería de "narcoabogados"

La PGR, la Secretaría de la Defensa Nacional y la Secretaría de Seguridad Pública (SSP) federal pudieron detectar y desactivar el plan de fuga organizado por Osiel Cárdenas, pero no pudieron impedir la corrupción y la descomposición que el capo logró y puso en práctica casi desde su encarcelamiento, en marzo de 2003. El debilitamiento de los sistemas de seguridad de La Palma se concretó cuando Osiel Cárdenas y Benjamín Arellano Félix presuntamente establecieron una alianza para reforzar sus acciones y emprender la guerra contra el cártel de Sinaloa, encabezado por Joaquín *el Chapo* Guzmán.

Ya con la red de custodios a su servicio, empezaron los crímenes dentro y fuera del penal. La primera víctima en el interior de la cárcel fue Alberto Soberanes Ramos, exlugarteniente de Guzmán Loera. Soberanes, quien era responsable de una célula del cártel de Sinaloa que operaba en Cuautitlán Izcalli, fue estrangulado en mayo de 2004 con un alambre en uno de los baños de la prisión, a plena luz del día y sin que nadie, aparentemente, se diera cuenta. Las investigaciones revelaron que ese crimen fue una venganza de Cárdenas y Arellano; una de las primeras cuentas que cobraba el grupo, que ya tenía pleno dominio del penal.

El comisionado en turno del Órgano Administrativo Desconcentrado de Prevención y Readaptación Social de la SSP federal, Carlos Tornero Díaz —al que se le sometió a investigación por corrupción en La Palma y se le exoneró por falta de pruebas—, reconoció (*Proceso* 1437): "De acuerdo con lo que conocemos del penal de La Palma, ese crimen revela que no hay más causa que una falla en los sistemas de seguridad, porque los internos generalmente son acompañados al baño".

Meses después el funcionario vaticinó: "El penal de La Palma es una bomba de tiempo". Y no transcurrió mucho tiempo antes de que su advertencia se cumpliera: en septiembre de 2004 fue ejecutado, dentro del penal, otro narcotraficante ligado a Guzmán Loera: Miguel Ángel Beltrán Lugo, el Ceja Güera. Y el 31 de diciembre de ese año, pocas horas antes del festejo de fin de año, fue muerto a balazos Arturo Guzmán Loera, el Pollo, hermano del Chapo, cuando dialogaba con su abogado en uno de los locutorios. El asesino confeso, José Ramírez Villanueva, quien pertenece al cártel de Tijuana, declaró que la pistola utilizada "me la dejaron en el baño".

En septiembre de 2004, la Presidencia de la República había girado instrucciones a Ramón Martín Huerta para reubicar a Arturo Guzmán, luego de que su esposa, Laura Álvarez Beltrán, le había hecho esta petición a las autoridades, pues temía por la seguridad de su esposo tras la ejecución en Culiacán de Rodolfo Carrillo Fuentes. Tras el crimen fue removido como director del penal de La Palma Guillermo Montoya Salazar, quien había asumido el cargo en junio de 2004.

Los hechos revelaban la descomposición del penal de La Palma, pues además de las venganzas externas, la guerra continuaba dentro de la prisión de máxima seguridad: hasta octubre de 2004, la Procuraduría General de Justicia del Estado de México había contabilizado 12 asesinatos dentro de la cárcel (*Proceso* 1460). Incluso, altos funcionarios del mismo penal fueron asesinados y sus muertes permanecieron impunes. Es el caso del exdirector y artífice del proyecto de Almoloya, Juan Pablo de Tavira y Noriega, quien fue director de esa prisión de noviembre de 1991 a mayo de 1994 y fue ejecutado el 21 de noviembre de 2000 en Pachuca, Hidalgo. Luego se supo que De Tavira le había presentado al presidente electo, Vicente Fox, un programa de reestructuración penitenciaria para reforzar la seguridad en las cárceles federales.

En los alrededores de La Palma se han perpetrado otros crímenes contra funcionarios del penal y han permitido que los gatilleros del narcotráfico realicen una cacería de abogados defensores de los capos. La matanza de los "narcoabogados" en las afueras de La Palma empezó en junio de 2000. Uno de los primeros muertos fue Eugenio Zafra García, defensor de Arturo Kitty Páez; Ismael Higuera Guerrero, el Mayel, y Jesús *Chuy* Labra, todos ellos miembros del cártel de Tijuana. Un año después asesinaron a Karla Andrea Rico Fonseca, nieta de Ernesto Fonseca Carrillo, don Neto.

El 17 de diciembre de 2003 ejecutaron de un tiro en la cabeza a Noé Hernández Flores, quien se desempeñaba como director técnico del Cefereso. El homicida, identificado como Fernando Peña Reynoso, lo persiguió y le dio alcance cerca de la Unidad de la Policía de Toluca, en donde le disparó. Meses antes, cuando entraba al Cefereso para encontrarse con su cliente, ráfagas de metralletas acabaron con la vida de Francisco Flores Iruegas, abogado del narcotraficante Gilberto García Mena, el June, el segundo de a bordo de Osiel Cárdenas.

Las investigaciones de la PGR señalan que el defensor de García Mena estaba involucrado en delitos contra la salud y que también cumplía funciones de "correo" y operaba con recursos de la organización. En enero de 2004, presuntamente por sus relaciones con el narcotráfico, fueron asesinados dos agentes de la AFI y un militar en la carretera México-Toluca. Rigoberto Morales López, capitán de Infantería del Ejército, recibió tres balazos en la cabeza, mientras que los policías federales César Rafael Gomero López y Jorge Eduardo Madrigales recibieron ocho impactos cada uno. El triple homicidio se le atribuyó a Joaquín *el Chapo* Guzmán.

Recuperar los penales

Con base en todos estos antecedentes, en agosto de 2004 el nuevo secretario de Seguridad Pública, Ramón Martín Huerta, se dio a la tarea de reforzar los sistemas de seguridad de los penales federales. Una de sus primeras acciones fue separar a los capos rivales: cientos de narcotraficantes, entre los que figuraban varios de la llamada vieja guardia, como Rafael Caro Quintero, fueron trasladados a los penales de Matamoros y Puente Grande. La medida pretendía detener la violencia interna.

Buena parte de los funcionarios de los penales federales fueron separados de sus cargos y sometidos a investigación ante el relajamiento de la disciplina en los Cefereso. La seguridad estaba tan minada que el entonces procurador general de la República, Rafael Macedo de la Concha, declaró a mediados de ese año que aún se investigaba cuándo y cómo se había fracturado la disciplina en los Cefereso, en particular en La Palma. La descomposición también obligó a realizar cambios: la dirección de La Palma fue ocupada en enero de 2004 por Mario Balderas, en tanto que Ramón Martín Huerta trabajaba en estrecha colaboración con Miguel Ángel Yunes Linares y José Luis Lagunas.

El proyecto, en el que también participaba la Policía Federal Preventiva, incluyó el relevo de toda la red de custodios y celadores de los penales de máxima seguridad. La razón, según la SSP, era que se habían convertido en cerco protector del narcotráfico, pues los informes revelaron que buena parte de ellos operaba como "correos" y tuvieron que ver con la introducción de armas y teléfonos celulares en los penales.

En febrero de ese año, Ramón Martín Huerta y su equipo se dieron a la tarea de seleccionar y capacitar a los integrantes del primer Grupo de

Fuerza de Seguridad Penitenciaria —elegidos de entre 25 mil aspirantes— que se haría cargo de la seguridad en los penales La Palma, Puente Grande y Matamoros. El grupo de élite fue capacitado en técnicas de manejo de internos, normas legales y reglamentarias, medidas disciplinarias y derechos humanos. El objetivo de esa nueva fuerza de protección era erradicar las prácticas de corrupción mediante la aplicación de valores como ética y honestidad.

De acuerdo con Yunes, en respuesta a una pregunta de *Proceso*, "sus integrantes fueron capacitados por elementos de la Academia Nacional de Seguridad Pública en diversas instalaciones de la PFP y en el propio Cefereso 1. Son 270 elementos. Ya entraron en operación". Precisamente, el día que murió, el 21 de septiembre de 2005, Ramón Martín Huerta volaba para encabezar en La Palma el acto de toma de posesión.

El expediente

◆

J. Jesús Esquivel

En cuanto consiguió la extradición de 15 criminales mexicanos que le cedió el gobierno de Felipe Calderón Hinojosa —entre ellos varios capos del narcotráfico—, Washington liberó los encausamientos judiciales que mantenía sellados contra cada uno de ellos para garantizar que todos fueran sentenciados a largas condenas que, de acuerdo con los expertos, muy probablemente se reducirán a una: cadena perpetua.

De este modo, a diferencia de lo que ocurre en los penales de alta seguridad de México, donde la corrupción del sistema permite que los narcos operen como si estuvieran libres o que de plano se fuguen, el gobierno estadunidense se apresta a demostrar que su sistema penitenciario es una especie de tumba en vida para todos los criminales de "alta peligrosidad". Y así quedaron catalogados, después de su extradición, Osiel Cárdenas Guillén, Gilberto Higuera Guerrero, Ismael Higuera Guerrero, Héctor Palma Salazar, Gilberto Salinas Doria o Gilberto Garza García, José Alberto Márquez Esqueda o Francisco Javier Moreno Molina, y Miguel Ángel Arriola Márquez, entre otros, luego de que el gobierno de México se los entregó al estadunidense con la única condición de que, conforme al Tratado de Extradición, no se les aplique la pena de muerte.

Distribuidos entre varias cortes federales de Texas, Colorado, Distrito Sur de California y Distrito Sur de Nueva York, los capos mexicanos están acusados de diversos delitos cometidos en territorio estadunidense, como asesinato, conspiración para asesinar y las amenazas de muerte a agentes federales; lavado de dinero; importación, almacenamiento, transporte y distribución de drogas prohibidas; falsificación de documentos, y fraude.

De 21 páginas, el encausamiento judicial contra Osiel Cárdenas Guillén (alias el Mata Amigos, el Ingeniero, el Señor, Noventa y Uno o el Fantasma), cuya copia se halla en poder del semanario *Proceso*, fue abierto el 1 de febrero de 2007 en la Corte Federal del Distrito Sur de Texas (Houston) y describe con detalle los 17 cargos que el Departamento de Justicia le imputa al líder del cártel del Golfo.

El expediente criminal de Cárdenas Guillén establece 13 acusaciones de transporte, almacenamiento y distribución de 1,587 kilos de cocaína y de poco más de dos toneladas de mariguana entre noviembre de 1998 y agosto de 2001, así como de haber obtenido ganancias superiores a los 300 millones de dólares con el negocio de las drogas. A él y a varios de sus operadores se les imputa, asimismo, el manejo de varias células de tráfico de narcóticos en ciudades como Brownsville, Houston y Weslaco, en Texas, así como de otras en Chicago, Illinois, y Atlanta, Georgia. "Los miembros de esta empresa criminal codificaron sus comunicaciones verbales y escritas para cometer los delitos y evadir a las agencias de la justicia", sostiene el encausamiento.

Uno de los objetivos de Cárdenas Guillén, apunta el documento, "era obtener información y protección para su organización criminal por parte de miembros de las agencias de la aplicación de la ley del gobierno de México, a cambio de dinero o regalos provenientes de las ganancias de la venta de narcóticos". El cargo número 14 establece que el 9 de junio de 1998 Cárdenas Guillén amenazó al policía Abraham Rodríguez, agente de la Oficina del Sheriff del condado de Cameron, Texas, a quien le dijo que lo mataría junto con los miembros de su familia por no cooperar con el cártel del Golfo.

Los cargos números 15 y 16, fechados ese mismo 9 de junio, señalan que amenazó de muerte y apuntó con arma de fuego al agente de la DEA Joe Dubois, así como al agente especial del FBI Daniel Fuentes, quienes se encontraban en el mismo lugar con Abraham Rodríguez. Y la última acusación, la número 17, da cuenta de una serie de operaciones de lavado de dinero realizadas en Texas, Illinois y Atlanta, entre junio de 1998 y agosto de 2001.

El encausamiento refiere igualmente que el 14 de enero de 1999 el acusado ofreció 1,400 dólares al policía Abraham Rodríguez como pago por llevar una carga de mariguana de Brownsville a Houston, y que el 9 de junio del mismo año "participó en una conversación telefónica" con otros miembros del cártel para arreglar la entrega de 850 kilos de mariguana en Houston. Además, el 20 de mayo de 2000, cerca de la ciudad de Chicago, se arrestó a un "cargador" del cártel del Golfo que llevaba un millón de dólares en efectivo que debía entregar en México a Cárdenas Guillén.

Al acusado se le imputa igualmente haber tenido una casa de seguridad para operaciones de distribución de drogas y dinero en la unidad de casas dúplex número 3009 de la sección 2700 de Pine Tree Drive, en la ciudad de Atlanta, y haber almacenado 750 kilos de cocaína en otra casa de seguridad ubicada en el número 750 de la calle Suwannee Lake Circle, en Suwannee, Georgia. En la casa dúplex las autoridades estadunidenses confiscaron 3'100,000 dólares en efectivo el 8 de junio de 2001, y en la de Suwannee, 900 mil dólares en efectivo, el 10 de agosto de 2001.

El 18 de septiembre de 2001, añade el documento, se arrestó a una persona en la zona del Valle de Río Grande, Texas, que portaba 2'391,000 dólares en efectivo para entregarlos en México a Cárdenas Guillén, como resultado de la venta de drogas en varios puntos del estado de Texas.

Ezequiel Cárdenas Guillén, Tony Tormenta

La cacería

◆

Ricardo Ravelo

E ra tan poderoso y sanguinario como su hermano Osiel —el antiguo líder del cártel del Golfo— y se daba el lujo de protagonizar balaceras y matanzas dentro y fuera de Tamaulipas sin que ninguna autoridad lo pudiera detener. Se trata de Antonio Ezequiel Cárdenas Guillén, a quien sus allegados llaman Tony Tormenta. Con frecuencia se le veía en lugares públicos de Reynosa, Ciudad Victoria, Matamoros y otras localidades tamaulipecas, rodeado de policías estatales y municipales, cuyos mandos se mantenían leales a su organización criminal, una de las más longevas en el país, pues se formó hace más de 50 años.

Tras la captura de Osiel, el 14 de marzo de 2003, Ezequiel se quedó a la deriva, aunque siguió operando cobijado por los uniformados y gatilleros que permanecieron en el cártel del Golfo hasta que Eduardo Costilla, el Coss, llegó a la cúspide. Junto con Costilla —quien en sus inicios fue policía ministerial en Matamoros— y Heriberto Lazcano Lazcano, el Lazca, líder del grupo armado de los Zetas, Ezequiel formó la tríada de narcotraficantes que constituían "una amenaza para la seguridad nacional" de Estados Unidos, según la ficha criminal de la Drug Enforcement Administration (DEA).

De acuerdo con ese documento, Ezequiel traficaba con mariguana, cocaína y drogas sintéticas, y precisamente por ser un narcotraficante "peligroso y sanguinario", en 2009 la DEA puso precio a su cabeza: ofreció una recompensa de 5 millones de dólares a quien aportara información que permitiera su captura. En México la PGR lo incluyó en su lista de los delincuentes más buscados. La dependencia lo comparó también con el Coss, el Lazca y otros capos del cártel del Golfo, como Gregorio Sauceda Gamboa, don Goyo, y ofreció una recompensa de 30 millones de pesos por cada uno.

Agentes de la DEA que le siguieron los pasos durante una década aseguraron que Ezequiel se ocultaba en Tamaulipas, donde lo protegían agentes policiacos, viejos aliados del cártel. Además, según la agencia antidrogas de Estados Unidos, altos funcionarios lo cuidaban por encargo de su hermano Osiel, quien en 2007 fue extraditado a ese país, donde purga una condena.

Antonio Ezequiel Cárdenas Guillén nació el 5 de marzo de 1962 en el rancho El Mezquital, el mismo donde nació su hermano Osiel. La propiedad se localiza cerca de Matamoros, Tamaulipas. En su ficha, la DEA lo describió como una persona de seis pies de estatura (1.83 metros) y 215 libras de peso (poco más de 93 kilogramos).

En una de las pocas fotografías de Ezequiel que se conocen, aparece con bigote ralo, nariz prominente y redonda como su cara, dura su mirada. Viste una playera con rayas horizontales y de su cuello grueso pende una cadena. Su pelo es ensortijado, tan abundante como sus arqueadas cejas.

Ezequiel fue uno de los cinco hijos que procreó el matrimonio Cárdenas Guillén. Los demás son Osiel, Mario y Homero Cárdenas, así como dos mujeres: Lidia, y otra cuyo nombre se desconoce. En julio de 2009, Lanny A. Brauer, procurador general asistente de Estados Unidos, informó que Ezequiel Cárdenas y capos como el Coss, el Lazca y Miguel Ángel Treviño Morales, operador de Lazcano en Nuevo León, eran considerados "criminales peligrosos" por las autoridades de ese país.

Cuando su hermano Osiel dirigía el cártel del Golfo, Ezequiel ocupaba el tercer puesto en la organización. Luego fue el segundo, después del Coss, aunque en medio de ambos había un gatillero a quien la PGR y la DEA identifican como el Gringo e incluso acusan de tráfico de drogas y lavado de dinero. También es sospechoso del asesinato, a finales de junio de 2010, de Rodolfo Torre Cantú, candidato del PRI al gobierno de Tamaulipas.

Expediente criminal

Luego de la caída de Osiel en 2003 y de la ruptura de los Zetas con el cártel del Golfo, Ezequiel Cárdenas comenzó a tener relevancia, por lo que en Estados Unidos las autoridades lo consideraban ya un delincuente peligroso. Su nombre se menciona incluso en un voluminoso expediente —el 2009R01080/OCDETF/NYNYE-613—, radicado en la Corte Federal de Nueva York. En él se incluye un diagnóstico detallado sobre el poder de los Zetas y sus cabezas principales: el Lazca y Treviño Morales.

La ficha relativa al grupo que en sus inicios fue el brazo armado de los hermanos Osiel y Ezequiel Cárdenas, dice: "Los Zetas son un grupo criminal desalmado que, además de traficar con drogas, se dedica al asesinato, secuestro y tortura de personas tanto en México como en Estados Unidos". Mientras que de Treviño Morales, antiguo socio de Ezequiel Cárdenas, el documento apunta: "[...] Es tal vez el criminal más sanguinario de México, y por eso se abrió una causa judicial especial contra él en Nueva York. En los estados de Texas y California están en marcha otros procedimientos en su contra".

Para la DEA y la PGR, Ezequiel —quien solía cambiar su nombre por el de Marcos Ledesma y le gustaba que le llamaran Tony Tormenta o el Licenciado— era quien facilitaba la planificación, supervisión y dirección del tráfico de drogas y las actividades de recolección de dinero para el cártel del Golfo en Matamoros. En 2005, dos años después de la captura de Osiel, Ezequiel Cárdenas estaba al frente de la plaza de Matamoros, su bastión. Luego se encaminó a Guerrero, donde quiso tomar la plaza que estaba bajo el dominio de los hermanos Beltrán Leyva, hoy casi borrados del mapa criminal.

Tony Tormenta penetró la estructura policiaca de Acapulco con el apoyo de los Zetas, quienes hicieron su aparición en el puerto guerrerense y dieron muerte al policía ministerial Julio Carlos López Soto el 2 de agosto de ese año. Su ejecución se debió a sus presuntos arreglos con los hermanos Beltrán Leyva, quienes en esa época eran protectores y socios de Joaquín Guzmán Loera, el Chapo.

Pedro Noel Villena Aguilar, el escolta de López Soto que fue secuestrado y torturado por los sicarios del cártel del Golfo en ese operativo y liberado poco después, declaró a la PGR que una persona que se identificó como Tony Tormenta le dijo durante el cautiverio que los Zetas iban a cometer más asesinatos en Guerrero. Según Villena Aguilar, quien conocía todos los movimientos del policía ejecutado, éste recibió medio millón de dólares de los Beltrán Leyva para que los dejara trabajar en Guerrero; también contó que el hermano de Osiel Cárdenas le dijo que habían llegado 120 zetas. Su misión, le comentó a Villena, era disputar la plaza, e incluso lo liberó para que difundiera en los medios de comunicación de esa entidad el siguiente mensaje:

"[Le voy] a rajar la madre a todos los Pelones [brazo armado del cártel de Sinaloa] y a todos los que tomaron parte de la repartición del medio millón de dólares que le dieron a Julio [López Soto], el subdirector, y que reciban un saludo del señor Goyo Sauceda; que este sujeto es también conocido como el Caramuela y es jefe de la plaza de Nuevo Laredo, Tamaulipas".

Por esas fechas, aún desde la cárcel del Altiplano, en el Estado de México, Osiel Cárdenas seguía dirigiendo el cártel del Golfo. Al capo se le relacionó incluso con el homicidio de Arturo Guzmán Loera, el Pollo, hermano de su rival, el Chapo, en diciembre de 2005 en el mismo penal mexiquense. Osiel llevaba meses planeando una fuga, para lo cual contaba con el apoyo de su hermano Ezequiel y de los Zetas, pero la estrategia falló, por lo que él mismo decidió acelerar su extradición a Estados Unidos, que se realizó el 19 de enero de 2007.

Cuando Osiel fue neutralizado, Ezequiel Cárdenas empezó a luchar por la jefatura del cártel del Golfo. Casi lo logra. Controlaba ya las casas de seguridad y los escondites de su hermano en Tamaulipas, entre otros Punto Roma, Bomberos, Romy, Doctor (o Punto Medicina), Punto Litro 1 y 2, Punto Elefante y Punto Alacrán. Y, según datos confirmados por la PGR, en Nuevo León se veía con frecuencia a Ezequiel en otras propiedades de su hermano Osiel: Casa Country, localizada en el municipio de San Pedro Garza García, y el rancho Las Amarillas, en China; también en La Trementina, en Tomatlán, Jalisco.

Los viejos amigos

En 1998 Osiel Cárdenas y Salvador Gómez Herrera, el Chava, fueron detenidos en Matamoros por un grupo de militares. Las autoridades no los consideraron peligrosos, a pesar de que en Estados Unidos había varios expedientes en su contra en los que se les acusaba de tráfico de drogas. Fueron trasladados a las instalaciones de la PGR en la Ciudad de México, donde debían permanecer 90 días bajo arraigo. Pero Osiel y el Chava se las ingeniaron para cooptar a sus custodios, con quienes se emborrachaban y organizaban reuniones a las que invitaban mujeres que eran introducidas por los agentes federales, a quienes también les suministraban cocaína para su consumo personal.

Llevaban menos de dos semanas cuando comenzaron a preparar la huida. Uno de los asistentes de Osiel, al que la PGR identifica como Rufino, relató la forma en que se fugó el capo: "[Osiel y el Chava] contrataron varias putas, las sacaron de un burdel allá por Tlalpan, otras las fueron a buscar a una casa de citas de Santa Fe. Eran como cinco viejas, muy buenas todas, las que llevaron a la casa de arraigo para que la pasaran bien los policías. Osiel les puso un plato hasta la madre de coca y les dio un billete para sus gastos. Los custodios comenzaron su desmadre con las mujeres y se pusieron hasta la madre de droga. Cuando Osiel se fugó de la casa junto con el Chava Gómez, esos pinches policías estaban perdidos de alcohol y de coca. Osiel pasó por sus narices y les valió madre, ni se dieron cuenta de lo que estaba pasando. Osiel y el Chava se subieron a un carro y se perdieron".

El 21 de septiembre de 2010 varios medios de comunicación informaron, con base en datos proporcionados por la PGR, que Ezequiel Cárdenas Guillén presuntamente había sido detenido en Matamoros, Tamaulipas, durante un enfrentamiento entre sicarios y militares ocurrido días antes. De acuerdo con esas versiones, la tarde del 18 de septiembre hubo una balacera que se prolongó cuatro horas en un inmueble de las calles Londres y

Ciudad de México 31, en el fraccionamiento Del Río, en Matamoros, donde el capo se atrincheró. En la averiguación previa PGR/TAMS/MAT/III/2466/2010 se narra que "extraoficialmente se tuvo conocimiento de lo siguiente: que en el interior de un inmueble dañado se encontraba uno de los líderes del cártel del Golfo, conocido como Tony Tormenta, a quien no capturaron".

Además, se asienta en el escrito, que en medio de la balacera que se desató entre narcos y las Fuerzas Armadas, la Marina solicitó el apoyo de la PGR para dar fe del lugar de los acontecimientos ocurridos en el fraccionamiento Del Río, al que llegaron agentes del Ministerio Público del fuero común y peritos estatales.

En la inspección ministerial la PGR precisó que el inmueble, donde supuestamente estuvo Tony Tormenta, es una residencia de dos pisos pintada de verde con vistas de color beige, una reja de protección negra en la parte frontal, ventanas quebradas y orificios de arma de fuego.

Durante la inspección se hallaron varios vehículos y camionetas blindadas, todos con placas de Tamaulipas. La casa era uno de los refugios de Ezequiel Cárdenas y, según la dependencia, estuvo rodeada por marinos, soldados y policías el día de la balacera durante varias horas. Aun así, Ezequiel Cárdenas escapó sin dejar rastro. Algunos testigos que pidieron el anonimato aseguran que el capo salió caminando y no fue molestado por ninguno de los uniformados.

Hasta aquí llegó...

Ricardo Ravelo

T ras seis horas de combates en las calles de Matamoros, Tamaulipas, murió el capo Antonio Ezequiel Cárdenas Guillén, Tony Tormenta, quien encabezaba el cártel del Golfo junto con Eduardo Costilla Sánchez, el Coss. Desde hacía semanas el Ejército y la Marina le seguían los pasos a Cárdenas y a otros jefes del cártel del Golfo, entre ellos a Gregorio Sauceda Gamboa, don Goyo, miembros de una generación de capos que hace dos sexenios se encumbró en el negocio del narcotráfico con el respaldo de políticos y policías de Tamaulipas.

Ezequiel Cárdenas era hermano del narcotraficante Osiel Cárdenas Guillén, detenido en marzo de 2003 y extraditado a Estados Unidos en noviembre de 2007. La caída de Osiel, como ahora se demuestra, no significó la desarticulación del cártel del Golfo, pues el grupo criminal logró reposicionarse hasta extender sus dominios a una veintena de estados. Luego de la captura de Osiel, Ezequiel tomó el mando de la organización que opera con la protección de la policía de Tamaulipas y que está enfrentada a otro cártel: los Zetas, quienes en 2008 se desligaron del grupo criminal que los hizo nacer en 1997.

El nombre de Ezequiel Cárdenas aparece mencionado en el expediente 2009R01080/OCDETF/NYNYE-613; se le señala como un capo violento, sanguinario, que tiene una amplia red de contactos en territorio estadunidense para trasegar la droga del cártel del Golfo.

La DEA lo consideraba uno de los capos más beligerantes del narcotráfico mexicano, del mismo perfil de su hermano Osiel Cárdenas, el Mata Amigos, quien solía decapitar o enterrar vivas a sus víctimas. Tan alto era el perfil criminal de Ezequiel Cárdenas que la PGR lo incluyó en la lista de los 26 más buscados: ofrecía 30 millones de pesos para quien aportara información que llevara a su captura.

Huidizo como Osiel, Ezequiel Cárdenas salió airoso de varias balaceras y persecuciones en Tamaulipas, Veracruz y Tabasco, su principal corredor de operaciones. La Marina y el Ejército lo buscaban desde hacía meses, pero de todos los operativos escapaba pues recibía información oportuna de la policía estatal.

El 21 de septiembre de 2010 varios medios informaron, con base en datos de la PGR, que Ezequiel Cárdenas presuntamente había sido detenido en Matamoros durante un enfrentamiento entre sicarios y militares ocurrido días antes. Según esas versiones, la tarde del 8 de septiembre hubo un tiroteo de cuatro horas en un inmueble del fraccionamiento Del Río, donde el capo se atrincheró. En la averiguación PGR /TAMPS/MAT-III/2466/2010 se narra que "extraoficialmente se tuvo conocimiento de lo siguiente: que en el interior del inmueble dañado se encontraba Tony Tormenta, a quien no capturaron".

El escrito incluye testimonios de quienes presenciaron el tiroteo. Los testigos dicen que Ezequiel Cárdenas salió caminando del inmueble y ningún uniformado le impidió el paso. La tarde del viernes 5 de noviembre del mismo año, el Ejército y la Marina volvieron a la carga. Cientos de efectivos de ambas corporaciones se desplazaron a Tamaulipas para enfrentar al capo y sus sicarios. Una versión extraoficial establece que tanto los militares como los marinos también tienen en la mira a Eduardo Costilla Sánchez, el Coss, a quien se le atribuye la violencia que azota a esa entidad.

Los militares ubicaron a Tony Tormenta mediante la intercepción de sus celulares. Lo rastrearon hasta que, vía satélite, determinaron su posición y hacia ese punto se dirigieron. En una casa donde estaba refugiado comenzó el tiroteo. Otros enfrentamientos a tiros se suscitaron en calles del centro de Matamoros. En la casa de Tony Tormenta se desató una intensa balacera. Los sicarios respondieron con igual capacidad de fuego que las fuerzas gubernamentales, a tal grado que dos marinos murieron en la refriega. Pero la artillería oficial fue letal. Una ráfaga de balas penetró el cuerpo del narcotraficante nacido el 5 de marzo de 1962.

La caída de Ezequiel Cárdenas Guillén no desarticula al cártel del Golfo, cuyo cuerpo directivo se mantiene incólume, así como su red de testaferros y lavadores de dinero. En 2003, tras la captura de Osiel, el entonces secretario de la Defensa, Clemente Vega García, dio a conocer que el cártel del Golfo tenía a su servicio a unas 300 personas. Su función: lavar los activos de la organización. La red de testaferros, entre los que fueron mencionados empresarios de Tamaulipas, sigue siendo investigada por la PGR y la Sedena.

Si bien es un fuerte golpe para el cártel del Golfo —no así para el narcotráfico, que sigue boyante en México—, la muerte de Ezequiel Cárdenas no lo desarticula. Su líder, Eduardo Costilla, el hombre más protegido en Tamaulipas, sigue envuelto en la impunidad.

Jorge Eduardo Costilla, el Coss

El capo sombrío

◆

Ricardo Ravelo

Desde finales de 1996, cuando Osiel Cárdenas Guillén asumió la jefatura del cártel del Golfo, Eduardo Costilla Sánchez tenía un lugar definido en la estructura de esa organización criminal. Conocido como el Coss, fungía ya como el hombre de mayor confianza del capo llamado el Mata Amigos por su proclividad a la traición. Aunque el Coss parecía no tener luz propia, tras la aprehensión de Osiel Cárdenas, en marzo de 2003, se posicionó como el hombre fuerte del segundo cártel de la droga más poderoso en México; el primero es el que lidera Joaquín *el Chapo* Guzmán. Según información de la Procuraduría General de la República (PGR) y de la Secretaría de Seguridad Pública (SSP) proporcionada a finales de 2010, sus dominios se extienden a más de 15 estados de la República.

En Estados Unidos la DEA lo cataloga como el narcotraficante que mayor inestabilidad ha provocado en ese país, a tal punto que desde 2002 el Departamento del Tesoro lo considera una amenaza para la seguridad. En ese año el Tribunal Federal del Distrito sur de Texas, división Brownsville, emitió un "mandamiento de arresto" contra Costilla Sánchez. Los cargos: tráfico de drogas, amenazas, agresiones y asesinatos contra agentes federales estadunidenses, así como lavado de dinero. El Buró Federal de Investigación (FBI, por sus siglas en inglés) lo considera "sumamente peligroso", por lo que ofrece una recompensa de 5 millones de dólares a quien proporcione datos que ayuden a su captura. De manera similar, la PGR informó en marzo de 2009 que existe una bolsa de 30 millones de pesos para quien aporte información sobre su paradero.

De Eduardo Costilla Sánchez, a quien los integrantes de la organización que dirige Identifican con la clave Sombra, casi no se conocen fotografías, pese a su creciente poder en el Golfo de México. La prensa nacional y el Departamento del Tesoro de Estados Unidos han difundido carteles del capo en los que luce un tupido y bien delineado bigote. Duro su rostro, Costilla viste a la usanza norteña, con el típico sombrero de ala ancha que hace resaltar la redondez de su cara.

Una descripción más puntual de su fisonomía la realizó el Departamento de Justicia con base en los detalles aportados en 2010 por un testigo que dice conocerlo. El retrato incluye información de los nombres falsos o apodos que utiliza el capo para ocultar su identidad y evadir a la justicia. Su ficha criminal indica que el líder del cártel del Golfo nació el 1 de agosto de 1971. Tiene ojos color café claro, mide 1.80 metros y, según el documento del Departamento de Justicia, "acostumbra dejarse crecer el bigote y se cree que puede estar escondido en el norte de México", sobre todo en Tamaulipas o en Nuevo León. En ambos estados, de acuerdo con la DEA, Costilla cuenta con la protección de los cuerpos policiacos locales.

A semejanza de lo que hizo su exjefe Osiel Cárdenas en sus años de esplendor, Costilla Sánchez usa nombres falsos. Si Osiel se presentaba como Eduardo Salazar González, a Costilla Sánchez le gusta cambiar su nombre pero no su apellido paterno. Así, suele usar los apelativos de Jorge Costilla o Jorge Costilla Sánchez.

De acuerdo con el FBI, tiene varios apodos, entre ellos el Coss, el Cos, Coss, Costi o Sombra; este último es en realidad la clave con la que lo identifican sus subalternos. En los expedientes 135/97 y 173/97 de la PGR se señala que Costilla Sánchez se dedica al narcotráfico desde la década de 1990, tiempo durante el cual ha participado en el tráfico de cocaína, *crack* y mariguana hacia Estados Unidos. En los últimos años se le identifica como narcoempresario de las llamadas drogas de diseño.

Primeras andanzas

Eduardo Costilla Sánchez y Osiel Cárdenas Guillén están marcados por el mismo sino: ambos se iniciaron en el mundo del narco como vendedores de grapas de cocaína; los dos, también, solían delatar a los narcomenudistas rivales. Esta actividad hizo que pronto se convirtieran en madrinas (soplones) de la Policía Judicial Federal en Tamaulipas.

De 1992 a 1995 el Coss trabajó incluso como policía municipal en Matamoros. Esa corporación era una escuela de criminales y se hizo famosa porque por ella desfilaron figuras del cártel del Golfo como Salvador Gómez Herrera, el Chava; Dionisio Román García, el Chacho; Sergio Gómez, el Checo; Fernando Moreno Martínez y Eloy Treviño. Algunos de ellos murieron; otros están detenidos.

En 1996, tras la caída de Juan García Ábrego, quien fue extraditado a Estados Unidos, Osiel Cárdenas tomó el control del cártel del Golfo. Antes ordenó el asesinato de su principal rival, Salvador Gómez Herrera, el Chava, quien se había convertido en una pesadilla para su proyecto criminal.

En la averiguación previa PGR/SIEDO/UEIDCS/147 /2007, el testigo Rufino, antiguo asistente de Osiel, cuenta la siguiente anécdota, que ubica en una tarde de noviembre de 1997. Cárdenas Guillén se encontraba en su rancho La Trementina, en Tomatlán, Jalisco, luego de haberse sometido a una liposucción y a una cirugía estética. Su médico de confianza, Jorge Ríos Neri, le había quitado la papada y le hizo una fisura en el mentón para que tuviera barba partida. De pronto Osiel tomó el teléfono y llamó a Gómez Herrera... Un mes antes ambos se habían fugado de una casa de la Ciudad de México donde estaban arraigados. Cada uno huyó por su lado para evadir al Ejército y a los agentes federales.

En la conversación, contó el testigo, Chava Gómez preguntó a Osiel si acudiría al bautizo de su hija, que se realizaría en Tuxpan, Veracruz. Según Rufino, él contestó: "No, compadre. No voy a poder asistir porque me acaban de operar de la vesícula y estoy en recuperación". Gómez Herrera le dijo: "Nos vemos en unos días en El Mezquital [rancho ubicado cerca de Matamoros], compadre". Días después, Gómez Herrera acudió al encuentro con Osiel en el rancho mencionado, en los alrededores de Matamoros. Se había trasladado desde Tuxpan en una lancha rápida de su propiedad.

Rufino aseguró que Osiel llegó a la propiedad en una camioneta de lujo. Lo acompañaban Eduardo Costilla y Arturo Guzmán Decena, fundador del grupo armado los Zetas y conocido como el Z-1. Gómez Herrera se subió a la camioneta y comenzó a bromear con ellos. Guzmán se cambió a la parte trasera y Gómez Herrera ocupó el asiento del copiloto. Rufino declaró que otro miembro de la organización le dijo "que cuando iban risa y risa, Guzmán Decena sacó su pistola y se la vació en la cabeza a Salvador Gómez, quien murió al instante". El cuerpo fue tirado cerca del rancho El Mezquital, donde nació Osiel Cárdenas. Cuando las autoridades lo encontraron, estaba en completo estado de putrefacción.

El ascenso

Encumbrado ya como jefe del cártel del Golfo, Osiel Cárdenas nombró como segundo hombre de la organización a su amigo y confidente Jorge Eduardo Costilla Sánchez, el Coss. El primer encargo que le hizo fue que tomara la plaza de Matamoros y que repartiera el territorio tamaulipeco, cuna del cártel del Golfo. Y así lo hizo el Coss. El territorio quedó dividido de la siguiente manera:

Zeferino Peña Cuéllar se afincó en la llamada Frontera Chica, compuesta por los municipios de Ciudad Díaz Ordaz, Camargo, Miguel Alemán, Mier y Nuevo Guerrero; Progreso quedó bajo el control de Juan Carlos Villalobos, agente de la extinta Policía Judicial Federal; Reynosa, en manos de Gregorio Sauceda, el Caramuela; Samuel Flores Borrego, en Ciudad Camargo; Jesús Enrique Rejón Aguilar, Mamito, en Miguel Alemán, y Efraín Torres, desertor del Ejército, en Tampico, donde duró hasta 2008, año en que murió en un tiroteo mientras presenciaba una carrera de caballos en Villarín, Veracruz.

La hegemonía de Osiel Cárdenas sólo duró seis años. En marzo de 2003 fue detenido en Matamoros. Según el relato del testigo protegido, Osiel utilizaba 31 celulares, uno por día, para no ser intervenido. Sin embargo, fue Rufino quien aportó al Ejército la clave para ubicarlo. Elementos de la Secretaría de la Defensa Nacional (Sedena) intervinieron el teléfono de la hija del capo, Celia Marlén, y escucharon una conversación en la cual ella informaba a su padre sobre los detalles de su fiesta de 15 años. Y ese día de marzo, luego del festejo, un comando militar atrapó a Osiel.

En su declaración, Rufino afirmó que después de la fiesta Osiel se durmió, extenuado por el ajetreo. Al amanecer del día siguiente, los militares irrumpieron en la casa de Matamoros. Él solía dormitar siempre con los pantalones puestos, por lo que al darse cuenta del operativo salió corriendo y alcanzó a brincar la barda trasera de la residencia. Al otro lado, en una calle cerrada, lo esperaban los militares.

Eduardo Costilla asumió la jefatura del cártel del Golfo. Se había preparado durante años para ello. Al principio él y los Zetas intentaron rescatar a Osiel del penal de máxima seguridad de La Palma, según reveló una investigación de la PGR. Los sicarios habían sobornado a decenas de custodios y a funcionarios del penal; incluso adquirieron un helicóptero blindado para que Osiel lo abordara. Además, en el rancho La Tupitina, localizado en la costa michoacana, un grupo de zetas preparaba el plan de fuga. Pero todo se frustró tras la detención de varios integrantes del cártel del Golfo en la ciudad de Toluca, Estado de México, involucrados también en el operativo de rescate (*Proceso* 1460).

Con todo, Costilla Sánchez siguió acumulando poder, aun cuando los Zetas se separaron del cártel que él comandaba. La PGR y la DEA aseguran que la división se dio porque al grupo armado le molestó el hecho de que el Coss intentara negociar con el cártel de Sinaloa para terminar con la violencia. Según las averiguaciones previas PGR/SIEDO/UEIDSC/082/2009 y PGR/SIEDO/UEDCS/147/2007, Costilla Sánchez fue una pieza clave para el acercamiento del cártel del Golfo con su par de Sinaloa.

Se entrevistó en varias ocasiones con Ignacio Coronel e Ismael *el Mayo* Zambada. El propósito era sellar una alianza para controlar el tráfico de drogas y conformar un megaconsorcio criminal que pusiera fin a las matanzas, al menos en los territorios dominados por ambos grupos.

Luego de la ruptura con los Zetas, el cártel del Golfo, con el Coss al frente, quedó conformado por los hermanos Héctor Manuel y Gregorio Sauceda Gamboa; Zeferino Peña Cuéllar, don Zefe; Carlos Landín Martínez, el Puma, y por Alfonso Lam Liu. El grupo es muy poderoso, la mayor parte de sus miembros están libres y su estructura permanece intocada.

Bajo el mando de Costilla Sánchez, el cártel del Golfo, fundado por Juan Nepomuceno Guerra, traficante de alcohol, logró una alianza con la Familia Michoacana y el cártel de los hermanos Valencia, cuyo ámbito de operación se circunscribe a Michoacán y a buena parte del Pacífico mexicano. Su acercamiento con el cártel de Sinaloa ha sido frágil, ya que en realidad sólo es una tregua.

Según la PGR y la SSP, el verdadero problema para el Coss son sus antiguos aliados, los Zetas, quienes desataron la violencia en los estados de Tamaulipas y Nuevo León. Los enemigos del capo, aseguran ambas dependencias, son Heriberto Lazcano Lazcano, jefe de los Zetas, y Miguel Ángel Treviño Morales, el Z-40, quien controla la plaza de Nuevo León.

En 2009, la DEA y la PGR identificaron al principal lugarteniente de Jorge Eduardo Costilla Sánchez: el Gringo, quien solamente actúa en Nuevo León y Tamaulipas, donde reside. Su misión es eliminar zetas y está bien conectado con altos mandos militares. Él y sus colaboradores se pasean por esos territorios sin que nadie los moleste.

Heriberto Lazcano Lazcano, el Lazca

Los desertores

♦

Alejandro Gutiérrez

Son el brazo armado mejor preparado que hayan tenido los narcotraficantes mexicanos. Se trata de los Zetas, grupo formado por desertores del Ejército Mexicano, principalmente del Grupo Aeromóvil de Fuerzas Especiales (GAFE), caracterizado por tener la más alta especialización contrainsurgente y antinarcóticos. Más tarde, pasaron a estar al servicio del cártel del Golfo y se dieron el lujo de actuar fuera de su zona de influencia, como lo hicieron en el penal de Apatzingán, Michoacán, en 2004.

Con la más alta preparación en el manejo de armamento y explosivos, telecomunicaciones, estrategias de contrainsurgencia y operaciones de inteligencia que imparten las Fuerzas Armadas, los Zetas —desertores del Ejército Mexicano— son considerados, dentro y fuera del país, un grupo criminal que, en el narcotráfico de México, se distingue por su pragmatismo, capacidad operativa, eficacia y espectacularidad.

Su alto perfil lo describen sus acciones: lo mismo realizan "operaciones quirúrgicas", como el asalto a un reclusorio para liberar a 25 presos "con poco uso de fuego y bajo saldo de sangre" —operación realizada el 5 de enero de 2004 en Apatzingán, Michoacán—, que aplastan brutalmente a sus enemigos, como en el secuestro y liquidación de ocho integrantes del cártel del Milenio —los Valencia—, que perpetraron en 2003 en el norte del país.

Asimismo, existen indicios de su posible participación, el 30 de noviembre de ese año, en la ejecución de ocho personas —seis guatemaltecos, dos mexicanos—, donde quedaron heridas a otras seis, en el rancho JR, ubicado en la carretera Tuxtla Chico-Cacahoatán, Chiapas —limítrofe con Guatemala—, según comenta un estudioso de las Fuerzas Armadas y de la seguridad nacional, Manuel I. Balcázar Villarreal, aunque la Procuraduría del estado atribuyó tales hechos a "conflictos familiares".

En Tamaulipas se atribuía también a los Zetas la venta de protección a organizaciones dedicadas al tráfico humano, en especial de brasileños, chinos, indios y polacos, como lo expresó al diario *La Jornada* (el 4 de

octubre de 2003) Arturo Solís, presidente del Centro de Estudios Fronterizos y Promoción de Derechos Humanos (Cefprodhac) de Reynosa. Por
ello, el entonces subprocurador de Investigación Especializada contra la
Delincuencia Organizada, José Luis Santiago Vasconcelos, comentó el 6 de
enero de 2004 que el caso de los Zetas es "de alta prioridad", pues debido
a la capacitación con que cuentan podrían inclusive incurrir "en posibles
actos terroristas".

Más aún, la PGR ofrece recompensa —cuyo monto variará de acuerdo con
el valor de la información— y protección a quienes aporten datos relevantes
sobre este grupo criminal. En 2004 un investigador de la UNAM especializado
en el tema del narcotráfico, Luis Astorga, declaraba que dicha organización
"no sólo es el caso más acabado de mercenarios al servicio del narcotráfico en el país", sino que desde entonces se volvía cada vez más peligrosa
porque "parece ser parte fundamental en la estructura de dirección del
cártel del Golfo, y aún no la hemos visto desplegar todas sus capacidades".

De acuerdo con el investigador, "este caso recuerda la experiencia de los
mercenarios israelíes e ingleses que contrató en Colombia el narcotraficante
Gonzalo Rodríguez Gacha para la protección de su organización, lo cual
sirvió para el crecimiento de las organizaciones paramilitares en ese país".

A su vez, Balcázar Villarreal mencionó que, al desertar de las Fuerzas
Armadas para sumarse al crimen organizado, los integrantes de los Zetas
cometieron el delito de alta traición en el fuero militar, en tanto que el
subprocurador Vasconcelos señaló que son perseguidos por la PGR y las
secretarías de la Defensa y de Seguridad Pública Federal. "Ese esfuerzo
sostenido —dijo— ha traído como consecuencia la detención de más de
80 miembros de la organización del cártel del Golfo y de su líder Osiel
Cárdenas Guillén".

Los nombres y la misión

Mientras tanto, los Zetas trataban de impedir que otros grupos —como
el de los Valencia y el de Joaquín *el Chapo* Guzmán— se apoderaran de la
ruta del Golfo, que era controlada por Cárdenas Guillén. Este capo tamaulipeco, detenido por el Ejército el 14 de marzo de 2003, fue quien cortejó
desde 1999 a estos integrantes del Grupo Aeromóvil de Fuerzas Especiales
(GAFE), caracterizado por tener la más alta especialización contrainsurgente
y antinarcóticos de la Sedena, la que los comisionó a la Fiscalía Especializada en Atención a los Delitos contra la Salud (FEADS) para combatir
justamente al cártel del Golfo. Pero Cárdenas Guillén los convenció, los
compró y los incorporó como su cuerpo de seguridad (*Proceso* 1368).

La mayoría de los integrantes de los Zetas, según la PGR, son: Mateo Díaz López, comandante Mateo; Sergio Enrique Ruiz Tlapanco, Tlapa; Lucio Hernández Lechuga, Luki; Braulio Arellano Domínguez, el Gonso; Isidro Lara Flores, el Colchón; Ismael Flores Téllez, Fernando López Trejo, Ismael Marino Ortega Galicia, Carlos Vera Calva, Ramón Ulises Carvajal Reyes, el Piojo; Alejandro Pérez Mancilla; Rubén Alejandro Valenzuela Zúñiga; Armando Flores Arreola; Arturo Muro González; Ernesto Zataraín Beliz, el Traca; José Ramón Dávila Cano, el Cholo, y Prisciliano Ibarra Yepis.

Al igual que Rogelio Guerra Ramírez, el Guerra; Ignacio Mateo Laureano; Raúl Alberto Trejo Benavides, el Alvin; Luis Alberto Guerrero Reyes, Guerrero; Beto Guerrero Reyes; Óscar Guerrero Silva, el Winnie Poo; Heriberto Lazcano Lazcano, Lazca; Galdino Mellado Cruz; Jesús Enrique Rejón Aguilar; Gonzalo Geresano Escribajo, el Quije; Omar Lorméndez Pitalúa, Pita; Gustavo González Castro, Erótico; Flavio Méndez Santiago, el Amarillo; Daniel Enrique Márquez Aguilar, Chocotorro; Daniel Pérez Rojas, Cachetes; Eduardo Estrada González; Jaime González Durán, Hummer; Nabor López Reyes; Nabor Vargas García Debora; Mario Serrano Contreras, Marino; Jorge López, el Chuta; Eduardo Salvador López Lara, y Efraín Teodoro, el Lepra.

En un primer momento, la PGR identificó a Guerrero Silva, a Méndez Santiago y a Lazcano Lazcano como tres de los participantes en la liberación de los presos en Apatzingán. Se afirma que cuando aún estaban en la milicia, dos de los Zetas alcanzaron el rango de capitanes, cuatro el de tenientes y cuatro más el de subtenientes, entre otros mandos.

Arturo Guzmán Decena, conocido como Z-1 y jefe de los Zetas (*Proceso* 1368), murió en un enfrentamiento con el Ejército Mexicano el 21 de noviembre de 2002 en Matamoros, Tamaulipas. Entre las ejecuciones que las autoridades le acreditan están las de los principales contrincantes de Cárdenas Guillén.

La innovación en el delito

Autor del libro *Drogas sin fronteras* (Grijalbo, 2003), doctor en sociología por la Universidad de París y coordinador de la Cátedra UNESCO relacionada con el problema de las drogas, Luis Alejandro Astorga opina que "los Zetas vienen a modificar de manera cualitativa tanto las técnicas de operación como las estrategias de los grupos mexicanos dedicados al tráfico de drogas".

El rasgo principal, considera, es que son militares con la mejor formación en contrainsurgencia y en operativos de inteligencia contra el narcotráfico, "lo cual les da una ventaja potencial muy grande respecto de las otras organizaciones, les permite capacitar a más gente y eso nos ofrece una lógica del paramilitarismo en el mercado mexicano de la droga".

Otra diferencia que en 2004 Astorga advirtió respecto de las organizaciones de narcotraficantes de origen sinaloense es que si éstas contaban con militares o exmilitares coludidos, ninguna disponía de un cuerpo militar tan compacto como el cártel del Golfo ni con esa formación tan especializada. Y Balcázar afirmó: "No sólo pueden actuar en forma efectiva con células de seis integrantes, sino tener resultados óptimos, ya sea para recabar información, hacer daño a un enemigo o concluir satisfactoriamente una tarea".

Astorga sostiene que la formación que recibieron estos exmilitares les permite prever los movimientos de sus adversarios y de las autoridades, principalmente de los cuerpos de élite del Ejército, porque cuentan con el mismo entrenamiento que ellos. Y agrega: "Existe un dato preocupante: lo cierto es que no hemos visto a los Zetas actuando en todas sus capacidades, y ojalá no los tengamos que ver, porque ellos están preparados para el manejo de explosivos. Hasta ahora sólo hemos visto en el país dos casos muy rudimentarios de uso de explosivos vinculados al narcotráfico, en Culiacán y en Guadalajara, en las riñas entre sinaloenses".

En contraste, Santiago Vasconcelos creía que "la fortaleza del grupo no la vemos tan sólida porque su principal modo de operación o su principal forma de supervivencia, que era la droga, ha caído en forma estrepitosa. También, los mismos golpeteos que la justicia les ha propinado modifican su forma de actuación y nos señalan su desesperación por tratar de rescatar sus columnas vertebrales, como lo vimos en este caso" de evasión en Apatzingán. No obstante, aceptó que esa organización preocupa a las autoridades y advirtió que Carlos Rosales, el narcotraficante a cuyo grupo pertenecen los evadidos del penal de Apatzingán, se estaba reposicionando.

Por su parte, Eduardo Valle, el Búho, exfuncionario de la PGR y quizá quien más conoce sobre el cártel del Golfo, expresó que "no se debe dejar de lado el caso de la presunta desaparición forzada en Matamoros, durante 1999, de un oficial superior de la Infantería de Marina, Rafael Olvera, el Raffles, quien era el 'músculo' de la relación entre oficiales de la Marina y el cártel del Golfo, justo el año en que empezaron a ser cooptados los militares que conforman los Zetas.

"Mi tesis es que el secuestro fue una coartada, una pantalla, y que el Raffles realmente está operando desde el Valle de Texas, donde *Proceso* documentó que el cártel del Golfo había saltado la frontera para ajustar cuentas por el negocio de la droga".

Y concluyó: "La recuperación del cártel se basa en este grupo que se capacitó profesionalmente, que está altamente entrenado con técnicas de contrainsurgencia y que se encuentra preparado para operativos de gran alcance, planificados y espectaculares".

Operativos y enfrentamientos

El 14 de marzo de 2003, fuerzas de reacción rápida del Ejército capturaron a Osiel Cárdenas en la colonia Satélite de Matamoros, donde se produjeron varios enfrentamientos entre la milicia y los aliados del capo. Tras ser llevado a instalaciones militares, los Zetas trataron de liberarlo infructuosamente. Anteriormente, la madrugada del 27 de diciembre de 2002, sin gastar un solo tiro, los Zetas habían actuado como comando, con vestimenta de militares, de agentes federales y estatales para liberar a los reclusos Manuel Alquicides García, Daniel Pérez Rojas, Enrique González Rodríguez y Deyanira Fuentes Montellano, del penal de Santa Adelaida, en Matamoros.

Y luego vino la madrugada del 5 de enero de 2004, cuando miembros de la organización llegaron al penal de Apatzingán, no obstante la cercanía de la 43 Zona Militar, para liberar a un grupo de sicarios. De acuerdo con las autoridades, algunos de estos exmilitares vestían uniformes parecidos a los de la Policía Judicial de Michoacán, a los de la Agencia Federal de Investigaciones y a los de la milicia.

Sin mediar un procedimiento judicial y contra el reglamento interno del penal, se abrieron las puertas del reclusorio. Mientras algunos zetas encerraron a los custodios en una oficina, el resto se dirigió a la parte posterior de la cárcel para liberar a Marco Aurelio Bejarano Hernández, Alberto Guízar Reyes y Carlos García Martínez, sicarios del narcotraficante Carlos Rosales Mendoza, el Carlitos, aliado del cártel del Golfo en Michoacán.

También se llevaron a Cipriano Mendoza Contreras, el Remy, y a Eleuterio Guzmán Ramos, la Botella, integrantes del cártel del Milenio, de los hermanos Valencia. El 5 de octubre de 2003, el Remy y la Botella habían acribillado a la familia Álvarez Soto en Los Cuches, del municipio de Tepalcatepec, además de que deben nueve ejecuciones más. De acuerdo con la versión del recluso Nicolás Torres Naranjo, el grupo armado insultó y se llevó esposados al Remy y a la Botella. Las autoridades dijeron que su liberación podría haber sido para ejecutarlos.

Como escudo para salir del penal, el grupo permitió la fuga de 20 reclusos más, según la averiguación previa PGR/SIEDO/UEIDCS/001/2004, levantada por los delitos de evasión de presos y violaciones a la ley contra la delincuencia organizada. Un juez federal concedió a la PGR el arraigo contra el director del penal de Apatzingán, Alejandro Martínez Vieyra, y contra 21 custodios por su probable participación en la fuga.

Como bloque de contención a la intención de los Valencia y de Joaquín *el Chapo* Guzmán de apoderarse de esta ruta del narcotráfico, los Zetas llevaron a cabo levantones, ejecuciones y ajustes de cuentas. La madrugada del 27 de septiembre de 2003 llegaron al centro de Sabinas, Nuevo León, en un convoy de vehículos, incluido uno de tipo militar, Hummer, e irrumpieron en dos residencias para secuestrar a Mauro Landel Monzón, el Piolo, sobrino del Chapo Guzmán. Armado con un rifle de asalto, el sinaloense logró evadir a los exmilitares, pero éstos privaron de su libertad a siete personas —familiares de aquél y dos policías—, asesinaron a dos policías, hirieron a otro y desarmaron a tres policías ministeriales.

Después de la captura de Osiel Cárdenas, Armando Valencia Cornelio estableció una alianza con Eloy Treviño García, Arturo Peña Muñoz y algunos miembros de Los Chachos para pelear contra los Zetas por la plaza de Nuevo Laredo. Según la PGR, para ello contrataron a 200 sicarios, que distribuyeron en 20 casas rentadas. Los Zetas irrumpieron en uno de esos domicilios, ubicado en las calles Lerdo de Tejada y Washington de esa frontera, de donde sacaron a ocho pistoleros, cuyos cadáveres aparecieron en unas camionetas localizadas en la carretera a Anáhuac, Nuevo León.

Eloy Treviño —quien se haría cargo de la plaza— y sus sicarios se enfrentaron el 1 de agosto de 2003 a los Zetas en un lugar conocido como Polvo Enamorado y, horas después, en el centro de Nuevo Laredo chocaron con efectivos de la AFI y del Ejército Mexicano durante 45 minutos. En el crucero de dos avenidas murieron dos narcotraficantes al ser blanco de una granada lanzada contra su camioneta (*Proceso* 1397).

Desde las entrañas del ejército

◆

Ricardo Ravelo

El 5 de junio de 1991, Heriberto Lazcano Lazcano, el Lazca, se alistó en el Ejército con el afán de convertirse en una figura dentro de las filas castrenses. Su ambición de alcanzar una posición destacada en la milicia duró siete años. Como cientos de militares más que terminaron enganchados en el negocio de las drogas, el jefe máximo de los Zetas decidió abrirse sitio en el mundo del narco. Ahora es uno de los capos más buscados dentro y fuera de México.

El 27 de marzo de 1998, según registros de la Secretaría de la Defensa Nacional (Sedena), Lazcano causó baja en el Ejército cuando había alcanzado el rango de cabo de infantería. Cañonazos de dólares y el poder ilimitado ofrecido por el narcotráfico lo sedujeron cuando tenía 24 años: poco después de su deserción se incorporó al cártel del Golfo, organización criminal que entonces recobraba su poder con el liderazgo de una nueva figura: Osiel Cárdenas Guillén, el Mata Amigos.

Según declaraciones ministeriales de los testigos protegidos Rufino y Geraldin, Lazcano fue llevado al cártel del Golfo por otro exmilitar que llegó a ser tan poderoso como posteriormente lo sería el Lazca: Arturo Guzmán Decena, *el Z-1*, a quien tanto la PGR como la Secretaría de Seguridad Pública (SSP) federal le atribuyen la fundación de los Zetas, el llamado "ejército del narco".

Geraldin, cuyo nombre es Alejandro Lucio Morales Betancourt, fue parte de ese "ejército" donde se le conocía como Z-2. El 17 de noviembre de 2001 fue capturado y poco después se acogió al programa de testigos protegidos. En la averiguación previa PGR/SIEDO/UEIDCS/111/2003 declara que el objetivo que se persiguió con la creación de los Zetas como brazo armado del cártel del Golfo fue eliminar a todos los enemigos de Cárdenas Guillén.

La historia de los Zetas confirma la versión de Geraldin, pues a finales de 1997 —cuando Cárdenas emergió de las filas de la extinta Policía Judicial Federal y se aprestó a tomar el control del cártel del Golfo— apareció Guzmán Decena, personaje clave para los planes de expansión de la organización criminal al eliminar a los rivales de Osiel, entre otros, a su principal opositor: Salvador Gómez Herrera, el Chava.

Guzmán Decena nació el 13 de enero de 1976 en el estado de Puebla y se formó en el Ejército, donde, bajo el rigor castrense, estudió la secundaria y la preparatoria. Después ingresó al Grupo Aeromóvil de Fuerzas Especiales (GAFE), cuerpo que se constituyó con vocación contrainsurgente y de combate al crimen organizado. Antecesor de Heriberto Lazcano en la jefatura de los Zetas, Guzmán fue uno de los tantos militares que a mediados de los noventa pasó a la Fiscalía Especializada en Atención de Delitos contra la Salud (FEADS) —desaparecida en 2003 debido a que estaba infiltrada por el narco— para reforzar la lucha antidrogas. Cuando fungía como mando policiaco en Miguel Alemán, Tamaulipas, fue "enganchado" por Cárdenas Guillén.

Según el testigo Rufino —cuyo nombre es Francisco Vázquez y quien se desempeñó como asistente personal de Osiel—, Guzmán Decena planeó junto con el capo la creación de un grupo de protección, pues aquel temía ser asesinado por el Chava Gómez. Antes de que Gómez Herrera eliminara a Cárdenas y la plaza de Tamaulipas quedara bajo su absoluto control, Osiel —según el testigo— decidió asesinarlo. El brazo ejecutor fue, dice Rufino, Guzmán Decena, jefe y maestro de Heriberto Lazcano.

En un apartado de la averiguación previa, Rufino narra cómo fue asesinado Gómez Herrera: Osiel se encontraba en Tomatlán, Jalisco, en un rancho que se llama La Trementina, que Osiel utilizaba como refugio. Lo acompañan Eduardo Costilla, el Coss, Víctor Manuel Vázquez Mireles, Arturo Guzmán Decena y el declarante. "[…] Por esas fechas está programado el bautizo de una hija que Osiel Cárdenas procreó con la señora Liliana Dávila. La ceremonia se celebraría en Tuxpan, Veracruz, y el padrino era Salvador Gómez Herrera".

Cómodamente sentado en un sofá, Osiel Cárdenas le habló por teléfono al Chava Gómez y le dijo que no podría asistir al bautizo porque había sido operado de emergencia de la vesícula. Osiel mintió. En realidad, el Mata Amigos había aprovechado sus días de descanso para someterse a una cirugía plástica y a una liposucción.

El Chava Gómez, sin embargo, comprendió el imprevisto y le deseó pronta recuperación. Pasaron los días sin ninguna novedad hasta que Osiel fue a verlo tan pronto como se sintió recuperado de sus intervenciones estéticas. Acordaron verse en el puerto El Mezquital, en Tamaulipas. Gómez Herrera decidió quedarse refugiado en Tuxpan y días después viajó por lancha, pues temía que lo detuvieran después de haberse fugado de una casa de arraigo de la PGR junto con Osiel.

Osiel Cárdenas se desplazó desde Tomatlán en una camioneta Durango. Lo acompañaban en ese trayecto Arturo Guzmán Decena y Víctor Manuel Vázquez Mireles, el Meme Cabezón. Después recogieron a Gómez Herrera en el puerto El Mezquital. Acababa de bajar de una lancha de su propiedad, utilizada para transportar droga desde Veracruz al estado de Tamaulipas.

"Después de saludarse, el Chava Gómez abordó la camioneta y se acomodó en el asiento del copiloto. Charlaron unos minutos entre risas y bromas. Cuando el Chava Gómez se reía a carcajadas, y esto lo sé porque me lo comentó Vázquez Mireles, Arturo Guzmán, que iba en el asiento trasero, sacó la pistola y se la vació al Chava en la cabeza. Luego sacaron el cuerpo y lo aventaron al monte, donde los animales le carcomieron toda la panza".

Guzmán Decena terminó de conformar a los Zetas, pero en noviembre de 2002 fue ejecutado en un restaurante de Matamoros, Tamaulipas. Durante su sepelio, salieron a relucir las coronas. En una de ellas se leía, en letras grandes y doradas: "Te llevamos en el corazón. De tu familia: los Zetas".

La toma del poder

Después de la muerte de Guzmán, el liderazgo de los Zetas fue asumido por Heriberto Lazcano, nacido en Apan, Hidalgo, en 1974. A su corta edad, el Lazca o el Verdugo no sólo ha sabido mantenerse en el poder a sangre y fuego, sino que ha logrado expandir el radio de acción del grupo que encabeza, a grado tal que ya está afincado en 25 estados del país. No es todo: de acuerdo con investigaciones ministeriales e informes de la DEA, Lazcano diversificó las actividades criminales de los Zetas.

Primero operaban como grupo paramilitar dedicado a la protección de Cárdenas Guillén. Tras la captura del capo en 2003 —un día después de la celebración del cumpleaños de su hija, Celia Marlén Cárdenas Salinas—, los Zetas cobraron mayor auge en el tráfico de drogas y tiempo después se convirtieron en un cártel bien organizado.

Según el informe *Radiografía de los cárteles mexicanos*, elaborado por la SSP, los Zetas están estructurados en pequeñas células llamadas "estacas", cuentan con expertos en contabilidad y administración de empresas y tienen el control de las policías estatales y municipales en una veintena de estados. La SSP y la DEA coinciden en que los Zetas ahora también venden protección, además de perpetrar secuestros, extorsiones y tráfico de personas, así como acciones de piratería y cobro de derecho de piso a comerciantes y a narcotraficantes que pretenden cruzar droga por los territorios que dominan.

A diferencia de Juan José Esparragoza Moreno, el Azul —negociador de pura cepa—, Heriberto Lazcano es proclive a la violencia y a la traición, según se destaca en un breve perfil criminal elaborado por la PGR con base en testimonios de personas que lo conocen. El testigo Geraldin declara que el jefe de los Zetas siempre ha separado sus relaciones personales de los negocios, en tanto que investigaciones de la PGR, así como fichas policiacas, afirman que recurre a métodos de tortura para doblegar a sus rivales, e incluso a los propios zetas que violan la disciplina interna.

Una de esas fichas dice que a quienes lo desobedecen o engañan los ejecuta o los apanda. Si decide verlos morir poco a poco, ordena que les supriman la comida y el agua hasta que perecen de inanición o deshidratados. Una breve historia tomada de las declaraciones de otro testigo protegido, Karem, da cuenta del explosivo carácter de Lazcano cuando alguien no cumple su palabra. Narra que un día Alfredo Rangel Buendía, el Chicles —considerado en su momento uno de los hombres de mayor confianza del Lazca—, le pidió dinero prestado: "Quiero comprar fayuca, ayúdame con un préstamo, te lo devuelvo en un mes", le dijo. Pero no cumplió. Y esto fue lo que siguió, según Karem:

"Lazcano nos ordenó a todos los [sicarios] del cártel del Golfo que matáramos al Chicles, por lo que Iván Velásquez Caballero [a quien llaman el Talibán y tiene la clave L-50] le dijo que se acercara a un punto de la colonia Madero, de Nuevo Laredo, por lo que cuando llega el Chicles lo enganchamos, o sea, lo agarramos y lo íbamos a matar".

Rangel Buendía no fue asesinado y Karem explica la razón: "El Talibán habló con Lazcano y le dijo que él le iba a recuperar el dinero y que nada más lo castigara. Enseguida recibimos la orden de que lo mantuviéramos amarrado un mes. Nos autorizó [Lazcano] a que le diéramos agua y de comer una vez al día, para que no estuviera yendo seguido al baño".

A Osiel Cárdenas le agradó el comportamiento sanguinario del Lazca, relata el exsubteniente Alejandro Lucio Morales Betancourt, quien actualmente es el testigo protegido Geraldin, en la averiguación previa PGR/SIEDO/UEIDCS/111/2003. Recuerda que en 1999, cuando Lazcano se acababa de incorporar al cártel del Golfo, Cárdenas citó a Guzmán Decena en una casa de seguridad en Reynosa, Tamaulipas, y le pidió juntar a 20 pistoleros para asesinar a Rolando López Salinas, el Roly, quien era amigo de Osiel. Así sucedió este asesinato, según Geraldin: "Llegaron a una casa [situada] en Miguel Alemán, que está sobre la calle Décima. Solamente entraron al inmueble Arturo Guzmán y Lazcano, realizando disparos, pero fueron recibidos a balazos por la gente que se encontraba en ese lugar. Lazcano disparó a un tanque de gas provocando su explosión, y ante ello salimos corriendo de dicho lugar; en esa ocasión hubo muertos en esa casa, pero la Policía Ministerial se encargó de ocultarlos y de que no se supiera nada".

Otra historia que delinea el lado sanguinario de Heriberto Lazcano, también contenida en la indagación, ocurrió en marzo de 2002, cuando Guzmán y el Lazca torturaron y acribillaron a cuatro agentes de la Policía Ministerial de Nuevo Laredo que desobedecieron órdenes suyas, pues, según Rufino, "las policías pertenecen al cártel del Golfo, son empleados del narcotráfico, ellos obedecen, y quien no hacía caso, pues simplemente le partían su madre o reventaban [ejecutaban] a la familia completa".

Añade el testigo: "En esa ocasión esos agentes siguieron los vehículos de Arturo Guzmán y de Lazcano. Al ver que los seguían, se pararon y detuvieron a los policías. Lo peor es que los torturaron y a punta de madrazos los hicieron confesar que trabajaban para un grupo rival, el que encabezaba Dionisio Román García, el Chacho, operador de Joaquín el Chapo Guzmán. Luego los mataron y los quemaron en llantas. No quedaron ni los huesitos. A otros policías traidores también los incineraron en unos tambos de 200 litros de gasolina; se consumieron toditos. Luego mataron al Chacho, a quien ejecutaron el 13 de mayo de 2002".

La era de las alianzas

Con sus métodos despiadados y su capacidad de fuego, Heriberto Lazcano convirtió a los Zetas en el grupo paramilitar del narcotráfico más poderoso en América Latina, con ramificaciones en Estados Unidos y Europa. Aunque la mayoría de sus miembros están muertos o encarcelados, Lazcano se mantiene con la disciplina castrense más férrea, la que rige el comportamiento, el entrenamiento y las operaciones del grupo. Si bien es cierto que los Zetas han tenido bajas importantes, Lazcano nunca ha dejado de reclutar a jóvenes soldados para el grupo criminal, según narra el testigo David en la indagatoria PGR/SIEDO/UEIDCS/125/2007: "El 24 de junio de 2007, Ezequiel Cárdenas Guillén, Tony Tormenta, hermano de Osiel Cárdenas, y Heriberto Lazcano viajaron al sureste del país para reclutar a más militares. Tony Tormenta y Lazcano se habían vuelto a juntar y estaban reclutando a muchos soldados de diferentes lugares; se reagrupaban en Coatzacoalcos, Boca del Río y Cardel, Veracruz, así como en Campeche, para luego entrar a la Ciudad de México".

En 2007 comenzaron las rencillas entre el grupo del Golfo y los Zetas. La causa de esas fisuras fue que Eduardo Costilla, el Coss, líder de la organización, y todo el corporativo criminal comenzaron a negociar con el cártel de Sinaloa el fin de su histórico enfrentamiento. En un campo deportivo de

Matamoros, Lazcano reunió a todos los Zetas para preguntarles si estaban de acuerdo o no en sumarse a la organización del Chapo Guzmán. Ataviados con ropa deportiva, los cerca de 400 miembros de los Zetas reunidos tomaban agua y escuchaban hablar a su jefe, quien pidió que levantaran la mano quienes estuvieran de acuerdo en aliarse con los de Sinaloa. La mayoría rechazó la alianza. Y entonces decidieron romper relaciones con el cártel del Golfo, lo que derivó en enfrentamientos y asesinatos.

Lazcano y sus hombres no se cruzaron de brazos y vieron la oportunidad de asociarse. Entraron así al mundo de las alianzas y de las estrategias empresariales: trabaron relaciones con los Beltrán Leyva y con los cárteles de Tijuana y de Juárez, a raíz de lo cual se convirtieron en el llamado "cártel de los exmilitares". El Lazca dejó de ser el cabecilla de un grupo armado y ahora se erige como líder máximo del cártel de los Zetas.

El mito, la realidad...

Como a todos los capos, a Lazcano también lo rodea el misterio. En varias ocasiones ha intentado ocultarse tras las cortinas de su falsa muerte. En 2007 se dijo que había sido asesinado durante una carrera de caballos celebrada en Villarín, Veracruz. El rumor corrió varios días hasta que, finalmente, las autoridades federales aclararon que quien había sido ejecutado era un personaje identificado como Roberto Carlos Carmona Gasperín. En otra ocasión, luego de un enfrentamiento entre soldados y zetas en Tampico, la abogada Silvia Raquenel Villanueva dijo que tenía conocimiento de que en ese tiroteo había sido asesinado Heriberto Lazcano. Ninguna autoridad confirmó el dato.

Lo cierto es que, de acuerdo con Rufino, Heriberto Lazcano vive junto con su familia en Pachuca, Hidalgo, donde presuntamente el Ejército lo protege. Así lo dice el testigo: "En el año 2001 Osiel Cárdenas Guillén le ordenó a Heriberto Lazcano, alias el Lazca, Lazcano o el Pornográfico, tomar la plaza de Pachuca, Hidalgo [...] Heriberto Lazcano es originario del estado de Hidalgo; él, junto con su familia, tiene su domicilio cerca del Campo Militar de la ciudad de Pachuca, Hidalgo, y en esa ciudad que he referido reclutaron a la mayoría de todos los integrantes del grupo de los Zetas".

"Soy un treinta y cinco"

◆

Ricardo Ravelo

En forma sorpresiva, a finales de junio de 2007, las distintas células de los Zetas en el país recibieron una orden del alto mando, encabezado por Heriberto Lazcano, el Lazca, que los obligó a soltar las armas unas cuantas horas. "Que todos los 'treinta y cinco' [como se llama internamente a la tropa de los Zetas] y sus jefes se concentren en Matamoros, Tamaulipas. Es urgente", decía el mensaje.

Transmitida en clave a través de radios de comunicación, la orden llegó a todos los integrantes de dicho grupo armado, quienes de inmediato viajaron a Matamoros. Por esos días, tanto el cártel del Golfo como el de Sinaloa —históricamente antagónicos— sentaban las bases para sellar un pacto que consistía en poner fin a la guerra entre ellos, repartirse el territorio y las principales rutas de trasiego de droga del país (*Proceso* 1600).

Un sujeto que afirma haber sido miembro de los Zetas y dice haber escapado de una casa de seguridad, donde estaba recluido para evitar ser víctima de las pugnas internas de ese grupo armado, confirma al semanario *Proceso* que los cárteles de Sinaloa y del Golfo pactaron en efecto varios acuerdos mediante un contrato firmado por ambas organizaciones. Fugitivo hasta ese momento y en espera de que la PGR lo acogiera como testigo protegido, este individuo se puso en contacto con *Proceso*, ofreció una entrevista, exigió el anonimato, pero dio los elementos suficientes para establecer su identidad y, finalmente, viajó a la Ciudad de México para hablar con el reportero Ricardo Ravelo.

Afirma que los cárteles de Sinaloa y del Golfo "ya se arreglaron". Y explica: "El pacto está operando y tanto las autoridades de la PGR como del Ejército lo saben y están cooperando para que ambas organizaciones no fracasen, pues si esto ocurre, el país puede estallar en violencia". El entrevistado, cuya función era llevar droga de uno a otro punto del estado de Tamaulipas, asegura que fue miembro del Ejército Mexicano y, tiempo después, del 1 de enero de 1996 al 15 de octubre de 2002, se desempeñó como policía fiscal en las aduanas de esa entidad del noreste del país, donde fue "enganchado" por los Zetas. Por entonces, ese grupo armado comenzó a ejercer su dominio en los cruces fronterizos del país.

De acuerdo con su testimonio, basado en cinco años de actividad como zeta, aquel día de la concentración fue espectacular. Poco más de 500 miembros de los Zetas —entre ellos unas 30 mujeres— se congregaron en el campo deportivo de Matamoros. Llegaron vestidos de civil y sin armas, como simples ciudadanos. Usando siempre un lenguaje cuidado, bien estructurado y hasta pulcro, relata: "Nadie faltó a la cita. Algunos compañeros acudieron heridos, pero llegaron. El campo deportivo es bastante amplio. Tiene tres canchas de futbol y ahí comenzamos a concentrarnos".

—¿Cuál era el motivo de la reunión?

—Hablar con todos nosotros. Semanas antes del encuentro, Joaquín *el Chapo* Guzmán había llevado a cabo negociaciones con el jefe del cártel del Golfo, Eduardo Costilla, el Coss, para detener la guerra. Eso no fue bien visto por nuestro jefe, Heriberto Lazcano. Cuando Costilla le preguntó cómo veía la posibilidad de un pacto, Lazcano lo pensó mucho.

"Debo decir que desde la detención de Osiel Cárdenas [en marzo de 2003], los directivos del cártel son parte de un grupo distinto a los Zetas, aunque existe comunicación entre ambas partes. Lazcano dijo que él no podía aceptar un acuerdo de esa manera, que tenía que someterlo a votación. Por eso nos mandaron llamar".

Custodiados a distancia por la Guardia (cinturones de seguridad de los Zetas que operan con radios para vigilar a las policías, al Ejército y a otras autoridades), los Zetas se concentraron en el campo deportivo alrededor del mediodía. A bordo de una camioneta blindada, arribó poco después Heriberto Lazcano. "Llegó vestido con pantalón de mezclilla y camisa blanca. Se le veía muy tranquilo. Al entrar al campo, se desplazó hacia un palco e hizo que los líderes de las células lo saludáramos de mano. Después, pidió un micrófono y nos dirigió un mensaje".

En su discurso, que fue leído, el jefe de los Zetas, también desertor del Ejército, habló de la conveniencia de un pacto, de la necesidad de no matar, de no levantar ni desaparecer a más personas y de la urgencia de paz en el país, según la versión del entrevistado. También se refirió, dice, a la propuesta de establecer un acuerdo con el cártel de Sinaloa y sometió a votación el tratado. Explicó también que él no podía tomar decisiones a espaldas de su gente. Luego expuso que si el pacto se sellaba, el grupo sólo tendría que cuidarse del gobierno.

Y alzó la voz: "¡Que levanten la mano los que estén de acuerdo con la paz!", dijo mientras miraba la masa humana que, atenta, lo escuchaba. Salvo tres personas, todos los Zetas estuvieron de acuerdo con lo que llamaron "el fin de la guerra". A los que estaban en desacuerdo el Lazca les preguntó por qué no querían la paz. Según el exzeta, uno de los "treinta y cinco" dijo que su desacuerdo se debía a que recientemente habían matado a su hermano y que no podía quedarse tranquilo; otro mencionó que, independientemente de quién hubiese planeado el acuerdo, temía un debilitamiento del grupo, y el tercero señaló que "no confiaba en la contra". La reunión duró varias horas. Después de que todos los líderes de "divisiones" (células) volvieron a saludar de mano al Lazca, comenzó el convivio. Hubo carne asada, refrescos y aguas frescas. Al término del encuentro, todos los miembros de lo que se conoce como "el otro ejército" se retiraron a sus zonas de influencia.

Desgajamientos internos

A pesar de que la cúpula del cártel del Golfo, como estructura supuestamente independiente de los Zetas, firmó un pacto de no agresión con el cártel de Sinaloa, ese acuerdo no pareció ser tan sólido en el caso del grupo armado. En el seno de éste hubo desgajamientos, pugnas, secuestros y castigos para varios de quienes se negaron a acatar la decisión de sus jefes. Después del encuentro en el campo deportivo, el Lazca —quien supuestamente habría muerto en un enfrentamiento el 5 de octubre de 2007 en Tampico, cuando miembros del cártel del Golfo se enfrentaron a tiros con el Ejército tras el decomiso de 11 toneladas de cocaína— desapareció del escenario.

El exmilitante de los Zetas asegura que, a pesar de que a Lazcano no se le ha visto desde entonces, no está muerto. Simplemente, dice, decidió dejar la jefatura del grupo armado y su lugar lo ocupó un sujeto conocido como Z-40. Lo mismo hizo Jaime González Durán, el Hummer, en septiembre de 2007. Después de haber sostenido un encuentro con su "estaca" —o sus "treinta y cinco"— en un rancho ubicado en los límites de Nuevo León y Tamaulipas, desapareció sin despedirse del grupo.

El Hummer era el encargado de la plaza de Reynosa. Tan sólo unos meses antes había sustituido en el mando a Gregorio Sauceda, el Caramuela o don Goyo; su área de influencia abarcaba toda la frontera chica, conformada por las demarcaciones de Miguel Alemán, Nueva Ciudad Guerrero, Mier, Díaz Ordaz, Camargo y Comales. Su lugar lo tomó un sujeto al que se le conoce como el H2 o Roly. Otra plaza importante, la de Nuevo Laredo, está bajo el dominio de Enrique Rejón Aguilar, el Mamito, y del Comandante 42, este último hermano del Comandante 40, quien asumió la jefatura de los Zetas tras la desaparición del Lazca. Y en Parás, Nuevo León, ubicado al sur de Ciudad Guerrero Mier, el representante es Roly, mientras que en Agualeguas el jefe es el Comandante Toño o el Gordo.

En Ciudad Guerrero y Mier estaba como cabeza el R1, subordinado del Hummer, pero fue ascendido y ahora se desempeña como contralor de los Zetas en la península de Yucatán. El R1 salió de esa plaza por sus diferencias con el Comandante 40, según las versiones que circulan en el grupo armado. La plaza de Torreón, Coahuila, territorio que durante años dominaron totalmente el cártel de Juárez y sus socios de Sinaloa, está en poder de los Zetas. La conquista de esta plaza, según el entrevistado, costó muchas vidas, entre ellas la de cuatro capitanes del Ejército que fueron secuestrados. Esa región está a cargo del comandante Mayco, también llamado el Gringo.

—¿Qué pasó con los militares?

—Los mataron. Luego los descuartizaron. Les cortaron la cabeza, las manos y las piernas. Los hicieron cachitos y los metieron en bolsas plastificadas. Durante una refriega con el Ejército, los cuerpos fueron aventados cuando iban pasando unos convoyes del Ejército. Eso fue espantoso…

—¿Así matan los Zetas?

—No siempre, pero a veces se tiene que hacer así. Hay otra forma de no dejar huella y consiste en cocinar a las víctimas…

—¿Cómo las cocinan?

—Una vez que la persona está muerta se le descuartiza, como se dice comúnmente. Luego se compran unos tambos metálicos y se perforan a tiros. Dentro de estos recipientes se coloca el cuerpo despedazado y se baña con diesel. Después se les prende fuego y se tapan. Todo el cuerpo se quema. Con un palo se van removiendo las partes corporales hasta que sólo quedan los huesos, los cuales se deben quemar hasta quedar puras cenizas.

Según el entrevistado, como empresa, el cártel del Golfo se mantiene casi intacta, con todas sus piezas activas. Opera con el respaldo de las policías federales —la AFI y la PFP—, cuyos mandos altos y medios ya tienen conocimiento de los términos del acuerdo entre las cúpulas de los cárteles del Golfo y de Sinaloa. Su nuevo jefe es Eduardo Costilla, el Coss. Para el exzeta, en algunas regiones del país los policías cooperan para que no haya fracturas entre los dos cárteles.

Relata durante la entrevista que se llevó a cabo en 2007: "Si un miembro de los Zetas se mete a un territorio sin avisar, es detenido por la policía o por la gente del cártel contrario. Con base en el acuerdo, es remitido a su organización, previa identificación. La policía se encarga de entregarlo a su cártel o ponerlo a disposición de sus jefes inmediatos para que sea castigado o simplemente le hagan un llamado de atención".

—¿Cómo se identifican los miembros de los Zetas para no ser confundidos?

—Sólo decimos que somos un "treinta y cinco" y mencionamos a qué plaza o división pertenecemos, así como el nombre de nuestro jefe.

El despliegue

De la información proporcionada por el entrevistado se desprende que, en el norte, *los* Zetas tienen influencia desde Tamaulipas hasta Piedras Negras, Coahuila. Todas las "divisiones" o plazas tienen un jefe y su propia protección local. Las más importantes son las de Reynosa, Chiapas, Campeche, Camargo, Miguel Alemán, Nueva Ciudad Guerrero, Matamoros, Acapulco, Piedras Negras y Torreón, entre otras.

Además de los casi 600 miembros que conforman el grupo, los Zetas tienen su propio cerco de protección, la Guardia, que está compuesta por alrededor de 500 elementos. Este grupo paralelo tiene una función: vigilar las entradas y salidas de los pueblos, desde Matamoros hasta Piedras Negras.

—¿Cómo opera la Guardia? ¿Cuál es su logística para brindarle protección a los Zetas?

—Cuando un elemento de la Guardia detecta que salen vehículos de las guarniciones, de inmediato debe informar a los jefes lo que está pasando. Por medio del tres dos o romeo [radio] informan de todos los movimientos. Por ejemplo, si de un pueblo sale una camioneta Dodge militar, dos Hummers cerradas y una de redilas, la Guardia informa así: saliendo de su 40 de 80, una rápida, dos tortugas y un abierto con rumbo a papa Fox, que quiere decir puente Pharr, Texas, cuya ruta está cerca del aeropuerto, rumbo a Valle Hermoso, Tamaulipas.

El desertor de los Zetas sostiene que no es fácil ingresar al grupo. Primero que nada, dice, hay que ser recomendado por un elemento confiable que haya estado en la "diestra" (el entrenamiento riguroso para capacitarse). Y una vez que es aceptado, debe darse de alta en la Compañía o Grupo Zeta, donde después de la diestra, se le asignan sus funciones, como cruzar droga de un punto a otro. Además de la Guardia, los Zetas disponen de una estructura administrativa que se encarga de las finanzas. En cada una de las plazas hay entre cinco y seis personas con sus respectivos auxiliares que llevan la contabilidad. El equipo responsable de las finanzas es intocable: los altos mandos del grupo armado acordaron con los jefes policiacos del país que no se les moleste.

Esta área administrativa, afirma el exmilitante de los Zetas, tiene funciones específicas, como recaudar el dinero de las narcotienditas que funcionan en su corredor de influencia, así como los ingresos que generan las plazas para el pago de nóminas y cuyas fuentes son los pagos por extorsiones y por compra de cocaína (también conocido en el grupo como *jale*), entre otras.

También asegura que los Zetas no sólo están involucrados en el tráfico de cocaína, sino que han incursionado en otras actividades ilícitas altamente redituables, como el tráfico de personas. Para ello, dice, establecieron acuerdos con las organizaciones de polleros a las que les exigieron derecho de piso por cruzar a los indocumentados por los territorios que dominan. A los cabecillas de esas organizaciones se les llega a cobrar entre 50 y 60 dólares por persona. Otra fuente de ingresos es el cobro a narcotraficantes por cruzar droga en los territorios que este grupo controla.

El entrevistado sostiene que algunos zetas fueron separados del grupo, lo que causó fracturas y divisiones internas. Como consecuencia, varios de ellos fueron secuestrados por facciones antagónicas. Uno de esos elementos fue precisamente él. Dice que las fracturas comenzaron la primera semana de julio de 2007, cuando el Hummer organizó una reunión con unos 200 zetas en un rancho ubicado junto al río San Juan, en los límites de Tamaulipas y Nuevo León.

En ese encuentro —refiere— fueron varios los zetas que se quejaron ante él de malos tratos y bajos sueldos, lo que llevó al Hummer a emprender algunos ajustes: destituyó a los representantes de Sabinas Hidalgo y Cerralvo, Nuevo León, plazas a cargo de dos personajes conocidos como el Chabelo y el Lobo. El Hummer también habló fuerte ante sus subalternos. Les dijo que la puerta estaba abierta para quien quisiera irse de la organización. Y advirtió que no toleraría más fallas ni problemas. Fue entonces cuando 15 integrantes de la organización delictiva le tomaron la palabra y abandonaron el grupo.

—¿Y el pacto en qué terminó?

—El pacto sigue. Como dije antes, hay un contrato firmado y se tiene que respetar...

Contenido